MARIO BETTI

Zwölf Wege, die Welt zu verstehen

VERLAG FREIES GEISTESLEBEN

In dankbarem Gedenken an Sigismund von Gleich

1. Auflage 2001
Verlag Freies Geistesleben
Landhausstraße 82, 70190 Stuttgart
Internet: www.geistesleben.com

ISBN 3-7725-2212-2

Druck: Offizin Chr. Scheufele, Stuttgart

Inhalt

Vier blinde Männer werden zu einem Elefanten geführt und gefragt: ‹Was ist das?› Die Blinden tasten. Der Erste, den Rüssel fühlend, sagt: ‹Ein Rohr.›

Der Zweite, die Flanke fühlend: ‹Eine Wand.›

Der Dritte, der auf der Höhe des Schwanzes steht: ‹Eine Peitsche.›

Der Vierte, der ein Bein abgetastet hatte: ‹Ein Baum.›

Aus: *Geschichten wie Edelsteine*[1]

Vorwort

In der vorliegenden Schrift wird der Versuch unternommen, eine Zwölfheit von Weltanschauungen darzustellen, welche zwölf verschiedene Verständnistore zu Mensch und Welt eröffnen, durch die jeder, der es will, schrittweise in die Geheimnisse von Mensch und Kosmos eindringen kann. Denn, um es mit Faust zu sagen, sie sind Ausdruck dessen, «was die Welt im Innersten zusammenhält».

Dieses Buch will primär Anregungen und Denkanstöße vermitteln – vor allem im Hinblick auf eine im Entstehen begriffene multikulturelle Gesellschaft –, und nicht eine «Summa» der Weltanschauungen präsentieren. Es ist auch nicht in erster Linie allein an eine geschichtsphilosophische Darstellung gedacht, sondern wo der Zusammenhang es nahe legt, werden auch Aspekte aus der Welt von Wissenschaft, Kunst und Religion herangezogen. Es wird sich dabei auch herausstellen, dass im Grunde genommen das gesamte Werk Goethes eine überraschende Realisierung des «ungeheuren Unternehmens» geworden ist, als welches er im Rückblick die Konzeption seines unvollendet gebliebenen Gedichtes «Die Geheimnisse» bezeichnete, in dem eine Zwölfheit von Weltansichten eine künstlerische Darstellung gefunden hätte.

Nicht zuletzt findet der universalistische Ansatz der Anthroposophie Rudolf Steiners in der Wissenschaft der zwölf Weltanschauungen seine wesensgemäße Entfaltung.

Dieses Buch ist der Niederschlag einer über zwanzig Jahre sich erstreckenden Studien- und Forschungsarbeit. Es verdankt seine Entstehung nicht zuletzt dem wiederholten Drängen vieler Studenten-Generationen der Alanus-Hochschule in Alfter. Jahr für Jahr, jeweils zu Beginn eines neuen Studienjahrgangs erzählte ich ihnen durch eine Reihe von Tagen hindurch von den zwölf Weltanschauungen. Ihnen und den Kollegen, dic meine Arbeit begleitet haben, sei an dieser Stelle der herzlichste Dank ausgesprochen.

Ein besonderer Dank gebührt der Hausser- und der Mahle- Stiftung, ohne deren freundliche Unterstützung dieses Buch nicht so schnell das Licht der Welt erblickt hätte.

21. März 2001 *Mario Betti*

Goethes «Geheimnisse» und die multikulturelle Gesellschaft von heute

«So ergreifet ohne Säumnis
heilig öffentlich Geheimnis.»[2]

«Wäre dieses Gedicht vor dreißig Jahren, wo es ersonnen und angefangen worden, vollendet erschienen, so wäre es der Zeit einigermaßen vorgeeilt. Auch gegenwärtig, obgleich seit jener Epoche die Ideen sich erweitert, die Gefühle gereinigt, die Ansichten aufgeklärt haben, würde man das nun allgemein Anerkannte im poetischen Kleide vielleicht gerne sehen und sich daran in den Gesinnungen befestigen, in welchen ganz allein der Mensch auf seinem eigenen Montserrat Glück und Ruhe finden kann.»[3]

Als Goethe 1816 diese Worte durch das «Morgenblatt» an «eine Gesellschaft studierender Jünglinge» richtete, in der Absicht, Plan und Zweck seines Fragment gebliebenen Gedichtes «Die Geheimnisse», wie er sagt, «zu bekennen», war er bereits 67 Jahre alt. 1784, unmittelbar vor seinem 35. Geburtstag, hatte er mit der Dichtung begonnen und sie «auf einmal in kurzer Zeit auf den Punkt gebracht … wie man sie kennt». Neun Monate lang versuchte Goethe das Gedicht wieder aufzunehmen. «Das Unternehmen ist zu ungeheuer für meine Lage», schrieb er am 28. März 1785 an Knebel.[4] Die Arbeit war ins Stocken gekommen und wurde nicht mehr fortgesetzt.

Um was geht es in diesem «Bekenntnis»? Der Montserrat, ein wuchtiges, fast isoliertes Bergmassiv in Katalonien, heute vielbesuchtes Pilger- und Touristenziel, wurde verschiedentlich mit der Gralstradition in Verbindung gebracht.[5] Goethe selber hatte im Jahr 1800 durch Wilhelm von Humboldt eine Beschreibung von Eremitagen in der nordspanischen Bergwelt erhalten, die ihn später zu den Gestalten der heiligen Patres inspirierten, wie wir sie aus der letzten Szene des *Faust* kennen. Im Rückblick verbindet er diesen Berg mit dem aus den «Geheimnissen»; er wird ihm zum Sinnbild eines «ideellen Montserrat», wo sich jeder Mensch in den Gesinnungen befestigen kann, in welchen er «Glück und Ruhe» zu finden vermag.

Welches Glück, welche Ruhe?

Das Gedicht schildert, wie ein junger Ordensgeistlicher, Bruder Markus, auf seiner Wanderung am Abend ein stilles Tal erreicht, in dem ihn ein Kloster zum Eintritt lädt. Das Kloster trägt an seiner Pforte ein «Kreuz mit Rosen dicht umschlungen». Goethe beschreibt die Situation folgendermaßen: Bruder Markus «findet daselbst zwölf Ritter, welche nach überstandenem sturmvollen Leben, wo Mühe, Leiden und Gefahr sich andrängten, endlich hier zu wohnen und Gott im Stillen zu dienen, Verpflichtung übernommen. Ein dreizehnter, den sie für ihren Obern erkennen, ist eben im Begriff, von ihnen zu scheiden.» Bruder Markus wird nun freundlichst aufgenommen und in einen Saal geführt:

Kein Schmuck war hier, die Augen zu verblenden,
Ein kühnes Kreuzgewölbe stieg empor,
Und dreizehn Stühle sah er an den Wänden
Umhergeordnet, wie im frommen Chor,
Gar zierlich ausgeschnitzt von klugen Händen;
Es stand ein kleiner Pult an jedem vor.
Man fühlte hier der Andacht sich ergeben,
Und Lebensruh und ein gesellig Leben.

Diese geheimnisvolle Bruderschaft lebt um einen Mann mit Namen Humanus versammelt, der als das Urbild wahren Menschentums geschildert wird und der die Fähigkeit besitzt, als Mittler unter ihnen zu walten. Goethe charakterisiert die Zwölf als die Repräsentanten der «verschiedensten Denk- und Empfindungsweisen», das heißt von unterschiedlichen Weltansichten oder Religionen der Menschheit; es sind Menschen, welche unter strenger Wahrung der inneren Freiheit jedes Einzelnen einen Zusammenklang ihrer Anschauungen anstreben: Humanus ist als Mittler der Mittelpunkt einer universell konzipierten Gedanken- und Empfindungswelt. Durch ihren Meister haben die Zwölf jene Toleranz gelernt, in der man trotz der verschiedenen Bekenntnisse harmonisch zusammenleben und einander ergänzen kann. Sie hatten «sämtlich eine Ähnlichkeit, eine Annäherung zu ihm» gefühlt, und nun «konnte nach langem Zusammenleben Humanus gar wohl von ihnen scheiden, weil sein Geist sich in ihnen allen verkörpert, allen angehörig, keines irdischen Gewandes mehr bedarf». Der junge Pilger, der auf göttliche Offenbarung hin zu ihnen gesandt worden ist, soll fortan als sein irdischer Stellvertreter der Meister dieser Bruderschaft sein.

Die Kernbotschaft dieser Dichtung ist, mit Goethes eigenen Worten, wohl diese:

> «Wenn nun nach diesem Entwurf der Hörer, der Teilnehmer, durch alle Länder und Zeiten im Geiste geführt, überall das erfreulichste, was die Liebe Gottes und der Menschen unter so mancherlei Gestalten hervorbringt, erfahren, so sollte daraus die angenehmste Empfindung entspringen, indem weder Abweichung, Missbrauch noch Entstellung, wodurch jede Religion in gewissen Epochen verhasst wird, zur Erscheinung gekommen wären. Ereig-

net sich nun diese ganze Handlung in der Karwoche, ist das Hauptkennzeichen dieser Gesellschaft ein Kreuz, mit Rosen umwunden, so lässt sich leicht voraussehen, dass die durch den Ostertag besiegelte ewige Dauer erhöhter menschlicher Zustände auch hier bei dem Scheiden des Humanus sich tröstlich würde offenbart haben.»

«So ergreifet ohne Säumnis / Heilig öffentlich Geheimnis» möchte man bei diesen Worten den Zeitgenossen heute zurufen. Denn es ist heute so, dass das Menschliche im Menschen – das Goethe so tiefgründig in der Gestalt des Humanus symbolisierte – es ungeheuer schwer hat, ans Tageslicht zu kommen. Und es *ist* schwer, angesichts der Fülle von Gesichtspunkten über Gott, Natur, Geschichte etc., die unsere im Werden begriffene multikulturelle Gesellschaft durchziehen, sich die Möglichkeit einer echten Verbindung untereinander vorzustellen, geschweige denn den Gedanken zu fassen, dass sie – urbildlich gesehen – Teile *eines* umfassenden Ganzen sind. Goethe selber konnte sich aufgrund seiner universellen Veranlagung einen Kosmos von zwölf verschiedenen «Denk- und Empfindungsweisen», und zwar nicht nur im religiösen Sinne, vorstellen. Auch wusste er, was er der Tatsache verdankte, dass er, anders als beispielsweise Eckermann, nie verlangte, dass die Menschen zu einem selber «harmonieren sollen».[6] Am 2. Mai 1824 sagte er zu Eckermann:

«Ich habe einen Menschen immer nur als ein für sich bestehendes Individuum angesehen, das ich zu erforschen und das ich in seiner Eigentümlichkeit kennen zu lernen trachtete, wovon ich aber durchaus keine weitere Sympathie verlange. Dadurch habe ich es nun dahin gebracht, mit jedem Menschen umgehen zu können, und dadurch allein entsteht die Kenntnis mannigfaltiger Charaktere sowie die nötige Gewandtheit im Leben. Denn gerade bei widerstrebenden Naturen muss man sich zusammennehmen, um mit ihnen durchzukommen, und dadurch werden alle die verschiedenen Seiten in uns angeregt und zur Entwicklung und Ausbildung gebracht, sodass man sich denn bald jedem Vis-à-vis gewachsen fühlt. So sollen Sie es auch machen … Sie müssen in die große Welt hinein, Sie mögen sich stellen, wie Sie wollen.»[7]

Etwa sechs Jahre davor, 1816, hatte Goethe die oben zitierten Worte über «Die Geheimnisse» niedergeschrieben. Beide Aussagen sind im gleichen Zusammenhang zu sehen! Mit Recht bemerkt Rudolf Meyer in seiner Monografie über Goethe,[8] dass diese Gesinnung ganz dem Toleranzgedanken entspricht, wie er nach den fanatischen Konfessionsstreitigkeiten, die die Kultur Europas jahrhundertelang von innen her zermürbt hatten, nun im 18. Jahrhundert endlich Geltung gewann. Weiter sagt er:

> «Aber Toleranz kann auch in eine unfruchtbare Gesinnungsneutralität einmünden, die sich nicht die Mühe macht, auf das jeweils Besondere einer anderen Geisteshaltung einzugehen. Deshalb sagt Goethe: ‹Toleranz sollte eigentlich nur eine vorübergehende Gesinnung sein: sie muss zur Anerkennung führen. Dulden heißt beleidigen.› – Es ist offenkundig, dass mit diesem hohen Ideal auf ein Entwicklungsziel der umfassenden Menschen- und Völkergemeinschaft zugleich hingedeutet wird.»

Insofern deckt sich dieses zentrale Anliegen Goethes, jetzt soziologisch gesehen, mit einer tieferen Auffassung dessen, was heute multikulturelle Gesellschaft genannt wird, insofern deren Ziel eine – bei aller Verschiedenheit der Sprachen, Traditionen, religiösen Bekenntnisse, Wertvorstellungen und Lebensstile – auf Toleranz und Anerkennung fußende

Gemeinschaft von Menschen ist. Die zwei Grundpfeiler einer solchen gesellschaftlichen Entwicklung sind wohl: eine neue Kultur des Dialogs – auch des Streitdialogs – und eine neue Introspektion. Liefert Letzere zunächst eine Bestandsaufnahme unserer körperlichen, psychischen und kulturell-geistigen Identität, so Erstere eine tiefere Erkenntnis des Gegenüber.

Aber Goethe geht noch weiter, und man merkt hier, dass er seiner Zeit weit voraus war, denn er hat eine ganz bestimmte Vision, die sich aus seiner ungewöhnlichen Auffassung des «Ostertags» ergibt und die seine echte kosmopolitische Gesinnung zeigt. Darüber schreibt Rudolf Meyer mit Bezug auf «Die Geheimnisse»: «In der Gestalt des Humanus, der im Zeichen des Rosenkreuzes die Vertreter aller religiösen und kulturellen Strömungen um sich versammelt und sie zur wahren Bruderschaft vereinigen kann, sollte diese Gesinnung eines zukünftigen überkonfessionellen Christentums zur Darstellung gebracht werden.»[9]

Man kann natürlich einwenden, Goethe sei eben Goethe gewesen und heute sei heute; überall erlebe man Krieg und Kampf von Menschen und Weltanschauungen, Rassismen, Nationalismen und Fundamentalismen; außerdem unterliege die Gesellschaft einer zunehmenden Vernetzung und Globalisierung, sprich: Nivellierung aller Verhältnisse, die nur eine Variante des seit Urzeiten sanktionierten Faustrechts sei; und schließlich steuere die Weltgesellschaft langsam, aber sicher ihrer Auflösung zu: ein Zusammenprall der Kulturen stehe bevor und nicht eine weltweite «Tafelrunde». – Diese weit verbreiteten Ansichten über unsere gegenwärtige Lage sind in ihrer – teilweisen – Berechtigung nicht zu bestreiten. Und doch bilden sich immer häufiger Tafelrunden, gehen morsche, menschenwidrige politische Systeme und Machtblöcke zugrunde, wächst die ringende Menschheit immer mehr zusammen. Die Wirklichkeit ist aber mitnichten ein Riesenholzschnitt mit fest verteiltem Hell-Dunkel, vielmehr gleicht sie einer im Entstehen begriffenen Landschaftsgestaltung, an deren Zustandekommen ein jeder seinen Spaten anzusetzen hat: der Kleinbauer ebenso wie der Großpolitiker.

Es geht auch um das Bewusstsein der in uns veranlagten Freiheit und des in uns liegenden geistigen und sozialen Potenzials: Es ist ein schöpferischer Vorgang. Wir brauchen Spatenstiche des Willens. Folgen wir hier Hegel:

> «Die Entwicklung ist ... die harte unwillige Arbeit gegen sich selbst; und ferner ist sie nicht bloß das Formelle des Sich-Entwickelns überhaupt, sondern das Hervorbringen eines Zwecks von bestimmtem Inhalte. Diesen Zweck haben wir von Anfang an festgestellt; es ist der Geist, und zwar nach seinem Wesen, dem Begriff der Freiheit. Dies ist der Grundgegenstand und darum auch das leitende Prinzip der Entwicklung, das, wodurch diese ihren Sinn und ihre Bedeutung erhält.»[10] Und: «Die Weltgeschichte stellt, wie früher bestimmt worden ist, die Entwicklung des Bewusstseins des Geistes von seiner Freiheit und der von solchem Bewusstsein hervorgebrachten Verwirklichung dar.»[11]

Hier, wo das Individuum als solches gefragt ist, kann man freilich keine Pauschalprognosen abgeben. Es reicht aber die Erkenntnis, dass der Mensch die Weltgeschichte menschenwürdig gestalten kann, wenn in ihm die Veranlassung zum Handeln entsteht. Auf unser Thema bezogen: Die von Hegel eindringlich postulierte *Verwirklichung* des Geistes kann auch darin bestehen, die Möglichkeit zu ergreifen, die eigene Sicht der Dinge in wissenschaftlichen, künstlerischen, sozialen und religiösen Fragen so zu erweitern, dass uns die volle

Wirklichkeit des Lebens zunehmend zur erlebten Realität wird. Denn die Welt enthüllt uns in dem Maße ihren Reichtum, als wir Organe zu ihrer Wahrnehmung besitzen. Insofern gilt es nicht nur umzudenken, sondern unser Bewusstsein umfassender auszustatten. Nicht um das bloße Ersetzen einer Theorie durch eine «bessere» geht es, sondern um eine berechtigte Vielfalt in der Anschauung eines bestimmten Tatsachenkomplexes.

In diesem Zusammenhang ist Thomas S. Kuhns Essay über die Struktur wissenschaftlicher Revolutionen außerordentlich bemerkenswert. Ohne auf die letztliche Einheit verschiedener Weltanschauungen einzugehen, zeigt er doch die Unhaltbarkeit absolutistischer Wahrheitsansprüche auf. So wendet er die bekannte Definition «Paradigma» als Muster und Maßstab, nach denen Erfahrung verglichen und beurteilt wird, insbesondere auf die Grundauffassungen an, die zu einer bestimmten Zeit eine Wissenschaftsdisziplin beherrschen, und prüft sie vor allem hinsichtlich Gegenstand und Methode. Das Paradigma legt fest, was als wissenschaftlich befriedigende Lösung angesehen werden kann und welche Fragestellungen wissenschaftlich zulässig sind. Kuhns These lautet, dass in der Wissenschaftsgeschichte immer wieder «Revolutionen» im Sinne von Paradigmenwechseln auftreten und dass Wissenschaftstheorien zu bestimmten Gegenstandsbereichen wegen der ihnen zugrunde liegenden Paradigmata nicht miteinander vergleichbar, das heißt «inkommensurabel» sind. Und da die angewandten Begriffe, wie zum Beispiel Raum, Zeit, Masse, unterschiedliche Bedeutung haben, wie etwa in der Newtonschen und der Einsteinschen Fassung der Mechanik, sind sie auch unvereinbar. Hier eine Passage aus seinem Buch, das die entsprechende Diskussion bis in die Gegenwart kräftig angekurbelt hat:

«Wir wollen deshalb als erwiesen annehmen, dass die Gegensätze zwischen aufeinanderfolgenden Paradigmata ebenso notwendig wie unversöhnbar sind. Können wir dann deutlicher sagen, was für Gegensätze das sind? Der auffälligste Typ ist schon wiederholt vorgeführt worden. Aufeinanderfolgende Paradigmata teilen uns verschiedene Dinge über das, was es im Universum gibt, und sein Verhalten mit. Das heißt, sie weichen bei Fragen wie der Existenz subatomarer Teilchen, der Materialität des Lichts und der Erhaltung von Wärme oder Energie voneinander ab. Das sind die wesentlichen Unterschiede zwischen aufeinanderfolgenden Paradigmata, und sie erfordern keine weiteren Erklärungen. Paradigmata unterscheiden sich aber in mehr als der Substanz, denn sie zielen nicht nur auf die Natur, sondern auch wieder zurück auf die Wissenschaft, die sie hervorbrachte. Sie sind die Quelle aller Methoden, Problemgebiete und Lösungsnormen, die von einer reifen wissenschaftlichen Gemeinschaft zu irgendeinem Zeitpunkt anerkannt werden. Daraus ergibt sich, dass die Annahme eines neuen Paradigmas oft eine neue Definition der entsprechenden Wissenschaft erfordert. Manche alte Probleme können an eine andere Wissenschaft abgegeben oder für völlig ‹unwissenschaftlich› erklärt werden. Andere wieder, die vorher nicht existierten oder völlig unbedeutend waren, können mit einem neuen Paradigma geradezu ein Haupttypus wichtiger wissenschaftlicher Leistung werden. Und wie sich die Probleme ändern, so ändert sich oft auch die Norm, die eine wirklich wissenschaftliche Lösung von einer bloßen metaphysischen Spekulation, einem Wortspiel oder einer mathematischen Spielerei unterscheidet. Die normal-wissenschaftliche Tradition, die aus einer wissenschaftlichen Revolution hervorgeht, ist mit dem Vorangegangenen nicht nur unvereinbar, sondern oft sogar inkommensurabel.»[12]

Die Paradigmata selber sind also keine Weltanschauungen an sich, sondern, wie bereits angedeutet, eher Ordnungsprinzipien, Erklärungsmodelle im Rahmen einer schon relativ fest ausgebildeten Weltanschauung wie beispielsweise Materialismus oder Mathematismus.

Eine unserer Position nahestehende Gesinnung ist die von Neil Postman, der in den letzten Jahren durch seine kulturkritischen Bücher hervorgetreten ist. In seinem 1995 erschienenen *Keine Götter mehr – Das Ende der Erziehung* führt er Folgendes aus:

> «Erzieher können sich leicht in unnötige Schwierigkeiten verwickeln, wenn sie eine taktlose und nicht zu rechtfertigende Position zum Verhältnis zwischen wissenschaftlichen und religiösen Erzählungen beziehen. Das ist zum Beispiel am Konflikt um die Evolutionslehre gut nachzuvollziehen. Einige Lehrer, die meinen, das Gewissen der Wissenschaft zu repräsentieren, handeln so ähnlich wie jene Parlamentarier, die 1925 die Lehre der Evolution in Tennessee gesetzlich verboten. In dem damaligen Fall fürchteten die Anti-Evolutionisten, dass eine wissenschaftliche Idee einen religiösen Glauben untergraben könnte. Die einen hatten zu wenig Vertrauen in die Religion, die anderen zu wenig Vertrauen in die Wissenschaft. Der entscheidende Punkt ist aber, dass einander widersprechende Ideen durchaus nebeneinander bestehen können, wenn sie aus verschiedenem Stoff gemacht sind und unterschiedliche Methoden und Ziele haben. Jede von ihnen sagt uns etwas Wichtiges darüber, wie wir im Universum existieren, und es wäre töricht, darauf zu beharren, dass sie einander ausschließen müssen.»[13]

Eine andere Facette der ganzen Problematik zeigt der Kulturwissenschaftler Hartmut Böhme. In seinem Beitrag für die Wochenschrift *Die Zeit*[14] zum Thema Provokation der Biowissenschaften und Aufgaben der Kulturwissenschaften äußert er Gedanken, die erneut die Aktualität des hier unternommenen Versuchs einer Zusammenschau verschiedener Weltansichten unterstreichen. Sie geben auch einen weiteren Beleg für die Modernität der Goetheschen Vision.

> «Seit es neuzeitliche Wissenschaft und Technik gibt, haben immer neue Wellen von monopolistischen Erkärungsmodellen die Natur und den Menschen überrollt. Schien einmal der Kosmos wie eine Uhr eingerichtet, so wurde alles vom kleinsten Lebewesen über den Menschen bis zum Himmel nach dem Vorbild mechanischer Maschinen erklärt. War es hier der Kreislauf, der das Blut ebenso wie die Sternenbewegungen regulierte, so dort die infinitesimale Mathematik, die von der kleinsten Größe bis zum unendlichen All die Welt berechenbar machte. Mit dem Elektromagnetismus schien die Kraft entdeckt, welche die Lebenstätigkeit tierischer und menschlicher Organismen ebenso wie die Ordnung des Universums darstellte. Der Darwinismus bezauberte das Denken mit der These von den alles Leben regulierenden genetischen Selektionsmechanismen. Die Relativitäts- und die Quantentheorie erklärten physikalische Strukturen von den Elementarteilchen bis zum Makrokosmos, wurden aber zugleich adaptiert als Modell von Gesellschaft und Geschichte.
> Heute sind die ‹Lebenswissenschaften› die Nachfolger solcher entgrenzenden Generalisierungen und euphorischen Heilversprechen. Die Geschichte lehrt, dass diesen Großansprüchen stets Dementis folgten. Deswegen ist zu vermuten, dass auch die Wissenschafter, die sich unter dem

> nicht eben bescheidenen Titel der ‹Lebenswissenschaft› versammeln, von der Ernüchterung eingeholt werden, dass sie ‹das Leben› nicht verstanden haben und von anderen Konkurrenten des Wissens in ihrer Frontstellung abgelöst werden. Warten wir es nicht ab. Denn der Anspruch der Biowissenschaften, ‹Lebenswissenschaften› zu sein, fordert wissenschaftliche, politische und kulturelle Antworten heraus, und zwar heute.»

Diese Beispiele, die um ein Vielfaches vermehrt werden könnten, zeugen von der Bereitschaft wacher Zeitgenossen, die engen Pfade des Reduktionismus zu verlassen, um zu einer menschlich-universellen, vielschichtigen Welt-Betrachtung zu gelangen. Anders formuliert: Es wächst, mehr oder weniger bewusst, die Bereitschaft zu einer schöpferischen Selbstverwirklichung im Sinne Hegels, zu einer umfassenden Humanität im Sinne Goethes.

Die zwölf Weltanschauungen. Wie es gemeint ist

Seit das Wort «Weltanschauung» von Kant in die philosophische Diskussion eingeführt wurde, hat es sich viele Deutungen gefallen lassen müssen. In seiner *Kritik der Urteilskraft* bezeichnet Kant damit die subjektive Zusammenfassung der vielfältig durch die Sinne erfassten Welt. Hingegen charakterisiert Max Scheler «Weltanschauung» als «die einen ganzen Kulturkreis oder eine Person beherrschende Art der Selektion und Gliederung, in der sie die puren Washeiten der physischen, psychischen und idealen Dinge faktisch in sich aufnimmt, gleichgültig ob und wie sie dies reflexiv weiß oder nicht.»[15] Scheler starb 1928. Ein Zeitgenosse von ihm, Rudolf Steiner, geht in Bezug auf Weltanschauung als reale Ontologie noch einen Schritt weiter, indem er sie sowohl an den Menschen als auch an den Kosmos stärker anbindet. In seinem Vortrag vom 21. Januar 1914[16] geht er zunächst auf Fragen der Universalität des Denkens und auf Gefahren der Einseitigkeit ein: «Wenn man überhaupt über das Denken sich eine Vorstellung machen will», muss man sich klar darüber werden, «dass die Wahrheit eines Gedankens auf seinem Gebiete noch nichts aussagt über die allgemeine Gültigkeit eines Gedankens. Ein Gedanke kann durchaus auf seinem Gebiete richtig sein; aber nichts wird dadurch ausgemacht über die allgemeine Gültigkeit des Gedankens.» Weiter betont er, «dass Einseitigkeit der größte Feind aller Weltanschauungen ist und dass es vor allen Dingen nötig ist, die Einseitigkeit zu meiden». Damit dürften sich Menschen wie Kuhn, Postman und Böhme auf einer gemeinsamen Linie empfinden.

Im weiteren Verlauf des genannten Vortrags skizziert Steiner nun eine Zwölfheit berechtigter Weltanschauungen, gleichsam als universelle Anschauungskategorien, ohne freilich einem seichten Pluralismus das Wort zu reden; denn es handelt sich hier um einen Organismus von Weltansichten, das heißt von Wahrnehmungen der Prinzipien, welche Welt und Mensch konstituieren. Um wieder mit Faust zu sprechen: Es handelt sich um das, «was die Welt im Innersten zusammenhält». Allerdings, fasst Steiner zusammen, «man kann zwischen diesen Weltanschauungen noch andere ausdenken; die sind aber nur gradweise von den angeführten verschieden und lassen sich auf die Haupttypen zurückführen. Will man das Gewebe der Welt kennen lernen, dann muss man wissen, dass man es durch diese zwölf Eingangstore kennen lernt.»

Im Brockhaus wird gesagt, dass heute etwa 90 Weltanschauungen benannt werden können. Auf der Grundlage einschlägiger Literatur – u.a. von Dilthey, Jaspers, Spranger – heißt es: «Sofern Weltanschauungen Vollständigkeit anstreben, gehören dazu Menschen- und Weltbilder, Wert-, Lebens- und Moralanschauungen.»[17] Zwar wird hier die Wissenschaftlichkeit von Weltanschauungen relativiert, sie seien «Deutungsauffassungen in der Form persönlicher Überzeugungen von der Grundstruktur, Modalität und Funktion des Weltganzen». Dann heißt es jedoch etwas verbindlicher: «Heute werden Unterscheidungen nach den wichtigsten sechs Leitprinzipien der Weltanschauung vorgezogen: das Individuum (zum Beispiel Humanismus), die Gemeinschaft (zum Beispiel Sozialismus), die Zukunft (Leben der Nachkommen; utopische Weltanschauungen), Allmacht (zum Beispiel die Religionen), die Tat (zum Beispiel Materialismus, Anarchismus), die Wirklichkeit (zum Beispiel Pragmatismus, Monismus). Viele Weltanschauungen unterliegen derzeit einer Krise hinsichtlich ihrer Kohärenz und Überzeugungskraft, was zu einer Bewegung zu ‹privaten Weltanschauungen›, die sich aus Bruchstücken der unterschiedlichsten Weltanschauungen zusammensetzen, geführt hat. Auf individuelle Motivationen und Orientierungen gegründete Wertordnungen werden sinnstiftend zur Lebensanschauung. Gleich geblieben ist dabei das Bedürfnis nach ‹geistiger Geborgenheit› vermittels weltanschaulicher Erklärungen, durch Hilfestellungen und Beistand in der Lebensbewältigung, besonders in ‹Grenzsituationen›.»

Nun ist die Position Steiners – wie auch die des Verfassers dieser Studie – keine relativistische: Die Zwölfheit, als Ganzes genommen, liefert nicht allein eine «persönliche Überzeugung», vielmehr einen Zusammenklang nachvollziehbarer Weltansichten, die als einzelne und im Zusammenklang uns das geben, was man auch die Wahrheitsoffenbarung von Welt und Mensch nennen könnte. Genauso wie man ein Haus, einen Berg, ja einen – Elefanten (siehe die indische Fabel S. 6) je nach dem eingenommenen Standpunkt sehr verschieden sehen und erleben kann, so auch, im Sinne Steiners, «das Gewebe der Welt». Die Zahl Zwölf ist genauso wenig «mystisch» wie die im Brockhaus genannten sechs Leitprinzipien oder die Zahlen Drei, Vier, Fünf, Sieben, die in den Erscheinungen der Natur, der Sternenwelt oder der Kulturgeschichte immer wieder vorkommen.[18] Vom erkenntnistheoretischen Aspekt aus und unter Berücksichtigung der Tatsache, dass erst die Maschenweite eines Netzes die Größe der zu fangenden Fische bestimmt, muss man den ganzen Menschen in seinem Erkenntnisvermögen anspannen, will man schrittweise zum Wahrheitsbereich vorstoßen. Die volle Wahrheit ist einem Ozean vergleichbar. Wir schwimmen in Strandnähe und können ihn so zwar nicht umspannen, aber wir sind *schon* im Wasser und vermögen immer weiter zu schwimmen! Es ist nur wichtig zu wissen, dass es auch andere «Strände» gibt, von denen aus man ins Weite schwimmen kann. In Bezug auf Weltanschauungen liegt das Problem nicht primär in ihrer scheinbaren Unversöhnlichkeit, sondern in der Einseitigkeit und Ausschließlichkeit, mit denen sie auftreten können.

Rudolf Steiner selber hat, wie kaum einer seiner Zeitgenossen, um eine Vielfalt der Anschauung gerungen. 1861 in Kraljevec (heute Kroatien) geboren, studierte er in Wien Naturwissenschaften und promovierte in Rostock in Philosophie. Nachdem er begonnen hatte, Goethes Naturwissenschaftliche Schriften im Rahmen von Kürschners «Deutscher Nationallitteratur» herauszugeben, wurde er als Mitarbeiter an das Goethe- und Schiller-Archiv in Weimar berufen. Sowohl in Wien als auch in Weimar und später um die Jahrhundertwende in Berlin verkehrte er in den unterschiedlichsten Kreisen. Sein Forschen ermöglichte ihm zunehmend, sowohl die materielle Seite der Welt als auch die geistige in *einem* Erkenntnisprozess zu erfassen, der die Grundlage seiner später ins Leben gerufenen Anthroposophie wurde. Im Rückblick wenige Monate vor seinem Tod sagt er diesbezüglich zu seiner 1894 erschienenen *Philosophie der Freiheit:*

> «Ich suchte in meinem Buche darzulegen, dass *nicht hinter* der Sinneswelt ein Unbekanntes liegt, sondern *in* ihr die geistige Welt. Und von der menschlichen Ideenwelt suchte ich zu zeigen, dass sie in dieser geistigen Welt ihren Bestand hat. Es ist also dem menschlichen Bewusstsein das Wesenhafte der Sinnenwelt nur *so lange* verborgen, als die Seele *nur* durch die Sinne wahrnimmt. Wenn zu den Sinneswahrnehmungen die Ideen hinzuerlebt werden, dann wird die Sinnenwelt in ihrer objektiven Wesenhaftigkeit

von dem Bewusstsein erlebt. Erkennen ist nicht ein Abbilden eines Wesenhaften, sondern ein Sich-hinein-Leben der Seele in dieses Wesenhafte. *Innerhalb* des Bewusstseins vollzieht sich das Fortschreiten von der noch unwesenhaften Sinnenwelt zu dem Wesenhaften derselben. So ist die Sinnenwelt nur so lange Erscheinung (Phänomen), als das Bewusstsein mit ihr noch nicht fertig geworden ist. In Wahrheit ist die Sinneswelt also geistige Welt; und mit dieser erkannten geistigen Welt lebt die Seele zusammen, indem sie das Bewusstsein über sie ausdehnt. Das Ziel des Erkenntnisvorganges ist das bewusste *Erleben* der geistigen Welt, vor deren Anblick sich alles in Geist auflöst.»[19]

Diese Erfahrung ist eine solche, die existenziell den ganzen Menschen als denkenden, fühlenden und wollenden beansprucht. So wird er sagen:

> «Da ist die Welt voller Rätsel. Erkenntnis möchte an sie herankommen. Aber sie will zumeist einen Gedankeninhalt als Lösung eines Rätsels aufweisen. Doch die Rätsel – so musste ich mir sagen – lösen sich *nicht durch Gedanken.* Diese bringen die Seele auf den Weg der Lösungen; aber sie enthalten die Lösungen nicht. In der wirklichen Welt entsteht ein Rätsel; es ist als Erscheinung da; seine Lösung ersteht ebenso *in der Wirklichkeit.* Es tritt etwas auf, das Wesen oder Vorgang ist; und das die Lösung des andern darstellt. So sagte ich mir auch: die ganze Welt, außer dem Menschen, ist ein Rätsel, das eigentliche Welträtsel; und *der Mensch ist selbst die Lösung.*»[20] Und dann: «Der Mensch ist nicht das Wesen, das *für sich* den Inhalt der Erkenntnis *schafft,* sondern er gibt mit seiner Seele den Schauplatz her, auf dem die Welt ihr Dasein und Werden zum Teil erst erlebt. Gäbe es nicht Erkenntnis, die Welt bliebe unvollendet.»[21]

Ein außerordentlich kühner Schluss, der bereits im Nachvollziehen der *Philosophie der Freiheit* zu einem persönlich-überpersönlichen Erlebnis werden kann. Bei Steiner selber ging dieser sich im Laufe der Jahre mehr und mehr verdichtende Erkenntnisprozess Hand in Hand mit einem sozial-existenziellen Mit-Erleben verschiedener Weltanschauungen, so wie sie durch unterschiedliche Freunde und Gesprächspartner an ihn herantraten.

Es ist wichtig, sich dieser Seite seines Ringens und Forschens bewusst zu werden. In Bezug auf die vorliegende Arbeit, die auf ähnlichem Erleben fußt, ist sie zentral. Geht es hier auch primär um Wege der tieferen Verständigung und Anerkennung der Menschen untereinander, so wird doch auch darauf hingewiesen – denn erleben kann es nur ein jeder selber –, dass Ich und Welt, Mensch und Kosmos zusammenwachsen können. Ein intensives Sich-Einleben in die Grundmotive der zwölf Weltanschauungen kann geradezu ein Königsweg zu diesem Ziel werden.

So schreibt Steiner in seiner Fragment gebliebenen Autobiografie *Mein Lebensgang,* der schon die obigen Darstellungen entnommen sind, Sätze, die durchaus in diesem Sinne aufzufassen sind. Sie beziehen sich auf seine Weimarer Zeit, in der er mit vielen Menschen «im lebhaftesten Verkehre» stand:

> «Ich ging gerne zu Suphan, ich ging gerne zu Hartleben. Suphan ging nie zu Hartleben; Hartleben nie zu Suphan. Keiner konnte in des andern Denk- und Gefühlsrichtung eintreten. Ich war sogleich bei Suphan, sogleich bei Hartleben *wie* zu Hause. Aber weder Suphan noch Hartleben kamen eigentlich zu mir. Sie blieben auch, wenn sie zu mir kamen, bei sich. In meiner geistigen Welt konnte ich keine Besuche erleben. Ich sah die verschiedensten Weltanschau-

ungen vor meiner Seele. Die naturwissenschaftliche, die idealistische und viele Nuancen der beiden. Ich fühlte den Drang auf sie einzugehen, mich in ihnen zu bewegen.»[22] – «Ich lebte so nicht ohne geistige Gefahren und Schwierigkeiten. Wer alles ablehnt, was nicht in seiner Denkrichtung liegt, der wird nicht bedrängt von der relativen Berechtigung, die die verschiedenen Weltanschauungen haben. Er kann rückhaltlos das Faszinierende dessen empfinden, was nach einer bestimmten Richtung ausgedacht ist. Dieses Faszinierende des Intellektualismus lebt ja in so vielen Menschen. Sie werden leicht mit dem fertig, was anders gedacht ist als das ihrige. Wer aber eine Welt der *Anschauung* hat, wie sie die geistige sein *muss,* der *sieht* die Berechtigung der verschiedenen ‹Standpunkte›; und er muss sich fortwährend im Innern seiner Seele wehren, um nicht zu stark zu dem einen oder dem anderen hingelenkt zu werden.»[23] – «Es war dies eine rechte, durch das Leben selbst schicksalsgemäß herangebrachte Seelen-Übung, um über das abstrakte Entweder-Oder des Verstandes-Urteiles hinauszukommen. *Dieses* Urteil errichtet für die Seele Grenzen vor der übersinnlichen Welt. In dieser sind nicht Wesen und Vorgänge, die zu einem solchen Entweder-Oder Anlass geben. Man muss dem Übersinnlichen gegenüber vielseitig werden. Man muss nicht nur theoretisch lernen, sondern man muss es in die innersten Regungen des Seelenlebens gewohnheitsmäßig aufnehmen, alles von den mannigfaltigsten Gesichtspunkten aus zu betrachten. Solche ‹Standpunkte› wie Materialismus, Realismus, Idealismus, Spiritualismus, wie sie von abstrakt orientierten Persönlichkeiten in der physischen Welt zu umfangreichen Theorien ausgebildet werden, um etwas an den Dingen selbst zu bedeuten, verlieren für den Erkenner des Übersinnlichen alles Interesse. Er weiß, dass zum Beispiel Materialismus nichts anders sein kann als der Anblick der Welt von dem Gesichtspunkt aus, von dem sie sich in materieller Erscheinung zeigt. … Es war wohl der Geist Goethes, der von allen Seiten in Weimar so stark wirkte, dass mir eine gewisse Seite des Mit-Erlebens dessen, was da geschah, zu einer praktischen Seelen-Übung im rechten Darstellen der übersinnlichen Welten wurde.»[24]

Als Steiner 1897 von Weimar nach Berlin übersiedelte und dort die Anthroposophie als einen «Erkenntnisweg, der das Geistige im Menschenwesen zum Geistigen im Weltenall führen möchte»,[25] weiterentwickelte, mochte er unter anderem erwartet haben, dass der Funke eines begeisterten Sich-Einlebens in die verschiedenen Weltanschauungen in recht viele Herzen überspringen würde. Die bereits genannten Vorträge über die zwölf Weltanschauungen hielt er im Januar 1914 in Berlin für die 1912/1913 neu gegründete Anthroposophische Gesellschaft. Darin führte er aus:

> «Es gibt nicht *eine* Weltanschauung, die sich verteidigen lässt, die berechtigt ist, sondern es gibt zwölf Weltanschauungen. Und man muss zugeben: gerade so viele gute Gründe wie für die eine Weltanschauung, so viele Gründe lassen sich für jede andere der zwölf Weltanschauungen vorbringen. Die Welt lässt sich nicht von dem einseitigen Standpunkte *einer* Weltanschauung, *eines* Gedankens aus betrachten, sondern die Welt enthüllt sich nur dem, der weiß, dass man um sie herumgehen muss. Genau ebenso, wie die Sonne, wenn wir die kopernikanische Weltanschauung zugrunde legen, durch die Tierkreiszeichen geht, um von zwölf verschiedenen Punkten aus die Erde zu beleuchten, ebenso muss man nicht auf *einen* Standpunkt – auf den Standpunkt des Idealismus, des Sensualismus, des Phänomenalismus oder irgendeiner Weltanschauung, die einen

solchen Namen tragen kann – sich stellen, sondern man muss in der Lage sein, um die Welt herumgehen zu können und sich einleben zu können in die zwölf verschiedenen Standpunkte, von denen aus man die Welt betrachten kann.»[26]

Nun ist diese Saat meines Wissens nicht üppig aufgegangen, weder in einer größeren Öffentlichkeit noch im Rahmen der anthroposophischen Bewegung. Gemeint sind jetzt nicht nur die unmittelbaren praktisch-sozialen Folgen einer solchen Gesinnung, sondern auch das publizistische Aufgreifen und Weiterentwickeln der von Steiner nur knapp erwähnten zwölf Weltanschauungen:

- Phänomenalismus
- Sensualismus
- Materialismus
- Mathematismus
- Rationalismus
- Idealismus
- Psychismus
- Pneumatismus
- Spiritualismus
- Monadismus
- Dynamismus
- Realismus.

Eine Ausnahme bildet der Philosoph und Historiker Sigismund von Gleich, der in den vierziger Jahren des vorigen Jahrhunderts ein Werk mit dem Titel *Die Wahrheit als Gesamtumfang aller Weltansichten*[27] verfasste. Es ist ein großartiger Entwurf einer Philosophie- und Geistesgeschichte von der Antike bis zum 20. Jahrhundert unter den Gesichtspunkten der zwölf Weltanschauungen; eine groß angelegte Arbeit, ohne deren intensives Studium das vorliegende Buch niemals entstanden wäre und welche zur weiteren Vertiefung wärmstens empfohlen wird.

Angesichts der Vielschichtigkeit und Komplexität des Themas wird es sich in unserer Arbeit darum handeln, jeweils den Kern einer jeden Anschauung herauszukristallisieren und sie in Beziehung zu den anderen Anschauungen zu sehen. Jede Weltanschauung selber ist gewissermaßen ein «Urphänomen» eigener Art, ein Urbild, das in vielen Abschattungen auftreten kann – gleichsam prismatisch gebrochen. So vielfältig gebrochen, wie es Menschen gibt. Denn jeder Mensch ist einmalig und in allen seinen Tiefen und Höhen unfassbar. Dennoch gibt es starke Vertreter ganz bestimmter Weltanschauungsrichtungen, ohne dass sie freilich in einer einzigen Weltanschauung aufgehen.

Es kann sich also nicht darum handeln, Menschen geistig zu «fixieren», sondern darum, sie zu *verstehen,* und zwar *auch* in jener speziellen Ausprägung, die sie einer bestimmten Weltanschauung verleihen. Schließlich gilt auch hier das Wort des Empedokles, dass Gleiches nur von Gleichem erkannt wird; oder das prägnante Wort J. G. Fichtes: «Die Philosophie, die man hat, zeigt, was für ein Mensch man ist.»[28] Wenn man nun davon ausgeht, dass im Menschen selber diese zwölffache Quelle springt, so wird jede Begegnung mit einem Menschen, aber auch jede mit der Natur um und über uns, im tieferen Sinne zu einem Akt der Selbsterkenntnis. Und die Welt erweist sich dann immer mehr als von jenen schöpferischen Prinzipien konstituiert und durchzogen, die im einzelnen Menschen als «Weltanschauung» zur Erscheinung kommen. Ich bin dann als Mensch die Antwort auf das Welträtsel.

Der hier gewiesene Weg kann also jedem denkwilligen Zeitgenossen zu einer konkreten Anregung und zu einem Mittel werden, sowohl mit einer multikulturell werdenden

Gesellschaft als auch mit dem Kosmos mehr und mehr zusammenzuwachsen. Im Sinne von Goethes «Geheimnissen» müssten wir sagen, dass Humanus in jedem von uns darauf wartet, im eigenen ideellen Montserrat geboren zu werden, um sozial-praktisch an einem menschenwürdigen Fortgang unserer Kultur zu arbeiten.

Schau die Welt an und höre – Phänomenalismus

Eine purpurrote Sonne gleitet langsam am Horizont zur Erde hin. Während hinter dem Betrachter der Weltraum immer dunkler wird, flammt im Westen eine gewaltige Farbenpracht auf: Gelb, Rot, Gold und ganz oben ein heller Perlmuttglanz begleiten das sachte in die Tiefe sinkende Gestirn. Wolkenschleier erzeugen im Widerschein des Lichts immer neue Farbabstufungen, und während ein leiser Wind ihn gleichsam in die Weiten mitnimmt, fühlt der Betrachter wie eine Botschaft, die er jedoch noch nicht in Worte zu fassen vermag. Alles schweigt in ihm, in der völligen Hingabe an Farben, Licht, Luft und Wind. Er staunt und sinnt über ein Erleben, das er noch nicht ergründen kann. Es ist wie eine verborgene Sprache der Schöpfung, die er ahnt, und eine tiefe, freudige religiöse Stimmung mischt sich in sein Sinnen, wie ein musikalischer Unterton. Vielleicht denkt er an Eichendorff und an das Gedicht, das er einmal in der Schule gelernt hat:

> Schläft ein Lied in allen Dingen,
> Die da träumen fort und fort,
> Und die Welt hebt an zu singen,
> Triffst du nur das Zauberwort.

Wie oft haben Menschen im Laufe der Jahrtausende ähnliche Erlebnisse gehabt, an Bergen, Seen, Wäldern und Tieren. Selbst die in vielen Varianten überlieferte Legende des Hl. Hubertus mag im Kern einen ähnlichen Hintergrund haben. Es wird erzählt, wie ein vor seinem Verfolger flüchtender gewaltiger Hirsch plötzlich inne hält, sich dem Jäger, der bereits einen Pfeil auf seinen Bogen gelegt hat, zuwendet und ihn nur anschaut, in Milde und Majestät. Die Legende berichtet, dass Hubertus zwischen dem Geweih ein Lichtkreuz erblickte und eine Stimme vernahm, die ihn dazu aufrief, sein Leben fortan Gott und der verfolgten Kreatur zu weihen. Es mag die königlich-ruhige Haltung des Hirsches gewesen sein, die in Hubertus diese Vision auslöste, die sein ganzes Leben von Grund auf veränderte. Er wurde später Bischof von Lüttich und gilt heute zynischerweise als Schutzpatron der Jäger.

Obwohl diese Legende auch einen pneumatistischen Einschlag aufweist – wir werden später darauf zurückkommen –, steht doch der erste Teil ganz im Zeichen einer gespannten Aufmerksamkeit und einer Wahrnehmung, die für eine tiefere Wirklichkeit durchsichtig wird. Es ist die majestätische *Erscheinung* des Hirsches selber, die das bewirkt – so wie auch sonst die ganze Erscheinungswelt um uns zum Buch und «Lied» der Schöpfung werden kann. Für dieses Erleben ist die Welt, um es mit Nietzsche zu sagen, «tiefer als der Tag gedacht».

Wenn dieses selbstlose Wahrnehmen auftritt, das freilich verschiedene Intensitätsgrade annehmen kann, dann haben wir die Voraussetzung, die Weltanschauung des Phänomenalismus zu entwickeln. Es handelt sich um eine Betrachtungsweise, die unterschiedlich vorkommen kann. Sie kann einen spirituellen Einschlag haben oder auch nicht. Der Phänomenalismus wurzelt in der Tatsache, dass der Mensch ein wahrnehmendes Wesen ist, und in der mehr oder weniger begründeten Überzeugung, dass die Sinneswelt Wahrheit vermittelt. Keine Metaphysik, keine Jenseitsvorstellungen einer «eigentlichen» Welt hinter der sichtbaren beirren den echten Phänomenalisten. Diese Anlage ist zwar in jedem

Menschen vorhanden – vom Schauen, Hören etc. leben wir ja –, aber nicht jeder macht eine Philosophie oder ein kunstästhetisches Gesetz daraus. Wichtig ist hier bei allem subjektivistischen Sensualismus, der hier auftreten kann, wie wir noch sehen werden, dass man im Sinne Goethes bereit ist anzuerkennen, dass die Sinne nicht «trügen». Die Tatsache, dass Sinneserlebnisse erst durch außerordentlich komplexe physikalische und hirnphysiologische Prozesse uns bewusst werden, heißt nicht zwangsläufig, auf die Außenwelt bezogen, dass sie «unwahr» oder bloß subjektiv seien. Genauso wie der Mensch integrierender Bestandteil des ganzen Kosmos ist, schon rein körperlich, so hat er, wie bereits angedeutet, zulängliche Mittel, das zu erkennen, «was die Welt im Innersten zusammenhält».

Die gleiche mineralische Welt wie draußen finden wir in ihm, die gleiche Hydrosphäre durchzieht ihn (der Körper besteht zu über zwei Drittel seiner Substanz aus Wasser), er ist ferner als «Luftmensch» Teil der ganzen Atmosphäre, und sein Wärmeorganismus wird auch vom Wärmestrom der Welt erfasst.

Und sein Erkennen, sein Leben im Bewusstsein der Welt soll nur Ergebnis dessen sein, was sich in seiner subjektiven Schädelkapsel abspielt, und nicht auch Teil eines All-Bewusstseins? Wesentlich realistischer ist die Vorstellung, dass der ganze Mensch die Antwort auf das «Welträtsel» ist und dass ohne sein Erkennen die Welt unvollendet bliebe. So berechtigt die kritische Frage nach der Objektivität unserer Sinneseindrücke ist, so unbegründet ist die Annahme ihrer ausschließlichen Subjektivität.

Sehr interessant ist, was der Physiologe und Philosoph Hermann Lotze einmal über die Phänomenalität der Welt ausführte:

«Die Dinge sind nicht allein farbig, sondern es ist ihr lebendiges tätiges Scheinen, das in den Farben uns anblickt. Ihr Geschmack, ihr Duft sind an uns herandrängende Handlungen, in denen ihr innerstes Wesen sich dem unseren nähert und uns das aufschließt, was innerhalb der äußerlichen Raumgrenzen, die ihre Gestalten füllen, das eigentlich *Reale* ihres Daseins bildet. Das nachdenkliche Lauschen erkennt in den einzelnen Stimmen der Natur wieder jene Kundgebungen, durch die ein rätselhaftes *Innere* der Dinge unübersetzbar in jede andere Sprache und doch mit unmittelbarerer Deutlichkeit zu uns spricht. So erkennen wir den Anspruch wieder an, den unsere Sinnlichkeit macht, uns den Einblick in das innerste lebendige Wesen einer fremden wahrhaften Wirklichkeit zu gewähren.»[29]

Diesen geradezu klassischen Phänomenalismus vertrat in hervorragender Weise Goethe als Naturwissenschaftler. Sie macht seine eigentliche Arbeitsmethode aus. Man denke an seine osteologischen Studien, an die Metamorphose der Pflanzen oder an die ihm so wichtige Farbenlehre, die heute wohl in Einzelheiten, nicht jedoch in der grundsätzlichen Methode und Zielsetzung überholt ist: Schätze naturwissenschaftlicher Forschung. In seinen «Sprüchen in Prosa» fasst er das Ziel seines Suchens prägnant zusammen: «Das Höchste wäre zu begreifen, dass alles Faktische schon Theorie ist. Man suche nur nichts hinter den Phänomenen; sie selbst sind die Lehre.»[30] Und: «Das Wahre ist gottähnlich; es erscheint nicht unmittelbar, wir müssen es aus seinen Manifestationen erraten.»[31] Oder man denke an das kleine Gedicht «Epirrhema», das wie ein Leitmotiv über aller phänomenologischen Naturbetrachtung stehen könnte:

Müsset im Naturbetrachten
Immer eins wie alles achten;
Nichts ist drinnen, nichts ist draußen:
Denn was innen, das ist außen.
So ergreifet ohne Säumnis
Heilig öffentlich Geheimnis.

Freuet euch des wahren Scheins,
Euch des ernsten Spieles:
Kein Lebendiges ist ein Eins,
Immer ist's ein Vieles.

Sowohl aus den Sätzen Lotzes wie auch aus den Worten Goethes merkt man, dass zu dieser Art von Phänomenalismus neben strenger Wissenschaftlichkeit etwas wie ein selbstlos-poetischer Sinn gehört, der dann in ein religiöses Erleben einmünden kann:

Die Natur verbirgt Gott!
Aber nicht jedem.[32]

Der Phänomenalismus verlangt eine Art Keuschheit der Sinne, eine ganz bestimmte künstlerisch-objektive Weltbetrachtung, wenn er in reiner Form auftreten soll; erst dann ist die Natur bereit, ihre Geheimnisse preiszugeben. Im Bereich der bildenden Kunst finden wir dieses Element zum Beispiel im Natur-Erleben der Impressionisten und in der Art, wie sie versuchen, mittels Farbabstufungen und einer besonderen Technik des Farbauftrags die Antwort der Dinge auf das Wechselspiel von Sonnenlicht und Schatten festzuhalten. Er ist eine besondere Form von Naturalismus, der aber den Gegenstand im Augenblick des Malens geradezu physiognomisch ab-lichtet. Was dadurch in Erscheinung tritt, ist nicht nur Ausdruck des Malers, sondern gehört den Dingen selber an. Man kann hier auch Paul Klees «schöpferische

Konfession» anführen: «Kunst gibt nicht das Sichtbare wieder, sondern macht sichtbar.» Dieses Urgesetz künstlerischer Gestaltung: das Unsichtbare wird sichtbar, oder philosophisch ausgedrückt, verborgenes Wesen wird Erscheinung – wodurch wir aus dem Kunstwerk unmittelbar die Botschaft des Künstlers «lesen» können –, meint auch Goethe, wenn er sagt: «Das Schöne ist eine Manifestation geheimer Naturgesetze, die uns ohne dessen Erscheinung ewig wären verborgen geblieben.»[33] Aber auch Novalis kann hier zitiert werden: «Das Äußre ist ein in Geheimniszustand erhobnes Innre.»[34]

Eine Kunstästhetik, die im Phänomenalismus wurzelt, hält nicht viel von intellektuellen Bedeutungsmustern oder abstrakten Symbolismen; sie repräsentiert selbstverständlich nur einen Aspekt aus der ganzen Palette künstlerischer Sichtweisen. Interessant ist es schon, dass der Phänomenalismus die Welt ausschließlich in ihrer Erscheinungsweise untersucht: Sie er-scheint einfach. Das Erscheinen ist eine Grundeigenschaft der Welt und gibt an sich keine Veranlassung, die Welt als nur materiell konstituiert zu erklären. Schaue und höre ich richtig hin, so entschleiert sie sich gleichsam; innerhalb der Erscheinung offenbart sich ihr Wesen: Sie wird zum «offenbaren Geheimnis». Selbst im künstlerischen Ansatz des Expressionismus finden wir dieses Gesetz angewandt, nur dass die motivische Quelle von Farbgebung und Linienführung sich im Wesentlichen nicht in der Natur draußen, sondern in der Künstlerseele befindet.

Ein früheres Welterleben hatte eine außerordentlich starke phänomenalistische Komponente. Wir entdecken sie beispielsweise in der Grundanschauung einiger Religionen, die Natur und den ganzen Kosmos als schlechthin göttlich anzusehen. Die drei Beispiele, die im Folgenden angeführt werden, sind nicht als Beweise gemeint, sondern als eine weitere Facette dieser Weltanschauung.

Da ist zum einen die alte Religion Zarathustras, wie sie sich ursprünglich im iranischen Sprach- und Kulturbereich verbreitet hat. Eine Grundpolarität begleitet durch die Jahrhunderte die zoroastrische Überlieferung, und zwar der Kampf des Lichtes – Ahura Mazdah – gegen den «argen» Geist Angra Mainju. Es ist in diesem Zusammenhang bezeichnend, dass Ahura Mazdah überall in der Schöpfung wahrgenommen wird, «denn der Himmel ist sein sternenbesätes Kleid» und «Aspekte seines Wesens (Amesha Spentas) sind in die Elemente dieser Welt eingekörpert».[35] Er hat zwar seinen Wohnsitz in den «anfangslosen Lichtern», aber erscheint – ist präsent – in vielen guten Elementen der Erde, während das «Finstere» unmittelbarer Ausdruck des bösen Prinzips ist; im Dunklen wesen die Dämonen. Das kommt auch in der lichten Gestalt des Gottes Mithra zum Ausdruck, die zwar auf altiranische, jedoch vermutlich nicht auf zoroastrische religiöse Vorstellungen zurückzuführen ist. Er wird als «Gott des Tageslichtes» dargestellt. Am Abend verschwindet er, und in der Dunkelheit kehrt er «von Westen (über die Erde) nach Osten zurück und bekämpft auf diesem Weg die Dämonen».[36]

Im altägyptischen, finsteren Seth oder Typhon und im lichten Horus haben wir eine gewisse Entsprechung dazu. Bezeichnend für diesen Ansatz ist ja die Bedeutung, die der sinnlichen Erscheinungswelt gegeben wird, und zwar als objektivem Element. Kein Wunder, dass das Erleben damals so menschlich-urtümlich war, denn kein einseitig-intellektuelles Denken hatte das Vertrauen in die naturgegebene Tauglichkeit der Sinne angekränkelt.

In der Verehrung des Pharao Echnaton für die offenbare Sonne, die er «Aton» nannte, finden wir auch solche Momente lebendig. Überall in der Stadt, die er neu bauen ließ, wurde die Sonnenscheibe in ihrer Nähe zu den Menschen – als Licht und Wärme – abgebildet. Man achte auf den feinen Phänomenalismus in den Anfangsworten seines berühmten Sonnenhymnus:

> Dein Aufleuchten ist schön am Rande des Himmels,
> Aton, der du warst, ehe anderes war.
> Wenn du aufstrahlst, füllst du die Länder mit Glanz.
> Deine Strahlen umfangen, was du gemacht hast,
> du bindest mit Liebe.
> Unendlich fern, bist du nah, deine Spur ist der Tag.
> Gehst du unter, so ist die Erde, als wäre sie tot.[37]

Das Sonnenlicht wird zur erlebbaren Physiognomie: Die Erscheinung *ist* bereits Sprache. Daher auch Echnatons Kunstrevolution, die sich freilich recht verschiedene Deutungen hat gefallen lassen müssen. (Rein phänomenalistisch gesprochen, gibt es aber in der Kunst nichts zu «deuten», sondern nur anzuschauen oder anzuhören.) Vor allem in der Plastik tauchen plötzlich nicht mehr, wie in der altägyptischen Kunst üblich, Symbole auf, sondern der Gehalt spricht sich unmittelbar in der Gestalt aus. Bar jeder traditionellen Typisierung sind beispielsweise die bemalte Kalksteinbüste der schönen Nofretete oder auch die Bildnismasken in Gips aus der Werkstatt des Hofbildhauers Thutmosis, die «offenbar nach dem Leben modellierten Tonporträts nachgebildet sind».[38]

Aber auch das Alte Testament kennt das Göttliche in einer sinnlichen Erscheinung, beispielsweise den physischen – nicht symbolischen – Regenbogen als Zeichen des Gottesbundes nach der Sintflut. «Und Gott sprach: Das ist das Zeichen des Bundes, den ich geschlossen habe zwischen mir und euch und allem lebendigen Getier bei euch auf ewig: Meinen Bogen habe ich in die Wolken gesetzt; der soll das Zeichen sein des Bundes zwischen mir und der Erde. Und wenn es kommt, dass ich Wetterwolken über die Erde führe, so soll man meinen Bogen sehen in den Wolken.» (1. Mos. 8f.)

Freilich: Ganz rein phänomenalistisch ist dieses Bild nicht. Seine deutliche Zeichenhaftigkeit zeigt schon ein Gedanken-Element auf, wie es nach und nach die Menschheit ergreifen sollte. Aber ist nicht schon der Regenbogen an sich in seiner Transparenz und lichten Leichtigkeit, in seinem Leuchten wie von innen her, etwas Besonderes? Es wundert einen Phänomenalisten nicht, dass gerade der Regenbogen als Zeichen Gottes auserwählt wird!

Jene alte, reine Empfänglichkeit macht dann mehr und mehr einer anderen Betrachtungsweise Platz, die beispielsweise in Aristoteles weltgeschichtliche Bedeutung annehmen sollte. In der vorsokratischen Naturphilosophie, die nicht im heutigen Sinne Naturwissenschaft war, finden wir noch viel Phänomenalismus. Aristoteles begründet dann eine sinnlich-spekulative Wissenschaft, die durch unendlich viele Kanäle und vielfach umgewandelt bis in die Gegenwart reicht. Aber auch der goethesche Phänomenalismus hat vielfache Frucht in unseren Tagen gezeitigt, nicht nur zu Goethes Zeit oder unmittelbar danach, wie verschiedene Tagungen im Goethe-Jahr 1999 gezeigt haben.[39] Auch moderne Forscher anderer Richtungen, wie zum Beispiel der Physiker Werner Heisenberg, würdigen die Wahrheit von Goethes Erkenntnissen. Bekannt ist der Kampf, den Goethe besonders auf dem Feld der Farbenlehre gegen Newton führte und in dem er, was die allgemeine Rezeption anlangt, auch unterlag. Heisenberg schrieb einmal, dass «Goethes Naturwissenschaft, eine anti-newtonsche Naturwissenschaft, die auf Erkenntnis der Qualitäten in der Natur ausgerichtet ist – Goethe bezeichnet sie als ‹Urphänomene› –, nicht deswegen im Wettkampf mit der Lehre Newtons verloren habe, weil sie etwa nicht wahr gewesen sei. Sie sei vielmehr mindestens genauso wahr, vielleicht sei sie sogar ‹wahrer›, aber sie sei unanwendbar. Man könne mit ihr nichts ‹machen›. Aus der naturwissenschaftlichen Lehre Newtons dagegen habe sich die moderne Technologie entwickelt, denn mit ihr habe man etwas ‹machen› können. Dieses Machbarkeitskriterium steckt schon seit Bacon in der Forschung. Seit Bacon wird prinzipiell das für richtig gehalten, was man im Experiment reproduzieren kann, was also ‹machbar› ist.»[40] Ein sehr bedeutsamer Ausspruch!

Eine wichtige Variante des Phänomenalismus ist heute die Verhaltensforschung, die sich in den letzten Jahrzehnten im Bereich der Psychologie und Biologie außerordentlich profiliert hat. Man denke zum Beispiel an die wunderbaren Beobachtungen, die Konrad Lorenz in der Tierwelt machte und in Büchern darstellte.[41] In einem Vorwort bringt er die phänomenologische Seite seines Forschens – er hatte auch andere Ansätze – sehr schön zum Ausdruck:

> «Die Wahrheiten der organischen Natur sind von liebenswürdiger und ehrfurchtgebietender Schönheit, und sie werden immer schöner, je tiefer man in ihre Einzelheiten und Besonderheiten eindringt. Es ist unsinnig zu meinen, die Sachlichkeit der Forschung, das Wissen, die Kenntnis der natürlichen Zusammenhänge schmälerten die Freude am Wunderbaren der Natur. Im Gegenteil: Der Mensch wird umso tiefer und nachhaltiger von der lebendigen Wirklichkeit bewegt werden, je mehr er über sie weiß.»[42]

Hier weist der große Forscher auch auf einen sehr wichtigen Aspekt des Phänomenalismus. Ihm ist der Begriff «Schönheit» zutiefst verwandt. Schönheit heißt, dass etwas «scheint» oder: in der Erscheinung sich offenbart. Wir denken hier gleich an das bereits angeführte Wort Goethes: «Das Schöne ist eine Manifestation geheimer Naturgesetze, die uns ohne dessen Erscheinung ewig wären verborgen geblieben.» – Phänomenalismus!

Der Behaviorismus, eine psychologische Ausprägung der Verhaltensforschung, ist eine besonders in Amerika vertretene Richtung der Psychologie. Sie will von jeglicher Selbstbeobachtung und deren Auswertung vollständig absehen und nur das Verhalten von außen beschreiben. In dieser Forschungsmethode spielt eine zentrale Rolle das Begriffspaar Reiz / Reaktion – eine gleichsam automatisch-mechanistisch aufgefasste Zwangsläufigkeit menschlichen Verhaltens, ohne seelische Beteiligung. Man glaubt, aus dieser Koppelung von Reiz und Reaktion das Verhalten des Menschen in bestimmten Situationen voraussehen und daraus Regeln für die Erziehung und das menschliche Zusammenleben ableiten zu können. Ganz besonders wirksam in dieser Beziehung wurden die Ideen des 1990 verstorbenen Burrhus F. Skinner. Durch seine tierexperimentelle Forschung über Lernprozesse konnte er seine behavioristische Lerntheorie systematisch begründen und die Voraussetzung dafür schaffen, dass sie auch in der Pädagogik, zum Beispiel im so genannten programmierten Unterricht, zur Anwendung kam. Vereinfacht ausgedrückt handelt es sich um Folgendes: Der Schüler bewegt sich in einem Kreislauf von Input / Output, von Eingabe und Ausgabe von Daten. Der solcherart «objektivierte» Unterricht stützt sich auf ein festgelegtes, gedrucktes Lernprogramm, das vom Schüler Schritt für Schritt absolviert wird. Die Verarmung der Pädagogik im Sinne einer Loslösung vom Menschlichen wird hier unmittelbar greifbar. Die emotionale Seite eines Lernprozesses, der zu Begeisterung führen kann, spielt keine Rolle und noch weniger die in ihrer Vorbildfunktion oft unterschätzte Rolle des Lehrers.

In jeder strengen Analyse tierischen oder menschlichen Verhaltens ist ein deutlicher phänomenalistischer Einschlag vorhanden. Wenn allerdings – und kaum ein Verhaltensforscher ist gegen diese Versuchung gefeit – vom Tierverhalten auf menschliches Verhalten geschlossen wird – eine oft vorkommende gedankliche *liaison dangereuse* –, dann haben wir uns unmerklich in den Bereich eines darwinistisch orientierten Materialismus und in einen Relativismus des *gesamten* menschlichen Verhaltens manövriert.

Eine für meine spätere Gesinnung als Pädagoge sehr wichtige, wenn auch indirekte Begegnung mit Skinner hatte ich in den siebziger Jahren während meines Studiums in England. Ein Dozent für Psychologie, der auch wissenschaftlicher Journalist einer großen englischen Tageszeitung war, erzählte uns einmal von seiner Begegnung mit Skinner anlässlich eines Interviews, das er im Auftrag seiner Zeitung durchzuführen hatte. Sie sprachen lange miteinander, und am Ende des Gespräches, beim Abschied, sagte ihm Skinner: «Und denken Sie nicht, wir hätten uns unterhalten; wir haben uns lediglich verhalten!» – «We just behaved.» In mir entstand das Bild einer Anschauung, die den Menschen wie eine Art fest programmierten Apparat einschätzt – der eine ist Journalist, der andere Wissenschaftler –, welcher nichts anderes kann, als automatisch nach seiner ihm soziologisch implantierten Software zu handeln! Ist das nicht mittlerweile die mehr oder weniger bewusste Anschauung unzähliger Menschen geworden, mit allen Folgen auf politischer und mikrosozialer Ebene, mit unendlichen Konflikten, Streitigkeiten und Scheidungen?

Dabei kann gerade eine innere Entwicklung im Sinne eines ungetrübten Phänomenalismus für jede Situation, in der ich mit Menschen zu tun habe, ob als Lehrer, Freund, Partner oder Elternteil, von zentraler Bedeutung sein. Denn, wie Lotze sagt, unser Wahrnehmen der Welt – auch des Menschen – gewährt «uns den Einblick in das innerste lebendige Wesen einer fremden wahrhaften Innerlichkeit».

Wie viel kann doch der Pädagoge aus der Wahrnehmung der ihm anvertrauten Kinder, aus ihrem Gang, ihrer Gesichtsfarbe oder Sprechweise ablesen! Und wie viel der Freund, der Partner, die Mutter oder der Vater, wenn sie wirklich Augen und Ohren für den *Anderen* aufmachen und nicht nur sich selber im Blickfeld haben. Zugestanden: Nicht jeder ist von Natur aus in diesem Sinne ein Augen- oder ein Ohrenmensch. Aber man kann es durch Übung werden.

Wenn Gleiches nur von Gleichem verstanden wird – wenn also Gleiches auf Gleiches wirkt, wie in der Homöopathie –, dann heißt es: schauen lernen, hören lernen. Gezielte Beobachtungen an der Natur, Interesse für Menschen in ihrer Vielfalt können uns eine bisher in ihrer Tiefe unbekannte Welt aufschließen, aber auch das Leben in der Kunst.

In *Wie erlangt man Erkenntnisse der höheren Welten?*, einem seiner grundlegenden Bücher zur geistigen Entwicklung, gibt Rudolf Steiner wirksame Übungen an, um *auch* unsere phänomenalistischen Anlagen weiter zu entwickeln. Hier ein Beispiel aus der Welt des Tonerlebens:

> «Man unterscheide da zwischen dem Tone, der durch das so genannte *Leblose* (einen fallenden Körper, eine Glocke oder ein Musikinstrument) hervorgebracht wird, und dem, welcher vom Lebendigen (einem Tiere oder Menschen) stammt. Wer eine Glocke hört, wird den Ton wahrnehmen und ein angenehmes Gefühl daran knüpfen; wer den Schrei eines Tieres hört, wird außer diesem Gefühl in dem Tone noch die Offenbarung eines inneren Erlebnisses des Tieres, Lust oder Schmerz, verspüren … Er soll seine ganze Aufmerksamkeit darauf lenken, dass der Ton ihm

etwas verkündet, was außer der eigenen Seele liegt. Und er soll sich versenken in dieses Fremde. Er soll sein Gefühl innig verbinden mit dem Schmerz oder der Lust, die ihm durch den Ton verkündet werden. Er soll darüber hinweg sich setzen, was *für ihn* der Ton ist, ob er ihm angenehm oder unangenehm ist, wohlbehaglich oder missfällig; nur das soll seine Seele erfüllen, was in dem Wesen vorgeht, von dem der Ton kommt. Wer planmäßig und mit Vorbedacht solche Übungen macht, der wird sich dadurch die Fähigkeit aneignen, mit einem Wesen, sozusagen, zusammenzufließen, von dem der Ton ausgeht. Einem musikalisch empfindenden Menschen wird solche pflege seines Gemütslebens leichter sein als einem unmusikalischen. Doch darf niemand glauben, dass der musikalische Sinn schon diese Pflege ersetzt. Man muss ... in dieser Art der *ganzen Natur* gegenüber empfinden lernen. – ... Die ganze Natur fängt an, dem Menschen durch ihr Ertönen Geheimnisse zuzuraunen. Was vorher seiner Seele unverständlicher Schall war, wird dadurch sinnvolle *Sprache der Natur.* Und wobei er vorher nur Ton gehört hat, beim Erklingen des so genannten Leblosen, vernimmt er eine neue Sprache der Seele. Schreitet er in solcher Pflege seiner Gefühle vorwärts, dann wird er bald gewahr, dass er *hören* kann, wovon er vorher nichts vermutet hat. Er fängt an, *mit der Seele* zu hören.»[43]

Damit schließen wir dieses Kapitel ab und gehen zur Betrachtung einer nächsten, mit dem Phänomenalismus eng verwandten Weltanschauung über, die wir ebenfalls im Umriss skizzieren wollen.

Fasst man den Phänomenalismus als Weltanschauung zusammen, kann man sagen: Das All, im Großen wie im Kleinen, ist eine objektive Wirklichkeit. In seiner Anschaulichkeit offenbart es Wahrheit. Diese wahrhaftige Eigenschaft des Seins ist dem Menschen zugänglich, wenn er sie mit all seinen Sinnen – die nicht trügen – tief und weit genug zu erfassen vermag.

Sehr eindrucksvoll finden wir diese Gedanken in Schillers Gedicht «Die Künstler» formuliert:

> Nur durch das Morgentor des Schönen
> Drangst du in der Erkenntnis Land.
> An höhern Glanz sich zu gewöhnen
> Übt sich am Reize der Verstand.
> Was bei dem Saitenklang der Musen
> Mit süßem Beben dich durchdrang,
> Erzog die Kraft in deinem Busen,
> Die sich dereinst zum Weltgeist schwang.
> …
> Was wir als Schönheit hier empfunden
> Wird einst als Wahrheit uns entgegengehn.

Mensch und Sinnlichkeit – Sensualismus

Die Weltanschauung des Sensualismus macht mit dem Menschen als reinem Sinneswesen Ernst. So stark erlebt der Sensualist *seine* eigenen Sinne und durch sie die Sinnlichkeit der Welt, dass er unter Umständen gar nicht auf den Gedanken kommt, dass die Sinne ihm etwas «Objektives» offenbaren könnten, worauf eben der Phänomenalismus gründet. Die Sinne geben ihm Sinn, Erfüllung und werden somit *die* Grundlage seines Selbstbewusstseins. Zwar haben wir alle eine Sinnesorganisation, aber nicht jeder macht aus diesem ganzen Komplex eine Philosophie, eine Weltanschauung, die – wie alle zwölf Weltanschauungen – in ihren vielen Aspekten außerordentlich komplex, aber in ihrer Grundstruktur relativ klar ist: Ich und die Welt sind nur das Ergebnis unserer sensorischen Erfahrung. Wir spüren hier gleich das Grundproblem aller Weltanschauungen: Wenn sie sich nicht als Glieder eines Ganzen verstehen, sondern jeweils als *die* zentrale Wahrheitsquelle, unterliegen sie leicht dem Irrtum, selbst wenn sie sich hie und da symbiotisch miteinander verbinden.

Das unmittelbare sinnliche Erleben ist der erste Pfeiler einer sensualistischen Weltauffassung, der zweite wird von der landläufigen Sinnesphysiologie aufgerichtet. Sehr schön kommt Ersteres durch den Physiker und Philosophen Ernst Mach zum Ausdruck, als er rückblickend ein Erlebnis schildert, das er mit siebzehn Jahren hatte. Vergleicht man folgende Passage mit den im vorigen Kapitel zitierten Worten von Lotze, so empfindet man den Abgrund, der einen Sensualisten von einem Phänomenalisten trennen kann:

«Ich empfand plötzlich die müßige Rolle, welche das Ding an sich spielt. An einem heiteren Sommertage im Freien erschien mir einmal die Welt samt meinem Ich als eine zusammenhängende Masse von Empfindungen, nur im Ich stärker zusammenhängend. Obgleich die eigentliche Reflexion sich erst später hinzugesellte, so ist doch dieser Moment für meine ganze Anschauung bestimmend gewesen ... Die Natur setzt sich aus den durch die Sinne gegebenen *Elementen* zusammen. Nicht die Dinge, die Körper, sondern Farben, Töne, Drücke, Räume, Zeiten (was wir gewöhnlich Empfindungen nennen) sind die eigentlichen Elemente der Welt. Nicht Körper sind es, die in uns Empfindungen erregen, sondern, was wir gemeinhin Körper nennen, sind in Wahrheit Empfindungskomplexe ... Aus diesen Elementen setzt sich das *Ich* zusammen.»[44]

Für diese «Subjektivität» spricht auch der zweite Pfeiler, die Sinnesphysiologie. Durch immer genauere Untersuchungen des Nervensystems von Tieren und Menschen und die daraus gewonnenen neurophysiologischen Kenntnisse, vor allem im Hinblick auf die Reizaufnahme und -verarbeitung, ist mittlerweile eine gediegene allgemeine Sinnesphysiologie entstanden, die so interessant wie komplex ist. Sowohl Psychologie als auch Philosophie basieren oft auf diesen Pfeilern. Der ganze Empirismus und die daraus abgeleiteten Positivismen und Pragmatismen sind im Prinzip erst dann eine solide Dachkonstruktion, wenn sie nicht vom Phänomenalismus und anderen Weltanschauungen separiert werden. Empirie heißt so viel wie Sinnes-Erfahrung und bietet als solche für sich – und im Ganzen der Welt genommen – nicht den geringsten Anlass, nicht «wahr» zu sein. Interessantes darüber schreibt beispielsweise Josef Dudel:

> «Die Sinnesphysiologie teilt sich also auf in die Beschreibung der Reaktionen des Nervensystems auf einen Reiz, die objektive Sinnesphysiologie, und in die Darstellung der Aussagen, die das Subjekt über seine Empfindungen und Wahrnehmungen macht, die subjektive Sinnesphysiologie. Die Bezeichnungen *objektiv* und *subjektiv* dürfen in diesem Zusammenhang *keineswegs als Werturteile* über die Korrektheit einer Aussage aufgefasst werden. Der Satz ‹Rot ist eine warme Farbe› kann ebenso ‹richtig› sein wie der Satz ‹mit der Intensität eines Sinnesreizes steigt in der sensorischen Nervenfaser die Frequenz der Erregungen›. Als Biologen und besonders als Wissenschaftler vom Menschen müssen wir an subjektive Aussagen über Empfindungen und Wahrnehmungen genauso vorurteilsfrei herangehen wie an Ableitungen von Zellpotenzialen.»[45]

Und doch wird dieses Problem, das in der einschlägigen Literatur als «psychophysisches Problem» bezeichnet wird, vom selben Autor redlicherweise als naturwissenschaftlich unüberbrückbar angesehen:

> «Wir empfinden Sinneserfahrungen als ganz persönliche Erlebnisse, hängen in unseren Stimmungen von ihnen ab, wir werden in einer Umgebung, die Sinnesreize ausschaltet, psychisch instabil und krank (sensorische Deprivation). So ‹ist der Mensch nichts anderes als die Summe seiner Erfahrungen› (D. Hume). Andererseits haben philosophische Schulen, beeindruckt von der starken subjektiven Komponente aller Sinneserfahrungen, behauptet, nur das Subjekt existiere und die ‹Umwelt› sei ein Produkt seines Geistes. Das *psychophysische Problem,* auf das wir in der Sinnesphysiologie so eindringlich gestoßen werden, ist für den Naturwissenschaftler zumindest zur Zeit nicht auflösbar.»[46]

Im Sinne unserer Studie müssten wir hinzufügen: nicht auflösbar, solange die Anschauung eine einseitig sensualistische bleibt beziehungsweise einem reduktionistischen Erklärungsmuster zum Opfer fällt. Denn schon logisch hebt sich diese Anschauung selber auf: Wenn nämlich, pointiert gesagt, die sinnenfällige Welt, wie ich sie erlebe, objektiv eine Art Illusion ist, so bin ich selber für einen Betrachter und für mich als sinnlich erfassbare Person ebenfalls eine Illusion! Man male sich diese Schlussfolgerung recht plastisch und in all ihren Konsequenzen aus. Was bleibt vom Menschen übrig? Wenn die Umwelt nur ein «Produkt» unseres Geistes ist – diese Ansicht steht in der Philosophie-Geschichte nicht vereinzelt da –, so bin ich, streng genommen, das Produkt meines Nachbarn! Wir werden im Laufe dieser Arbeit immer wieder auf die erschütternde Tatsache gestoßen, dass eine jede Anschauung, einseitig konzipiert und einseitig angewandt, uns nicht nur von der Fülle der Existenz absondert, sondern dass sie sich selber ad absurdum führt. Keine der zwölf Weltansichten ist gegen diese Gefahr gefeit.

Anders sieht die Sache aus, wenn die durch redlichen Forscherfleiß zutage geförderten Erkenntnisse sich mit anderen ergänzen – eine Forderung, die viele als eine Forderung der Stunde erleben. So schrieb vor einigen Jahren Franz Mechsner in einem Artikel über «Das Problem mit der Seele»:

> «Wer die innere Erfahrung als Teil der materiellen Welt erklären will, setzt sich in Widerspruch zu unserer dualistischen Intuition, denn die Empfindung ‹Rot› ist nun einmal etwas wesentlich anderes als die sie begleitenden Hirnprozesse. Und wer die Welt der inneren Erfahrung als eigenständige Wirklichkeit sieht, gerät spätestens dann in Schwierigkeiten, wenn er die Wechselwirkung zwischen Geist und Materie erklären soll. Oder sehen wir nur schief,

denken wir falsch? Könnte genaueres Hinsehen das Paradox als einen in Wirklichkeit nicht existierenden Widerspruch auflösen? Gibt es vielleicht doch einen Weg aus der Sackgasse des Leib-Seele-Problems – eine andere Theorie, die wir noch nicht bedacht haben? ... Sämtliche Lösungsversuche des Leib-Seele-Problems führen somit zu einer erstaunlichen Konsequenz: Die Vorstellung, dass die Naturwissenschaft ‹im Prinzip› alles erklären kann, was wir über die Welt wissen, ist nicht haltbar.»[47]

Am Schluss seines Essays erwähnt Mechsner den Neurologen Hans Flohr, «der sich um Zusammenarbeit von Biologen, Psychologen und Philosophen in dieser Frage bemüht».

Es sind in der Tat bemerkenswerte Äußerungen, die einen Zeitgenossen aufatmen lassen! Das Problem einer materialistisch oder bloß dynamistisch orientierten Naturwissenschaft entsteht nämlich dort, wo sie sich anheischig macht, alles «im Prinzip» zu erklären; es muss nämlich für jeden Forschungsgegenstand oder – im Sinne Nicolai Hartmanns – für jede Seinsschicht eine angemessene Methode gefunden werden. Sehr bedeutend sind hier folgende Worte von Alfred Gierer, die als Ergebnis seiner Forschungen als Biophysiker am Max-Planck-Institut für Entwicklungsbiologie in Tübingen anzusehen sind:

«Philosophische Grenzen der Erkenntnis gibt es im Bereich der Hirnforschung in erster Linie bei den Fragen nach dem ‹Bewusstsein› oder der ‹Seele›. Gute Gründe sprechen dafür, dass jede formal genau angebbare Leistung der Informationsverarbeitung auf physikalisch-chemische Prozesse im neuralen Netzwerk zurückführbar ist. Aber es bleibt fraglich, ob alle Eigenschaften des Gehirns einer vollständigen formalen Beschreibung zugänglich sind. Insbesondere das Wort ‹seelisch› macht, vom wissenschaftlichen Standpunkt aus, begrifflich große Schwierigkeiten – eine befriedigend objektive Definition gibt es nicht. Deswegen fehlte es nie an Versuchen, die Leib-Seele-Beziehung als Scheinproblem abzutun. Damit würden wir aber die tiefste Grenzfrage der Wissenschaften nur verdrängen; begriffliche Akrobatik allein kann den Knoten zwar verschieben, aber nicht auflösen. Seelisches Erleben ist uns unmittelbar gegeben, ohne Kenntnis der zugleich ablaufenden physikalischen Gehirnprozesse. Sicher besteht eine enge Beziehung zwischen beiden … Aus der Gültigkeit der Physik im Gehirn folgt nämlich nicht, dass man den entsprechenden Zustand des Bewusstseins mit den Methoden der Physik ganz erschließen kann.»

Am Schluss seines Artikels betont Gierer, dass «das Bewusstsein in einer physikalischen Beschreibung des Gehirns nicht aufgeht».[48]

Soweit nun das seelische Erleben der Sinneswelt durch die Sinne gemeint ist, heißt das – man denke hier an das bereits zitierte Wort von Empedokles, wonach nur Gleiches Gleiches erkennen kann –, dass Seelisches eben durch Seelisches erforscht werden muss, so wie es möglich ist, mit «Physischem» Physisches zu untersuchen. Was umfasst also unsere Sinnesorganisation, soweit wir ihre Ergebnisse er-*leben*?

Man male sich ein typisches sensualistisches Erlebnis aus, so wie es jeder von uns immer wieder vor allem im Frühling hat. In der Natur ist überall Regsamkeit – es fängt zu sprießen und zu sprossen an. Die Wälder bedecken sich mit frischem, grünem Laub, allerlei Vögel sind eifrig zwitschernd unterwegs, Anemonen bedecken den Boden – das Gras wächst wieder. Der im Winter etwas moderige Geruch der

Wälder weicht zunehmend einem frischeren Duft. Es wird dann wärmer und wärmer, die Kleidung wird leichter, und man empfindet plötzlich die zahllosen Düfte, die Vogelstimmen, die Wärme, den Wind in einer Intensität, die einen fast mitnimmt zu einer sinnlichen Kommunion mit der Natur. Kein Wunder, dass für die Natur die Paarungszeit angebrochen ist! – Oder wir sind im Sommer am Meer; umgeben von Wärme, Luft und Wasser, erleben wir eine rätselhafte Stärkung und Erneuerung unseres Daseinsgefühls. Gerade im Eintauchen in unser Sinneserleben, im mannigfaltigen Wechselspiel zwischen Innenwelt und Außenwelt, in einem erfrischenden weiten Atmungsrhythmus sind wir geneigt, mit Faust zu sagen: «Augenblick verweile, du bist schön.»

Der Phänomenalist sagt: «Die Sinne trügen nicht», und der Sensualist betont: «Die Sinne geben mir Daseinsgefühl, sie machen mich stark und gesund.» Besonders in der kindlichen Entwicklung ist eine Pflege der Sinne unerlässlich, soll sich der Mensch ganz in die Realität hineinleben. Sinnesverlust ist Realitätsverlust. Dabei ist nicht an das Unglück gedacht, dass ein Mensch taub oder blind wird – denn es gibt viele Wege der Erfüllung –, sondern an die Lähmung und Unterdrückung einer Reihe von Sinnen durch unsere einseitig auf Technik und Medien hin orientierte Zivilisation. Die daraus resultierenden schwer wiegenden Gesundheitsschäden haben in den letzten drei Jahrzehnten verschiedene Therapien auf den Plan gerufen, zum Beispiel die besonders von A. Jean Ayres entwickelte «sensorische Integration».[49]

Dass die Ausbildung und sachgemäße Pflege der Sinne eine zentrale Rolle für die kindliche Entwicklung und infolgedessen für unser Leben als Erwachsene spielt, ist bereits am Anfang des 20. Jahrhunderts von Rudolf Steiner immer wieder betont worden. Gerade in der 1919 von ihm ins Leben gerufenen Waldorfpädagogik steht die Pflege der Sinne von

Anfang an im Zentrum der Aufmerksamkeit.[50] Und es ist erfreulich, dass sich im Laufe der Jahre auch andere Forscher diesem Komplex gewidmet haben, insbesondere was die therapeutisch-pädagogische Praxis anbelangt.

Steiner selber hat bereits in der Zeit, als er Goethes naturwissenschaftliche Schriften herausgab, Goethes Phänomenalismus nicht nur gewürdigt – das ist interessanterweise 1999, anlässlich von Goethes 250. Geburtstag in der Welt vielfach geschehen –, sondern auch erkenntnistheoretisch untermauert, indem er unter anderem auch die objektive Komponente unserer sensorischen Erfahrung klar aufgewiesen hat. Da zur vollen Würdigung des Sensualismus sowie des Phänomenalismus diese Frage nicht unterschätzt werden darf, soll hier eine Stelle aus Steiners *Einleitungen zu Goethes Naturwissenschaftlichen Schriften* in voller Länge zitiert werden. Die Abhandlung ist in der Argumentation umfassender und differenzierter, aber die zentralen Gesichtspunkte sind in dieser Passage gut erkennbar:

> «Könnten wir die ganze Reihe von Vorgängen verfolgen, welche sich bei irgendeiner Sinneswahrnehmung vollziehen, von der peripherischen Endung des Nerven im Sinnesorgane bis in das Gehirn, so würden wir doch nirgends bis zu jenem Punkte gelangen, an dem die mechanischen, chemischen und organischen, kurz die raumzeitlichen Prozesse aufhören, und *das* auftritt, was wir eigentlich Sinneswahrnehmung nennen, zum Beispiel die Empfindung der Wärme, des Lichtes, des Tones usw. Es ist die Stelle nicht zu finden, wo die verursachende Bewegung in ihre Wirkung, die Wahrnehmung, überginge. Können wir dann aber überhaupt davon sprechen, dass die beiden Dinge in dem Verhältnisse von Ursache und Wirkung stehen?

Wir wollen einmal die Tatsachen ganz objektiv untersuchen. Nehmen wir an, es trete eine bestimmte Empfindung in unserem Bewusstsein auf. Sie tritt dann zugleich so auf, dass sie uns auf irgendeinen Gegenstand verweist, von dem sie herstammt. Wenn ich die Empfindung des Rot habe, so verbinde ich, kraft des Inhaltes dieser Vorstellung, in der Regel damit zugleich ein bestimmtes Ortsdatum, d.i. eine Stelle im Raume, oder die Oberfläche eines Dinges, der ich das, was diese Empfindung ausdrückt, zuschreibe. Nur dann ist das nicht der Fall, wenn durch einen äußeren Ein fluss das Sinnesorgan selbst in der ihm eigentlichen Weise antwortet, wie wenn ich bei einem Schlage aufs Auge eine Lichtempfindung habe. Von diesen Fällen, in denen die Empfindungen übrigens niemals mit ihrer sonstigen Bestimmtheit auftreten, wollen wir absehen. Sie können uns ja, als Ausnahmefälle, über die Natur der Dinge nicht belehren. Habe ich die Empfindung des Rot mit einem bestimmten Ortsdatum, so werde ich zunächst an irgendein Ding in der Außenwelt als den Träger dieser Empfindung verwiesen. Ich kann mich nun ja wohl fragen, welche räumlich-zeitliche Vorgänge spielen sich in diesem Dinge ab, während es mir als mit der roten Farbe behaftet erscheint? Es wird sich mir dann zeigen, dass mechanische, chemische oder andere Vorgänge als Antwort auf meine Frage sich darbieten. Nun kann ich weiter gehen und die Vorgänge untersuchen, die sich auf dem Wege von jenem Dinge bis zu meinem Sinnesorgane vollzogen haben, um die Empfindung der roten Farbe für mich zu vermitteln. Da kann sich mir nun doch auch wieder nichts anderes als Bewegungsvorgänge oder elektrische Ströme oder chemische Veränderungen als solcher Vermittler darstellen. Das gleiche Resultat müsste sich mir ergeben, wenn ich die weitere Vermittlung vom Sinnesorgane bis zur Zentralstelle im Gehirne untersuchen könnte. *Was* auf diesem ganzen Wege vermittelt wird, das ist die in Rede stehende Wahrnehmung des Rot. *Wie* sich diese Wahrnehmung in einem bestimmten Dinge, das auf dem Wege von der Erregung bis zur Wahrnehmung liegt, darstellt, das hängt lediglich von der Natur dieses Dinges ab. Die Empfindung ist an jedem Orte vorhanden, vom Erreger bis zum Gehirne, aber nicht als solche, nicht expliziert, sondern *so,* wie es der Natur des Gegenstandes entspricht, der an jenem Orte sich befindet.

Daraus ergibt sich aber eine Wahrheit, die geeignet ist, Licht zu verbreiten über die gesamte theoretische Grundlage der Physik und Physiologie. Was erfahre ich aus der Untersuchung eines Dinges, das von einem Prozesse, der in meinem Bewusstsein als Empfindung auftritt, ergriffen wird? Ich erfahre nicht mehr als die Art und Weise, wie jenes Ding auf die Aktion, die von der Empfindung ausgeht, antwortet, oder mit anderen Worten: wie sich eine Empfindung in irgendeinem Gegenstande der räumlich-zeitlichen Welt *auslebt.* Weit entfernt, dass ein solcher räumlich-zeitlicher Vorgang die *Ursache* ist, der *in* mir die Empfindung auslöst, ist vielmehr das ganz andere richtig: der räumlich-zeitliche Vorgang ist die *Wirkung* der Empfindung in einem räumlich-zeitlich ausgedehnten Dinge. Ich könnte noch beliebig viele Dinge einschalten auf dem Wege von dem Erreger bis zu dem Wahrnehmungsorgane: in jedem wird hierbei dasjenige vorgehen, was in ihm vermöge seiner Natur vorgehen kann. Deshalb bleibt aber doch die *Empfindung* dasjenige, was sich in allen diesen Vorgängen auslebt.»[51]

Dieses «Empfindung» genannte Wesenhafte hat ganz und gar seelischen Charakter. In unterschiedlichen Formen oder

Metamorphosen kommt also das Empfindungselement im Gegenstand, in den Medien des Zwischenraumes und in der eigenen physiologischen Organisation zur Erscheinung. Sinnesqualitäten erweisen sich somit als in der subjektiven menschlichen Organisation auftretende objektive *Seinselemente.* Und hier, von zwei unterschiedlichen Seiten herkommend, berühren sich Phänomenalismus und Sensualismus, soweit wir sie urbildlich betrachten. Auch für die Kunstanschauung und für die religiöse Erfahrung gelten im Grunde genommen die im vorigen Kapitel angeführten Beispiele; nur muss man sie entsprechend differenziert anschauen.

Die Grenzen zwischen Phänomenalismus und Sensualismus sind einerseits fließend, denn beide Anschauungen bedingen sich gegenseitig; andererseits erweisen sie sich gerade in ihren letztgültigen Schlussfolgerungen als zweierlei: Es ist ein gewaltiger Unterschied, ob die Welt so ist, wie ich sie wahrnehme, oder ob sie nur das Produkt meiner Sinnesorganisation ist. Gerade für die Gestaltung des Lebens mit seinen Sorgen und Hoffnungen auf eine tiefere Wirklichkeit, auf einen tieferen Sinn der Welt ist es von zentraler Bedeutung, an welcher Weltsicht ich mich orientiere. Man denke an Goethes dichterische Wiedergabe jener tiefen Erfahrung echter Sinnesmystik, wie sie in Bezug auf das Lichterleben auch bei Jakob Böhme zu finden ist:

> Wär' nicht das Auge sonnenhaft,
> Wie könnten wir das Licht erblicken?
> Lebt' nicht in uns des Gottes eigne Kraft,
> Wie könnt uns Göttliches entzücken?

Wie bereits erwähnt, kann auch der Sensualismus eine starke religiöse Komponente entfalten. Selbst manche Jenseitsvorstellung trägt sensualistischen Charakter, wenn beispielsweise das Paradies als Ort sinnlicher Genüsse geschildert wird: «Wer nun Allah und seinem Gesandten gehorcht, den führt er in wasserreiche Gärten, und ewig wird er darin bleiben. Dies ist eine große Glückseligkeit.»[52] Oder: «So seht das Bild des Paradieses, das den Gottesfürchtigen verheißen ist: In diesem fließen Ströme von Wasser, das nie verdirbt; Ströme von Milch, deren Geschmack sich nie ändert; Ströme von Wein, lieblich für die Trinkenden; auch Ströme von gereinigtem Honig. Dort werden sie alle Arten von Früchten und Vergebung von ihrem Herrn erhalten.»[53] Selbstverständlich kann man diese Suren des Koran auch als bildhafte Darstellungen eines von Leben überquellenden Jenseits interpretieren, umso mehr, wenn man empfindet, dass Sensualismus und jenseitig-geistige Welt nicht vermischt werden sollten. Andererseits bietet gerade der Koran Stellen, die es einem schwer machen, sie metaphorisch zu deuten, zumal sie auch einen materialistischen Einschlag haben. Als Beispiel sei eine Sure zitiert, in der von den Gerechten die Rede ist:

> «Diese werden Allah am nächsten sein und in wonnevollen Gärten wohnen ... Sie werden auf Kissen ruhen, welche mit Gold und edlen Steinen geschmückt sind, sie lehnen einander gegenüber. Jünglinge in ewiger Jugendblüte werden, um ihnen aufzuwarten, sie mit Bechern, Kelchen und Schalen voll fließenden Weines umkreisen ... und mit Fleisch vom Geflügel, wie sie es nur wünschen können. Und Jungfrauen mit großen schwarzen Augen, gleich Perlen, die noch in ihren Muscheln verborgen sind, bekommen sie als Lohn ihres Tuns.»[54]

Soweit der Koran und seine Bilder einer sinnlichen Glückseligkeit in der nachtodlichen Welt. Mit den Vorstellungen von Fleisch, Geflügel und Jungfrauen als Lohn für ein gerechtes Leben haben wir schon den Bereich eines materialistischen Spiritualismus betreten, der in der Religionsgeschichte nicht selten anzutreffen ist. Heutige Berichte von weinenden oder blutenden Statuen gehören ebenfalls dazu.

Werfen wir einen kurzen Blick auf die Geschichte der Philosophie. Da taucht ein einseitiger Sensualismus relativ spät auf, und zwar erst in der Neuzeit bei den englischen Sensualisten beziehungsweise Empiristen. Die Philosophen der griechischen Antike schenkten dem Sinnen-Sein keine große Beachtung; denn die Welt der Sinne hatte für sie ihrer ständigen Wandelbarkeit wegen keinen Seinscharakter. Von Parmenides, der im sechsten vorchristlichen Jahrhundert lebte, kennen wir den Ausspruch: «Denn dasselbe ist Denken wie Sein.» Das war sein ontologisches Bekenntnis! Auch Platon dachte ähnlich, wenn auch anders nuanciert, wie wir im Kapitel über den Idealismus sehen werden. Eher im Epikureismus, der freilich differenziert angeschaut werden muss, vibriert als Grundton ein stark sensualistisches Moment, wobei sein Glücks- und Lustprinzip sich allerdings nicht auf bloße Sinneslust beschränkt. Die geistige Lust sei beständiger und verheiße daher auf die Dauer mehr und größeres Glück.

Heute nennt man im gängigen Sprachgebrauch Epikureer einen Menschen, der die materiellen Freuden des Daseins unbedenklich genießt. Philosophisch gesehen ist auch der Gourmet ein Sensualist, wie überhaupt – charakterologisch betrachtet – echte Sensualisten oft lebensvolle, herzliche «Vollblut-Menschen» sind!

Das Prinzip der Sinnesempirie als Grundlage der Erkenntnis, der Wahrheitsforschung wurde besonders stark, wenn auch nicht ausschließlich, von der bereits erwähnten englischen Philosophie impulsiert. Francis Bacon schreibt: «Zwei Wege zur Erforschung und Entdeckung der Wahrheit gibt es und kann es nur geben. Der eine führt im Fluge von den Sinnen und dem Einzelnen zu den allgemeinsten Grundsätzen, und gemäß diesen Prinzipien und ihrer unerschütterlichen Wahrheit urteilt er und gewinnt die mittleren Grundsätze; das ist der übliche Weg. Der andere leitet aus den Sinnen und dem Einzelnen die Grundsätze ab, indem er stetig und stufenweise aufsteigt, um zuletzt zum Allgemeinsten zu gelangen.»[55] Und Thomas Hobbes führt aus:

> «Denken wir uns eine Eigenschaft oder Beschaffenheit eines äußeren Körpers (den man gewöhnlich *Gegenstand* nennt), so ist das eine *Erscheinung* oder *Vorstellung*. Dieser Gegenstand, der auf die Sinnesorgane unseres Körpers wirkt, bringt je nach seiner Wirkungsart verschiedene Erscheinungen hervor. Der Ursprung von ihnen allen heißt *Sinnesempfindung*. Denn wir können uns nichts denken, was nicht zuvor als Ganzes und in seinen Teilen in einem unserer Sinne *erzeugt worden ist* (Hervorhebung durch den Verfasser). Von diesen ersten Eindrücken aber hängen alle spätere Gedanken ab.»[56]

Bei Bacon und Hobbes hat, wenn auch nicht ausschließlich, unsere heutige Sinnesphysiologie ihre philosophischen Wurzeln. Und es ist bezeichnend, dass David Hume, der im 18. Jahrhundert gelebt und gewirkt hat, in der Einleitung zu einem modernen Text über Sinnesphysiologie (siehe oben den Text von Josef Dudel) wörtlich zitiert wird: «Der Mensch ist nichts anderes als die Summe seiner Erfahrungen.» In der Tat kann man gegen die relative Berechtigung dieses Satzes nichts einwenden!

Im Laufe seiner Forschung, wenn auch aus einem anderen Ansatz heraus, hat Rudolf Steiner dieses Thema aufgegriffen und nach und nach eine ganzheitliche Sinneslehre entwickelt, die sich in der pädagogischen und kunsttherapeutischen Praxis vielfach bewährt hat. Zum Beispiel stellte er in seinen Vorträgen über *Allgemeine Menschenkunde als*

Grundlage der Pädagogik[57] 1919 dar, dass der Mensch über einen Organismus von zwölf Sinnen verfügt, die zwar alle im physischen Organismus verankert sind, aber unterschiedlichen Anteil an der dreifachen Dimension des Menschen haben: an seinem Leib, an seiner Seele und an seinem Geist. Es sind: Tastsinn, Lebenssinn, Bewegungssinn, Gleichgewichtssinn, Geruchsinn, Geschmacksinn, Sehsinn, Wärmesinn, Gehörsinn, Wortsinn, Gedankensinn und Ichsinn. In der Regel findet man heute in der einschlägigen Literatur etwa neun Sinne erwähnt.[58] Noch nicht erkannt sind der Wort- oder Sprachsinn, der Denksinn und vor allem der Ichsinn, die Wahrnehmung des *anderen* Menschen als eines Ich-begabten Wesens. Im Ichsinn – der wie jeder Sinn einer großen Erweiterung und Verfeinerung fähig ist – wurzelt primär die Fähigkeit, die Eigenständigkeit des vor mir stehenden Menschen immer mehr zu achten. Zur weiteren Ausbildung dieses Sinnes kann beispielsweise auch das Studium von Biografien weiterhelfen und vor allem das, was Goethe in seinem *Märchen von der grünen Schlange und der schönen Lilie* «herrlicher als Gold» und «erquicklicher als das Licht» nennt: das Gespräch.

Gerade im Dialog kann der Ichsinn eine immer tiefere Kraft entfalten. Kino, Fernsehen und Erlebnisse im Umkreis der «virtual reality» sind in der Erziehung des Kindes, aber auch später, deshalb problematisch, weil kein konkretes Gegenüber da ist, an das sich der Ichsinn direkt wenden kann. Für die Entfaltung der Sinne gilt der Grundsatz, dass Leben Leben braucht; das pulsierende Leben in meinen Sinnen braucht das konkrete Leben der Natur.

Das eben Ausgeführte sollte lediglich an einem ausgesuchten Beispiel die Bedeutung des Sensualismus in seiner praktischen Anwendung unterstreichen. Im Übrigen hat jede der zwölf Weltanschauungen selbstverständlich eine praktische

Seite, indem sie den Antrieb zum Handeln, das heißt die Art bestimmt, wie der Mensch tätig in das Leben eingreift.

Zu der Auffassung des Menschen als «Antwort auf das Welträtsel» gehört nun auch die bereits angedeutete trichotomische Grundstruktur: Mit seinem Leib erlebt und erfährt der Mensch die Welt, in seiner Seele verinnerlicht er sie, und mit seinem Geist, im wach-erkennenden Bewusstsein, hat er nicht nur Anteil am geistigen Kosmos, sondern er ist selber Teil dieses Kosmos. Gerade dank dieser dreigliedrigen Struktur seines Wesens kann er verschiedene Weltanschauungen entwickeln. Die zwei bisher besprochenen sind eindeutig in unserer Leibesstruktur beheimatet, wie auch der Materialismus. Aber dann folgen Weltanschauungen, die mehr die seelisch-geistigen Kräfte, nicht nur die sinnlich gebundenen, zum Ausgangspunkt haben. Insofern muss man zu den Faktoren, die einen Menschen zu einer bestimmten Weltansicht führen, auch seine Gesamtkonstitution zählen, mit all den soziokulturellen Einflüssen, denen er von Kindheitstagen an ausgesetzt wurde und wird. Welche Bereicherung des Seelenlebens kann es also bedeuten, mit anderen Menschen in einen lebendigen kulturellen Kontakt zu kommen, gerade dann, wenn sie anders denken als wir selber! Natürlich wird es im Laufe des Lebens erforderlich, seine eigene Position zu finden und zu vertreten, aber immer mit der Geste der Öffnung; denn nicht nur die Welt, sondern auch der Mensch birgt unendliche Tiefen in sich. Jede Begegnung kann somit ein weiterer Schritt auf der Suche nach dem umfassenden Reich der Wahrheit werden – freilich auch die Ablehnung einer bestimmten Weltanschauungsnuance. Unser Unterscheidungsvermögen und unsere Urteilsfähigkeit sollen auf jeder Stufe integer bleiben. Es kommt darauf an, dass wir auch in diesen Dingen Lernende werden und gerade in einer multikulturellen Gesellschaft nie vergessen, uns selber treu zu bleiben.

Zum Abschluss dieses Kapitels soll Hugo Kükelhaus zu Wort kommen, der Bedeutendes auch im Zusammenhang mit der Entwicklung der Sinnesorgane ausgeführt und vielen Menschen neue, tiefere Perspektiven geöffnet hat. Es sind Worte, die wie Meditationssätze anmuten. Zunächst spricht er vom Erlebnis einer Sonnenfinsternis. Dann heißt es:

> «Mein Blick fällt auf eine Rose. Kann ich ihr nicht ebenso gegenüber sein, wie ich's gegenüber der Sonne erfuhr, als sie sich verfinsterte? Mein Ohr hört einen Vogel zirpen. Kann ich sein Lied nicht so hören, wie die Welt mir nahe kam, als sie verstummte? Mir scheint die Sonne auf die Haut. Kann ich ihre Wärme nicht so fühlen, wie ich sie fühlte, als sie kühl wurde? Ihr Licht so sehen, wie ich es sah, als sie ihren Schein verlor? Das Wasser so schmecken, wie wenn Quellen und Flüsse versiegt wären? Das Brot so essen, als wenn es Korn nicht mehr gäbe? Die Früchte, das Fleisch so, als ob es Pflanzen und Tiere nicht mehr gäbe? Die Luft so atmen, als wenn sie selten wäre? Mit meinen Nachbarn reden, mit Kindern spielen, als wenn Nachbarn und Spiele verklungene Sagen wären? Aber ja! Ist dieses ‹wie wenn nicht› und dieses ‹als ob nicht› nicht Beschreibung dessen, was längst schon eingetreten, längst schon der Fall ist?»[59] – «Es gilt, die Sorge um die Erhaltung der ursprunghaft begründeten Anlage der Organe: sich zu weltwaltender Bewusstwerdung zu entfalten, dort wirksam werden zu lassen, wo diese Anlage ungeschwächt ist: beim frühen Kind. Hier insbesondere gilt es, Lebensverhinderungen zu verhindern.»[60] – «Retten kann uns … kein Gott. Uns selbst retten können wir nicht. Retten aber kann der Anblick des Gottes. Unsere Organe sind Anlagen, den Gott zu erblicken. Erforderlich, weil möglich, ist, die Organe durch Erfüllung ihrer Verrichtungs-Bedingungen zu dem

> zu entwickeln, was sie sind. Wer darin steht, lebt ohne Erwartung, denkt in Grenzen, handelt ohne Anspruch.»[61]

Damit sollte mit Nachdruck die Bedeutung unserer Sinne für ein menschenwürdiges Dasein unterstrichen werden. Der Sensualismus offenbart sich somit als eine Lebens- und Weltanschauung, die dem Phänomenalismus, aber auch den anderen Weltansichten ebenbürtig ist.

«Erde, sie steht so fest» – Materialismus

Prometheus *(eine Fackel in der Hand):*
…
So ruf ich laut euch Erzgewalt'ger nun hervor:
Erhebt die starken Arme leicht, dass taktbewegt
Ein kräft'ger Hämmerchortanz, laut erschallend, rasch
Uns das Geschmolzne vielfach strecke zum Gebrauch.
(mehrere Höhlen eröffnen sich, mehrere Feuer fangen an zu brennen)

Schmiede:
Zündet das Feuer an!
Feuer ist obenan.
Höchstes, er hat's getan,
Der es geraubt.
Wer es entzündete,
Sich es verbündete,
Schmiedete, ründete,
Kronen dem Haupt.
…
Erde, sie steht so fest
Wie sie sich quälen lässt!
Wie man sie scharrt und plackt!
Wie man sie ritzt und hackt!
Da soll's heraus. [62]

Die Erde, sie steht so fest! – Es ist Goethe meisterhaft gelungen, dem Leser in Lautklängen ein Erlebnis der dichten Festigkeit der Erde zu vermitteln. Man meint, dabei Kains Hakenpflug zu hören, wie er die hart gewordene Erde aufreißt, um ihr Nahrung abzugewinnen. Denn die Erde war im Ursprung ihres Werdens keineswegs von der Dichte und Festigkeit, wie wir sie heute kennen. und hier sind sich, wenn auch von sehr unterschiedlichen Positionen ausgehend, Naturwissenschaft und religiöse Überlieferung relativ einig. Der Bericht der Genesis (1. Mos. 1 – 3), jenes Mythos vom Ursprung der Welt, kann freilich unterschiedlich gedeutet werden. Lebt man jedoch längere Zeit in diesen Berichten, kann einen die progressive Verdichtung im Laufe des Schöpfungsprozesses wie ein roter Faden durch die Fülle rätselhafter Bilder geleiten. Gleich am Anfang ist von «Wasser» die Rede, auf dem der Geist Gottes schwebt; dann wird dieses Urwasser geteilt: «Und Gott sprach: es werde eine Feste zwischen den Wassern, die da scheide zwischen den Wassern. Da machte Gott die Feste und schied das Wasser unter der Feste von dem Wasser über der Feste. Und es geschah so. Und Gott nannte die Feste Himmel. Da ward aus Abend und Morgen der erste Tag. Und Gott sprach: Es sammle sich das Wasser unter dem Himmel an besondere Orte, dass man das Trockene sehe. Und es geschah so. Und Gott nannte das Trockene Erde, und die Sammlung der Wasser nannte er Meer. Und Gott sah, dass es gut war.»

Zum Verständnis der Genesis-Bilder ist vor allem wichtig, in großen Zeitdimensionen zu denken. Man gelangt dann vom Urzustand eines qualitativ noch ungeschiedenen Flüssigen zu einer Trennung zwischen Wasser über dem Himmel (!) und Wasser unter dem Himmel, aus dem sich im Laufe von Äonen das «Trockene» absetzte. Ein vorläufiges Ende erreichte dieser Prozess nach dem Sündenfall. Davor schenkte die jungfräuliche Erde auf Geheiß Gottes noch einen Baum der Erkenntnis und einen Baum des ewigen Lebens, und der ganze Garten Eden war von einem vierfachen Strom bewässert. «Allerlei Bäume, verlockend anzusehen und gut zu essen», wuchsen dort. Aber mit dem Sündenfall, der nicht in einem Augenblick geschah, sondern einen langen Prozess darstellt, sonderte sich der Mensch mehr und mehr aus den lichtvollen göttlichen Welten ab; der Acker wurde «verflucht», und mit Mühsal sollte sich der Mensch fortan von ihm nähren. «Dornen und Disteln soll er dir tragen», ruft Gott den verzweifelten Menschenkindern noch zu, mit diesem Bild auf die immer mehr zunehmende Verhärtung der Materie hinzuweisend. Und schließlich mag die Metapher der «Felle», die Gott Adam und Eva gibt, bevor sie den Garten mit dem Baum des Lebens hinter sich lassen, ein weiterer Hinweis auf die Verhärtung der ersten Menschennatur sein, die dadurch eintrat, dass ihr etwas vom Tierwesen beigegeben wurde. Dass wir uns hier noch nicht in einem rein physischen Erdbereich befinden, in dem nur irdische Kreatur wohnt, wird uns durch das letzte Bild des dritten Kapitels klar vor Augen geführt: «Und er trieb den Menschen hinaus und ließ lagern vor dem Garten Eden die Cherubim mit dem flammenden, blitzenden Schwert, zu bewachen den Weg zu dem Baum des Lebens.»

Dieser Zustand einer noch weichen Erde wird sehr eindrucksvoll auch in einem Schöpfungsmythos der Cherokee-Indianer geschildert. Auch hier werden wir Zeugen eines fortschreitenden Verhärtungsprozesses, dessen Endziel eine feste, für Menschen und Tiere bewohnbare Erde ist:

> «Als alles noch Wasser war, befanden sich die Tiere droben in Galun'lati, oberhalb des Himmelsgewölbes. Aber es war dort sehr eng, und sie wollten mehr Platz haben. Sie fragten sich, was sich unter dem Wasser befinden mochte, und schließlich bot Dayuni'si, ‹Enkel des Bibers›, der kleine

Wasserkäfer, an, sich auf den Weg zu machen, um es in Erfahrung zu bringen. Er schoss in alle Richtungen über die Wasseroberfläche, konnte aber keinen festen Platz finden, um darauf zu ruhen. Da tauchte er auf den Grund und kam mit weichem Schlamm wieder herauf, der wuchs und sich nach allen Seiten ausdehnte, bis er zur Insel wurde, die wir Erde nennen. Erst danach wurde sie mit vier Seilen am Himmel befestigt. Aber niemand kann sich daran erinnern, wer das tat. – Zuerst war die Erde flach und sehr weich und nass. Die Tiere waren unruhig, sie wollten hinunter und sandten verschiedene Vögel aus, um zu sehen, ob es nicht schon trocken war. Aber die Vögel fanden keinen Platz, um darauf zu landen, und kamen wieder nach Galun'lati zurück. Endlich schien es soweit zu sein. Da schickten sie den Bussard aus und sagten ihm, er solle alles für sie fertig machen. Es war der ‹Große Bussard›, der Vater aller Bussarde, die wir heute sehen. Er flog über die ganze Erde hin, dicht am Boden, aber sie war immer noch sehr weich. Als er ins Land der Cherokee kam, war er sehr müde. Seine Flügel begannen zu flattern und auf den Boden zu schlagen. Überall, wo sie die Erde trafen, entstand ein Tal, und wo sie sich wieder hoben, ein Berg. Als das die Tiere droben sahen, gerieten sie in Angst, dass die ganze Welt zu einem Gebirge werden könnte, daher riefen sie ihn zurück, aber das Land der Cherokee ist bis auf den heutigen Tag voller Berge.»[63]

Es ist ein Urgesetz der Evolution, dass sich das Feste aus dem flüssigen Element herauskristallisierte und wiederum – darauf weisen andere Schöpfungsmythen hin – dem flüssigen das gasig-luftige Element vorausging. Der ganzen Ordnung der Schöpfung aber liegt das Element zugrunde, von dem der große Heraklit von Ephesus verkündete: «Diese Weltordnung, dieselbe für alle, hat kein Gott und kein Mensch gemacht, sondern immer war und ist und wird sein Feuer, das ewig lebt, entbrennend nach Maßen und verlöschend nach Maßen.»[64]

Dieses zentrale Moment aller Evolution, das wir auch ein kosmogenetisches Grundgesetz nennen können, sehen wir auch in der körperlichen Entwicklung des Menschen vom frühembryonalen Stadium bis zum Greis, der sozusagen aus Haut und Knochen zu bestehen scheint. Man kann das auch so formulieren, dass man sagt: Alles Lebendige ist flüssig, beweglich und wandelbar; in dem Augenblick, wo Todeskräfte zu wirken beginnen, treten Verfestigung und Erstarrung auf bis hin zur Todesstarre, zur absoluten Unbeweglichkeit. Nicht umsonst wurde «Gevatter Tod» immer in Gestalt eines menschlichen Skeletts dargestellt.

Nun sind heutiger kosmologischer Forschung solche Aspekte nicht fremd. Sie spricht nur eine andere Sprache, und sie geht, wie bereits angedeutet, von einem anderen Erkenntnisansatz aus, der uns vor allem im nächsten Kapitel beschäftigen wird. Stellvertretend für eine Reihe ähnlicher Schilderungen seien einige Stellen aus Klaus Strobachs *Vom Urknall zur Erde – Werden und Wandlung unseres Planeten im Kosmos*[65] angeführt. Uns interessiert jetzt weniger die Frage nach dem vollen Wirklichkeitsgehalt der Urknall-Hypothese als vielmehr die hier geschilderten Werdestufen des Kosmos unter dem Aspekt der Verdichtung von Ursubstanzen – hier im Sinne der Teilchen-Physik – und ihrer Konzentration zu Mittelpunkten hin. Letztere hängt mit einer der heute so genannten Elementarkräfte des Universums zusammen, die zum Verständnis des Materialismus und der materialistischen Erfahrung von grundlegender Bedeutung ist: die Gravitation.

Hier die betreffenden Stellen, nachdem zuvor die Explosion eines unvorstellbar heißen, dichten Kerns und seine Zerstrahlung geschildert worden sind:

«Die folgende Zeit, die eine Million Jahre dauerte, war gekennzeichnet durch das Überwiegen der Strahlung … Es war die Strahlen-Aera oder der ‹Feuerball›. Der Feuerball begann ja bereits eine Sekunde nach Geburt der Welt. Gamow[66] nannte daher die Ursubstanz, aus der sich die Welt nach diesen Vorstellungen entwickelt hat, ylem. Heute spricht man vom Urknall oder vom Feuerball. Das Bild eines Feuerballs kann uns mehr sagen als die Vorstellungen der Leptonen- oder Hadronen-Aera, die vor allem Rechenergebnisse darstellen und mit denen allenfalls Kernphysiker noch Greifbares verknüpfen können … Die Strahlungs-Massendichte fällt nach etwa einer Million Jahren unter die Materiedichte ab und überlässt der Materie zunehmend das Feld. Die Aera des Feuerballs ist vorüber, der Materiekosmos hat begonnen.

Zunächst ist die Materie nur in der Form ihrer leichtesten Elemente Wasserstoff (etwa 90 %) und Helium (etwa 10 %) vorhanden. Diese Gase bilden Gebiete mit wechselnder Dichte und Turbulenz. Spätestens nachdem sich das Weltall etwa auf den dreißigsten Teil seiner heutigen Größe ausgedehnt hatte, begann die Bildung der Galaxien durch den Prozess der so genannten Gravitationsinstabilität, und zwar zunächst nur als linsenförmige Ansammlung der genannten Gase … Während also einerseits das Weltall unaufhörlich expandiert, verdichtet sich die Materie andererseits zu Galaxien und Sternen.»

Diese Verdichtung wurde durch die Kräfte der Gravitation möglich. Wollte man diesen gewaltigen Prozess mit Hilfe der aristotelischen Kategorien verstehen, müsste man von Substanz, Zeit und Raum sprechen. Aristoteles hatte die zehn Kategorien als ein «Organ» entwickelt, um sich in der Mannigfaltigkeit der Welt erkennend zurechtzufinden. Diese zehn Kernaussagen über die Welt, die auf zwölf erweitert werden können,[67] bieten einen rein denkerischen Zugang zum Verständnis der Weltphänomene und sind nach wie vor zulängliche Mittel der Erkenntnis. Auch im kategorialen Sinne kann man von einer «Ursubstanz» sprechen, die sich im Laufe der Zeit verdichtet, um zunehmend als «Materie» den Raum auszufüllen: Materie also als das den Raum Erfüllende. Etwa seit dem 17. Jahrhundert hat man ihre Körperlichkeit und Undurchdringlichkeit im Raum als ihre wesentliche Eigenschaft angeschaut. Erst zu Beginn des 20. Jahrhunderts musste diese bis dahin herrschende Ansicht langsam der anderen weichen, wonach die Welt aus Atomen besteht, welche aus kleinsten, ebenfalls mikroskopisch nicht mehr sichtbaren Elementarteilchen aufgebaut sind. Wenn man bedenkt, dass das einzelne Atom einen Durchmesser von etwa 1/ 10.000.000 mm hat, so beobachtet man hier im Grunde genommen das Überhandnehmen einer Weltanschauung, die den reinen Materialismus zunächst aufgibt, um die Welt auf der Grundlage von Rechenergebnissen zu verstehen. Es ist die Weltanschauung des Mathematismus, die als nächste betrachtet werden soll. Wichtig ist im Zusammenhang mit dem Materialismus die Erkenntnis, dass die mathematisierende Betrachtung, die selbstverständlich ihre Portion Wahrheit hat, die Realität der Stofflichkeit in ihrer Beständigkeit, Kompaktheit und Undurchdringlichkeit für das volle Welterleben nicht aufgehoben hat. Sie stellt nur eine andere Sicht der Dinge dar, abgesehen davon, dass in gewissem Sinne eine relative Beständigkeit des Stoffes auch im Bereich atomarer Physik geblieben ist. Dazu äußert sich Niels Bohr:

> «Für mich war der Ausgangspunkt die Stabilität der Materie, die ja vom Standpunkt der bisherigen Physik aus ein reines Wunder ist. Ich meine mit dem Wort Stabilität, dass

immer wieder die gleichen Stoffe mit den gleichen Eigenschaften auftreten, dass die gleichen Kristalle gebildet werden, die gleichen chemischen Verbindungen entstehen usw. Das muss doch bedeuten, dass auch nach vielen Veränderungen, die durch äußere Wirkungen zustande kommen mögen, ein Eisenatom schließlich wieder ein Eisenatom mit genau den gleichen Eigenschaften ist.»[68]

Was uns hier interessiert, ist nicht die Möglichkeit der Umwandlung oder Entstehung neuer Elemente im subatomaren Bereich oder dass man Materielles auf Energie zurückführen kann, denn auch Letzteres gehört in den Bereich einer anderen Weltanschauung, von der später ebenfalls die Rede sein wird, nämlich des Dynamismus. Gerade zu Entstehen und Vergehen von Materialität wird uns später der Physiker Hans-Peter Dürr außerordentlich Interessantes zu erzählen haben. In diesem Kapitel geht es um die Urerfahrung an der «Materie» in ihrer Dichte und Festigkeit, so wie sie alle Menschen dank ihrer sensorischen Organisation seit Urzeiten haben, und zwar als Urheberin des klassischen Materialismus.

Sensualistisch gesehen könnte man das elementare Erleben am Materiellen, Harten, Schweren vornehmlich in den Bereich des Tastsinns verlegen. Er vermittelt mir schon als Kleinkind bedeutende Erfahrungen. In der physischen Welt finde ich Halt und tragende Kraft. Die langsam entstehende Festigkeit des Skeletts gibt mir eine stabile Stütze. An der Schwere und Festigkeit der Welt erprobe und entwickle ich meine Muskelkraft, und durch meine abgegrenzte, von einer Haut umschlossene Körperlichkeit kann ich mich auch mehr und mehr als gefestigte Persönlichkeit empfinden. Als «Ich» erlebe ich mich schließlich als Mittelpunkt meiner Gesamtkonstitution, mit einem «Standpunkt» sowohl im Raume als auch im Bereich der Urteilskraft. Das alles verdanke ich im Wesentlichen meiner physischen Körperlichkeit, inmitten einer Welt von Metallen, Gesteinen, Hölzern und sonstigen festen Stoffen.

Wir spüren, welche zentrale Bedeutung das Erleben des Materiellen in und an der Welt für uns Menschen hat. Die «materielle» Struktur der Welt, so wie wir sie mit den entsprechenden Sinnen wahrnehmen, ist eine Grundeigenschaft derselben und gehört somit zu dem, was die Welt im Innersten zusammenhält. Aber nicht allein. Das Problematische des Materialismus und ähnlicher Ansichten in seinem Umkreis, wie beispielsweise Positivismus und Pragmatismus, ist wiederum nicht ihre eindeutige Berechtigung, sondern der meistens auftretende Anspruch ihrer Ausschließlichkeit in der Erklärung der Weltphänomene. Der reine Materialismus bedingt keineswegs eine atheistische Position. Friedrich Christoph Oetinger, der tiefe Theosoph und Alchemist, konnte mitten im Siegeszug der Aufklärung ausrufen, dass «die Leiblichkeit das Ende der Wege Gottes ist».[69] Aber auch im 20. Jahrhundert finden wir bedeutende Physiker, die einer spirituellen Auffassung vom Ursprung der Materie sehr nahe sind, wie beispielsweise James H. Jeans, der aufgrund seiner Forschungsergebnisse über die Entstehung neuer Elemente im subatomaren Bereich sagt, dass wir «ein bestimmtes Ereignis ins Auge fassen [müssen] oder eine Reihe von Ereignissen oder einen ständigen Vorgang, nämlich die Schöpfung von Materie in einer nicht unbegrenzt fernen Zeit. Auf irgendeine Weise tritt Materie, die vorher nicht existiert hat, ins Dasein oder wurde ins Dasein gerufen.» Diese Perspektive bringe uns «jenen philosophischen Systemen sehr nahe, die das Weltall als einen Gedanken im Geiste eines Schöpfers ansehen und damit alle Erörterungen über materielle Schöpfung zwecklos machen».[70] Aus diesem

Sachverhalt folgert Walter Schubart, Autor des Buches *Geistige Wandlung:* «1. Die Materie ist nicht – wie die mechanistische Physik behauptet hatte – das Absolute, das zu allen Zeiten da war und ist, sondern sie ist geschaffen worden; sie ist vergänglich und hat ihre Zeit. 2. Sie muss aus einer überstofflichen, also geistigen Sphäre hervorgegangen sein. Die Strahlungen ... lassen sich als Emanzipationen eines göttlich-geistigen Schöpferwillens deuten.»[71]

Wie auch immer jeder Einzelne zum Phänomen des Materiellen stehen mag, eine letzte Antwort auf die Frage, was denn eigentlich die Materie sei, wird außerordentlich erschwert durch eine schnell feststellbare Tatsache, die der Erkenntnistheoretiker und Theologe Aloys E. Biedermann im 19. Jahrhundert so formulieren konnte: «Was die Seinsweise der Materie sei, das können wir schlechterdings nicht sagen, das heißt in einen Gedanken fassen, das hieße sie eben in einen Gedanken verwandeln.»[72] Eine bedeutende Feststellung! Im Kapitel über den Realismus werden wir diese Frage noch einmal aufgreifen.

Solche Gedanken und Aspekte zur Frage nach dem Ursprung der Materie werden, gleich wie sie beantwortet werden, die Bedeutung unserer alltäglichen Erfahrung am Materiellen der Welt gewiss nicht schmälern. Der Materialismus selber als einseitige Weltanschauung ist allerdings relativ jung. Er hat seine Hauptwurzeln in der Neuzeit und erreicht im 19. Jahrhundert, dem Jahrhundert des klassischen Materialismus, einen Höhepunkt, um dann, wie bereits angedeutet, mathematistischen und dynamistischen Aspekten das Feld teilweise zu räumen. Während der Materialismus als Theorie gerade bei modernen Physikern dabei ist, sich aufzulösen, hat er in seiner praktischen Form weite Gebiete unseres Lebens ergriffen. Der Besitz materieller Güter über den unmittelbaren Bedarf hinaus ist für unzählige Menschen Sinn und Zweck ihrer Arbeit. Mit Wohlstandsgesellschaft bezeichnet man seit den sechziger Jahren eine Gesellschaftsform des Überflusses. Es ist ein Materialismus des Alltagslebens, der weite Bezirke unserer Seele besetzt. Auch vor Fragen, deren Antwort im Wesentlichen aus einer spirituellen Sicht der Dinge herrühren sollte, macht der Materialismus nicht Halt. Auf dieses Problem der Verallgemeinerung einer einzigen Weltanschauung wurde ja schon verschiedentlich hingewiesen.

Ich erinnere mich an ein kurzes, intensives Gespräch, das ich vor vielen Jahren mit einem Jugendfreund am Sarg meines verstorbenen Vaters hatte. Er hatte meinen Vater lange gekannt und mochte ihn sehr gerne. Wir trafen uns nach vielen Jahren zufällig im Krankenhaus wieder. Wir standen beide still da, ein Bruder von mir war auch zugegen, als plötzlich mein Freund mit einem tiefen Seufzer sagte: «Weißt du, für dich ist der Tod etwas ganz anderes; aber für mich» – und er schaute meinen Vater an – «ist es wie ein Motor, der nicht mehr funktioniert. Er bewegt sich einfach nicht mehr.»

Selbstverständlich blieb unsere Freundschaft auch nach diesem Gespräch unangetastet. Mit beachtenswerter Konsequenz hatte mein Freund hier die letzten Schlüsse aus einer tiefen Überzeugung heraus gezogen. Wenn ich heute daran denke, fällt mir ein Interview auf, das in der Süddeutschen Zeitung vom 25. August 2000 erschien. Auch da wird der Mensch letztendlich als Maschine angesehen. Es ging bei diesem Interview um ein Projekt, Kopfverpflanzungen vorzunehmen. Robert J. White ist Professor für Neurochirurgie an einer Universität in den Vereinigten Staaten, und er ist der einzige Arzt, der bisher erfolgreich Affenköpfe transplantiert. Er ist darüber hinaus Mitglied zahlreicher Wissenschaftsgremien, unter anderem der Päpstlichen Akademie der Wissenschaften. Obwohl die Problematik hier offen zutage liegt, möchte ich doch den ganzen Text zitieren. Die in ihm vertretene Anschauung ist in ihrer Krassheit ein extremes Zeugnis für allgemeine Trends unserer Zeit, zu denen selbstverständlich Genmanipulation, Bioethik und das ganze Spektrum des Klonens als nicht minder relevante Beispiele[73] gehören:

«Was soll ein solcher Eingriff bringen?
Da fragen Sie noch? Vielen schwer kranken Menschen bietet diese Operation die einzige Chance zu überleben. Denken Sie nur an Patienten, deren ganzer Körper von Krebs befallen ist. Falls ihr Gehirn noch frei von Tumoren ist, könnte eine Kopftransplantation sie vom Krebs erlösen. Korrekterweise müsste man übrigens von einer Ganzkörpertransplantation sprechen, da ja der kranke Körper ersetzt wird.

Und der neue Körper, funktioniert der dann richtig?
Nein, die Operierten wären dann vom Hals an gelähmt. Wir können das durchtrennte Rückenmark noch nicht wieder verbinden. Allerdings ist es inzwischen erstmals bei Ratten gelungen, verletzte Rückenmarksnerven zu heilen. Ich hoffe und bete, dass die Forscher in den nächsten zehn Jahren ähnliche Erfolge beim Menschen haben. Dann könnten Gelähmte eines Tages vielleicht tatsächlich wieder gehen. Auch Kopftransplantierte.

Wird man nach einer Kopfverpflanzung wenigstens noch sprechen können?
Wir werden versuchen, den Patienten elektronische Prothesen einzupflanzen, die das Sprechen ermöglichen. Eine ähnliche Apparatur unterstützt auch Christopher Reeve,

den verunglückten Superman-Darsteller. Und der hält bekanntlich sogar Vorträge.

Hand aufs Herz, Herr Dr. White: Wann werden Sie die Menschenkopfverpflanzung erstmals durchführen?

Das Problem ist, dass diese Operation sehr teuer wäre – zu teuer, um sie hier in Cleveland zu machen. Rund fünf Millionen Dollar würde sie kosten. Ich möchte daher in der Ukraine operieren, im Neurologischen Forschungszentrum von Kiew. Dort kann ich die Kosten wahrscheinlich auf zwei Millionen Dollar drücken.

Ein weiterer Vorteil: In den Krankenhäusern von Kiew habe ich sehr viele Hirntote gesehen, da wird es nicht schwer sein, einen Körper zum Transplantieren zu bekommen. Solche Entscheidungen laufen in der Ukraine recht unbürokratisch ab. Ich bräuchte drei bis vier Wochen, um mein Team zu trainieren. Außerdem müsste ich die Formalitäten mit den zuständigen Leuten in Kiew abklären. Zwar haben wir noch nicht über eine Kopftransplantation gesprochen, aber ich denke, sie werden begeistert sein. Ich habe schon mehrmals in Kiew operiert.

Glauben Sie, dass Menschen eine Seele haben, Herr Dr. White?

Sicher. Ich bin Katholik.

In vielen Religionen sieht man Körper, Seele und Geist als Einheit.

Auch der christliche Philosoph Thomas von Aquin war dieser Auffassung. Aber sie ist falsch – und die moderne Transplantationsmedizin liefert den Beweis dafür. Gerade die Kopfverpflanzung ist für die östlichen Religionen und Thomas von Aquin doch ein Schlag ins Gesicht! Das Bewusstsein und das Erinnerungsvermögen haben ihren Sitz im Gehirn. Und damit auch die Seele. Der Körper ist lediglich eine Maschine, von der das Gehirn am Leben erhalten wird. Psychologen, Philosophen und Theologen reden in letzter Zeit sowieso viel zu viel über das Gehirn. Ich frage mich da immer: Haben die überhaupt schon mal ein Gehirn gesehen? Haben sie es aufgeschnitten und nachgesehen, was drinnen ist? So wie ich seit vier Jahrzehnten?!

Man könnte das Argument auch umdrehen: Das Gehirn ist Ihre Domäne und darum verorten Sie dort die Seele.
Moment mal. Ich habe an den besten Universitäten der Welt Allgemeinmedizin studiert.

Ja, und?
Ich bin ein international anerkannter Experte für ethische Fragen in der Medizin und berate sogar den Heiligen Vater.

Ja?
Allerdings. Bereits in den siebziger Jahren habe ich mit Paul VI. ein sehr angeregtes Gespräch über den Hirntod geführt. Und unter Johannes Paul II. blieben die Kontakte zum Heiligen Stuhl bestehen.

Haben Sie dem Papst erzählt, dass Sie Köpfe transplantieren?
Nein, aber ich habe meine Überzeugung zum Ausdruck gebracht, dass die Seele im Gehirn sitzt. Da war ich wohl etwas zu ungestüm – Johannes Paul II. zuckte ein wenig zusammen. Aber ich bleibe dabei, es ist einfach so: Sie und ich, wir sind unsere Gehirne. Meine Überlegungen gehen sogar noch weiter: Wo ist zum Beispiel das Zentrum im Gehirn, in dem Sünde entsteht?

Keine Ahnung.
Nehmen wir an, Sie möchten jemanden umbringen. Sie planen einen Mord. Und wer plant den Mord? Natürlich Ihr Gehirn. Wo ist aber nun die Region im Gehirn, an dem die sündigen Gedanken entstehen – Mordgelüste ebenso

wie das Verlangen nach der Frau Ihres Nachbarn? Ich weiß nicht, ob wir diesen Ort finden werden, aber wenn, dann können wir ihn vielleicht eines Tages herausschneiden. Noch Fragen?

Mögen Sie Frankenstein?
Ich liebe Dr. Frankenstein! Mary Shelleys Roman fasziniert mich total. Sie war ihrer Zeit wirklich voraus.»[74]

Nicht zuletzt in dem 1748 erschienenen Buch *Der Mensch – eine Maschine* von Julien Offray de la Mettrie finden wir Wurzeln dieser Form von praktischem Materialismus. Hier ein paar Sätze daraus:

«Der menschliche Körper ist eine Maschine, die ihre Feder selbst aufzieht ... Alles hängt von der Art ab, wie unsere Maschine aufgezogen ist ... Von zwei Ärzten ist nebenbei bemerkt meiner Ansicht nach immer derjenige der bessere und vertrauenswürdigere, der in der Physik und Mechanik des menschlichen Körpers bewandert ist und die Seele und alle Besorgnisse, die dieses Hirngespinst den Narren und Nichtwissern einflößt, beiseite lässt und sich nur um die reinen Naturwissenschaften bekümmert.»[75]

Beim Lesen dieser Sätze kamen mir Belehrungen in den Sinn, die uns Schulkindern zwecks Aufklärung über wichtige körperliche Funktionen zum Besten gegeben wurden, wie etwa: Das Gehirn ist eine Schaltzentrale, das Herz eine Pumpe, die Luftröhre ein Schornstein und die Nieren eine Kläranlage etc. – bis hin zu dem berühmten Satz von Carl Vogt, wonach sich die Gedanken genauso zum Gehirn verhalten wie die Galle zur Leber, der Urin zu den Nieren.

Als zu Beginn der Neuzeit sich die forschende Menschheit zunehmend von theologisch-mittelalterlichen Anschauungen emanzipierte und, vereinfacht gesagt, nur mit Auge und

Verstand die Wunder der Sinneswelt zu untersuchen begann, konnte der weltanschauliche Materialismus noch keine tiefe-ren Wurzeln in die Gemüter schlagen. In einer weitgehend noch gläubigen Menschheit erwachte jedoch eine ungeheure Sehnsucht, die physische Erde zu bereisen und zu entdecken. Ragten in den mittelalterlichen Domen die geistigen Hierarchien höher und höher in mannigfaltigsten Abbildungen, so suchten jetzt die Menschen die *Weiten* der Meere und ferner Länder. Eroberung und Bewusstwerdung des Raumes stellten den ersten entschiedenen Schritt der Menschheit in den Materialismus dar, denn Raum und Materie gehören ja zusammen. Die großen bildenden Künstler – in der Malerei von Giotto und Masaccio an – studieren die Raumgesetze, und die vollräumliche, runde Beschaffenheit der Erde wird von Kolumbus endgültig demonstriert: eine Sprengung der antiken Vorstellung der Linear-Flächenhaftigkeit der Erde. Zugleich besiegelt das heliozentrische Weltsystem des Kopernikus endgültig den Beginn der Neuzeit. Die Aufklärung, wie sie sich vor allem im Europa des 18. Jahrhundert ausgestaltet, gewinnt zunehmend an Bedeutung. Die Göttin Vernunft – la raison – ist *die* Seelenkraft schlechthin, und die französischen Enzyklopädisten, alle Zeitgenossen von de la Mettrie, begründeten mit ihrer «Encyclopédie» eine neue Form von intellektuellem Wissen, das dem wachsenden, sich vielfach verzweigenden theoretischen Materialismus stärksten Auftrieb geben sollte. Aufklärungsbewegungen hat es in der Geschichte seit der Antike freilich viele gegeben, aber nie zuvor hatte sich die Aufmerksamkeit der wissenschaftlich Denkenden und Forschenden so entschieden auf die Untersuchung der sinnlich-materiellen Welt konzentriert wie in jenen Jahrhunderten; nie zuvor wurden so viele Kräfte auf die Ausgestaltung der technisch-materiellen Zivilisation verwandt. Unter diesem Aspekt gehören Materialismus, Phänomenalismus und Sensualismus zusammen und befruchten sich gegenseitig, so differenziert und vielfältig ihre Ansätze sind. Obschon auch die nächste Weltanschauung, der Mathematismus, weitgehend auf Erfahrung fußt, zieht er doch ganz andere Konsequenzen über Gott und die Welt als die bisher behandelten.

Sigismund von Gleich gibt eine sehr treffende Charakterisierung der ontologischen Aspekte dieser drei Weltansichten: «Wir haben es zu tun mit dem anschaulichen Offenbarungscharakter (der Anschaulichkeit oder *Phänomenalität*), mit der sinnlichen Wahrnehmbarkeit *(Sensualität)* und mit der tastbaren Dinglichkeit *(Materialität)* des Seins.»[76]

Es soll nun zum Abschluss ein kurzer Blick auf eine sehr verfeinerte Form des Materialismus geworfen werden. Von sensualistisch-materialistischen Vorstellungen der nachtodlichen Welt war ja schon im vorigen Kapitel die Rede. Hinzu kommen Auffassungen einer letzten Endes noch materiellen, «feinstofflichen» Welt, welche die tiefere Schicht unserer Wirklichkeit ausmachen soll. Schon in der Theosophie des 19. und 20. Jahrhunderts und auch im Spiritismus und verwandten Richtungen werden Begriffe populär, die früher sonst nur in kleineren Kreisen gelebt hatten. Eine pseudospirituelle Auffassung beispielsweise der rein geistigen Kräfte des Ätherisch-Lebendigen macht sich breit, die aber nur ein verkappter Materialismus ist. Die geistige Sphäre der Ätherwelt liegt allen Phänomenen des organischen und seelischen Lebens zugrunde und ist nur einer rein geistigen Forschungsmethode zugänglich, niemals aber durch Zuhilfenahme rein naturwissenschaftlicher Modellvorstellungen wie der von «Atomen des Ätherischen». Wilhelm Hübbe-Schleiden war zum Beispiel ein prominenter Verfechter dieser «Materialisierung» des Geistigen.[77] Das Geistige lässt sich auch nicht fotografieren. Bekannt ist die Kirlian-Fotografie, die Semjon D. Kirlian in den Jahren 1938 bis 1958 entwickelte. In einer in den siebziger und achtziger Jahren Aufsehen erregenden Buchveröffentlichung, die mehrere Auflagen erfuhr, *PSI – die wissenschaftliche Erforschung und praktische Nutzung außersinnlicher Kräfte des Geistes und der Seele im Ostblock*[78], ist sehr viel von dieser Pseudospiritualität, die in Wirklichkeit ein verkappter Materialismus ist, die Rede. Der Kirlian-Fotografie werden in diesem interessanten Buch viele Seiten gewidmet. Semjon D. Kirlian und seine Frau hatten ein Verfahren entwickelt, das mittels eines speziell konstruierten Hochfrequenz-Funkengenerators 75.000 bis 200.000 elektrische Schwingungen in der Sekunde erzeugt. «Der Generator kann mit verschiedenen Klemmen, Platten, optischen Instrumenten, Mikroskopen oder Elektronenmikroskopen verbunden werden. Der zu untersuchende Gegenstand (Finger, Blatt usw.) wird zusammen mit dem Fotopapier zwischen die Klemmen eingeführt. Wenn der Generator eingeschaltet wird, entsteht zwischen den Klemmen ein Hochfrequenzfeld, das das Objektiv augenscheinlich veranlasst, eine Art Biolumineszenz auf das Fotopapier auszustrahlen. Eine Kamera ist für diese Art des Fotografierens nicht nötig. Ein von einem Baum gerissenes Blatt zeigte, wenn es in das Feld eines Hochfrequenzstroms gelegt wurde, eine Myriade von Energiepunkten. Um die Ränder des Blattes waren türkisfarbene und rötliche Flammenmuster zu sehen, die aus spezifischen Kanälen des Blattes kommen. Ein menschlicher Finger, der in das Hochfrequenzfeld gebracht und ‹fotografiert› wurde, erschien im Bild wie eine komplizierte topografische Karte mit Linien, Punkten, Lichtkratern und Leuchtfeuern.»[79] Die Autorinnen fragten sich bei solchen Phänomenen, ob es sich um jenen Energiekörper handelt, den Hellseher als «Aura» bezeichnen, was bisher immer als etwas Geistiges angesehen wurde. Das *Äthe-*

rische kann man nicht sichtbar machen; nur Wirkungen davon können unter Umständen, zum Beispiel bei der empfindlichen Kristallisation, eine gewisse Sichtbarkeit erlangen. Direkt kann diese Sphäre nur geistig erforscht werden.

Wir haben es also mit drei Aspekten der «Materie» zu tun, wobei es viele Zwischenstufen und Wechselwirkungen gibt:

- mit dem Element des Dichten, Festen und Undurchdringlichen als Ausgangspunkt der materialistischen Erfahrung
- mit einem Komplex von Wirkungen, die mit Vorstellungen der Mechanik, Statik und Dynamik erklärt werden, wie beispielsweise de la Mettries Maschine-Mensch oder auch Newtons «Himmelsmechanik»
- schließlich mit einer «spirituellen» Ebene, die nichts anderes ist als ein weiterer, wenn auch noch rätselhafter Aspekt der Materie selber; Letzterer liegt manchen Phänomenen zugrunde, mit denen sich die modernere New Age-Bewegung befasst. Auf den damit zusammenhängenden Gesamtkomplex «Energie» werden wir im Kapitel über den Dynamismus zurückkommen.

Somit zeigt sich auch der Materialismus als eine absolut berechtigte Weltanschauung mit verschiedenen Aspekten und Nuancen. Er hat Geltung innerhalb der Welt des Materiellen und ihrer Gesetze und stellt eine höchst bedeutsame Erfahrung des Menschen dar. Auf der Suche nach dem Wesen des Seienden kann man am Rätsel der «Materie», ob man sie religiös, substanziell, mechanistisch oder «halbgeistig» sieht, nicht vorbei. Die Vorstellung, dass sich alles Materielle aus einem Schrumpfungs- beziehungsweise Verdichtungsprozess heraus entwickelt hat, ist also eine durchaus zulässige. Dass es sich, wie bereits angedeutet, aus einem geistigen Element heraus gebildet hat, hat nicht zuletzt Rudolf Steiner mehrfach ausgeführt.[80] Goethe selber hatte relativ früh diese

Anschauung gewonnen. Sie ermöglicht es, den Materialismus im Zusammenklang, gewissermaßen in schöpferischer Opposition zum Spiritualismus zu erleben. Auf vorbildliche Weise kommt das eben Gesagte in einem Gedicht zum Ausdruck, das der alte Goethe bei der Betrachtung von Schillers Schädel 1826 verfasste, und zwar als Schillers Gebeine aus dem «Landschaftskassengewölbe» des Jakobi-Friedhofs zeitweilig in die herzogliche Bibliothek überführt wurden. Mit diesem Gedicht wollen wir dieses Kapitel über den Materialismus zum Abschluss bringen.

Im ernsten Beinhaus war's, wo ich beschaute,
  Wie Schädel Schädeln angeordnet passten;
  Die alte Zeit gedacht' ich, die ergraute.
Sie stehn in Reih' geklemmt, die sonst sich hassten,
  Und derbe Knochen, die sich tödlich schlugen,
  Sie liegen kreuzweis zahm allhier zu rasten.
Entrenkte Schulterblätter! was sie trugen,
  Fragt niemand mehr, und zierlich-tät'ge Glieder,
  Die Hand, der Fuß, zerstreut aus Lebensfugen.
Ihr Müden also lagt vergebens nieder,
  Nicht Ruh' im Grabe ließ man euch, vertrieben
  Seid ihr herauf zum lichten Tage wieder,
Und niemand kann die dürre Schale lieben,
  Welch herrlich edlen Kern sie auch bewahrte.
  Doch mir Adepten war die Schrift geschrieben,
Die heil'gen Sinn nicht jedem offenbarte,
  Als ich inmitten solcher starren Menge
  Unschätzbar herrlich ein Gebild gewahrte,
Dass in des Raumes Moderkält' und Enge
  Ich frei und wärmefühlend mich erquickte,
  Als ob ein Lebensquell dem Tod entspränge.
Wie mich geheimnisvoll die Form entzückte!

Die gottgedachte Spur, die sich erhalten!
Ein Blick der mich an jenes Meer entrückte,
Das flutend strömt gesteigerte Gestalten.
Geheim Gefäß! Orakelsprüche spendend,
Wie bin ich wert, dich in der Hand zu halten,
Dich höchsten Schatz aus Moder fromm entwendend
Und in die freie Luft zu freiem Sinnen,
Zum Sonnenlicht andächtig hin mich wendend.
Was kann der Mensch im Leben mehr gewinnen,
Als dass sich Gott-Natur ihm offenbare?
Wie sie das Feste lässt zu Geist verrinnen,
Wie sie das Geisterzeugte fest bewahre.

Maß, Zahl und Gewicht – Mathematismus

Der Mathematismus ist eine faszinierende Weltanschauung. So alt wie die Menschheit – könnte man fast sagen –, begleitet er den ganzen Lauf der Geistesgeschichte! Immer aktuell, finden wir ihn zutiefst mit dem Erkenntnisstreben der Menschheit verbunden. Folgt man der Bedeutung seiner griechischen Sprachwurzel «mathesis», so ist er Erkenntnis schlechthin. Bekannt ist der Ausspruch Kants, «dass in jeder besonderen Naturlehre nur so viel eigentliche Wissenschaft angetroffen werden könne, als darin Mathematik anzutreffen sei».[81] In dieser Ausschließlichkeit war Kant unter anderem ein hervorragender Nachfolger des großen Galileo Galilei. Einer von dessen Leitsätzen war: «Wer naturwissenschaftliche Fragen ohne Hilfe der Mathematik lösen will, unternimmt Undurchführbares. Man muss messen, was messbar ist, und messbar machen, was noch nicht messbar ist.»[82] Von diesen Aussagen, die von der Bedeutung der Mathematik für die Erforschung der materiellen Welt zeugen, bis zu heutigen Wissenschaftlern wie dem englischen Astrophysiker Stephen Hawking auf der Suche nach einer alles erklärenden Weltformel führt eine direkte Linie.

Dieses Vertrauen in das Vermögen der Mathematik, den Schleier der Weltgeheimnisse zu lüften, gründet auf der Nachvollziehbarkeit und Schlüssigkeit mathematischer Sätze. Auch hier gibt es zwei Richtungen. Kant geht zum Beispiel davon aus, dass Mathematik ein subjektives Produkt des menschlichen Bewusstseins ist, das der Mensch dem eigentlich Unfassbaren – der Welt – aufstülpt, etwa in dem

Sinne, dass der Verstand seine Gesetze nicht aus der Natur schöpft, sondern sie ihr vorschreibt. Diesem Kantschen Postulat steht die andere mathematistische Grundanschauung gegenüber, wie sie beispielsweise Novalis formuliert hat: «Die ganze Mathematik ist eigentlich eine Gleichung im großen für die andern Wissenschaften. Alle Wissenschaften sollen daher Mathematik werden. Echte Mathematik ist das eigentliche Element des Magiers.»[83] In dem Augenblick, wo mathematische Weltverhältnisse ins Auge gefasst werden, wo also Objektives betrachtet wird, ist der Schritt zur Religion nicht mehr weit. Novalis: «Das höchste Leben ist Mathematik. Das Leben der Götter ist Mathematik. Reine Mathematik ist Religion. Zur Mathematik gelangt man nur durch eine Theophanie. Im Morgenlande ist die echte Mathematik zu Hause. In Europa ist sie zur bloßen Technik ausgeartet.»[84] Man spürt in diesen Sätzen, welche Begeisterung diese Wissenschaft der Wissenschaften in ihm entfachen konnte. Durch seine Veranlagung zur Universalität konnte er auch Folgendes aussprechen: «Poetik der Mathematik. Grammatik der Mathematik. Physik der Mathematik. Philosophie der Mathematik. Geschichte der Mathematik. Mathematik der Philosophie. Mathematik der Natur. Mathematik der Poesie. Mathematik der Geschichte. Mathematik der Mathematik.»[85] Und: «In der Musik erscheint sie förmlich als Offenbarung.»[86] Soweit Novalis.

Was kann uns aber das alles in unserem alltäglichen Leben bedeuten? Abgesehen von Schule und Beruf: Wann bin auch ich ein Mathematist? Wenn auch nicht jeder ein Mathematiker werden kann, so sind wir alle in gewisser Beziehung durch unsere Kulturverhältnisse und vor allem durch unsere Schulsysteme zu Mathematisten geworden. Und das in zweifacher Hinsicht, wobei es freilich unterschiedliche Intensitäts- und Qualitätsgrade gibt. Zum einen ist die Grundgebärde eines jeden Erkenntnisprozesses – etwas vereinfachend formuliert und verallgemeinernd – eine mathematisierende. Wenn in der Mathematik *ein* gemeinsamer Nenner gesucht wird, wenn wir ein Gespräch oder eine Verhandlung so führen, dass wir das Problem auf den Punkt bringen und *eine* einvernehmliche Lösung anstreben, wenn wir vielleicht sogar nach der *einen* Weltformel suchen, in der alle Erscheinungen aufgehen – immer ist Mathematismus im Spiel. Es ist geradezu eine Hauptfähigkeit unseres denkenden Bewusstseins, dass wir Fragen und Lösungen nach dem Prinzip der Einheitlichkeit behandeln. Wir suchen in der Regel nach dem einen Angelpunkt eines Fragenkomplexes, wo wir den Hebel unseres Verständnisses ansetzen können.

Diese Art der Erkenntnissuche und Wahrheitsfindung hat insbesondere der große Aristoteles entwickelt und ihr vor allem in seinen Schriften zur Logik, in denen er seine Lehre des Syllogismus, das heißt des rechten Schlusses beziehungsweise des rechten Denkens darstellt, wissenschaftlichen Rang verliehen. Aus «Begriffen» ist jedes «Urteil» zusammengesetzt, und aus Urteilen werden logische «Schlüsse» gezogen. Dabei ist es sehr interessant zu bemerken, dass Aristoteles erst die Übereinstimmung des Denkens mit dem Sein als Wahrheit des Urteils bezeichnet. Klassisch ist ja folgender Syllogismus geworden: 1. Alle Menschen sind sterblich. 2. Sokrates ist ein Mensch. 3. Also ist Sokrates sterblich. – Wir sehen hier, wie es um die begriffliche Bestimmung von Dingen und Situationen geht. Die zehn kategorialen Bestimmungen, auf die im vorigen Kapitel bereits hingewiesen wurde (siehe S. 70), sind, vom Erkenntnisprozess her gesehen, reiner Mathematismus. So schreibt Aristoteles über die verschiedenen Arten des «Seienden»:

> «Jedes ohne Verbindung gesprochene Wort bezeichnet entweder eine Substanz oder eine Quantität oder eine Qualität oder eine Relation oder ein Wo oder ein wann oder eine Lage oder ein Haben oder ein Wirken oder ein Leiden. Substanz, um es im Umriss (nur allgemein) zu erklären, ist zum Beispiel ein Mensch, ein Pferd; ein Quantitatives zum Beispiel ein zwei, drei Ellen Langes; ein Qualitatives zum Beispiel ein Weißes, ein der Grammatik Kundiges; ein Relatives zum Beispiel ein Doppeltes, Halbes, Größeres; ein Wo zum Beispiel (auf dem Markt), im Lyzeum; ein Wann zum Beispiel gestern, voriges Jahr; eine Lage zum Beispiel er liegt, sitzt; ein Haben zum Beispiel er ist beschuht, bewaffnet; ein Wirken zum Beispiel er schneidet, brennt; ein Leiden zum Beispiel er wird geschnitten, gebrannt.»[87]

Diese Kategorien findet man immer wieder in seinen grundlegenden Schriften, und sie haben in ihren vielen Anwendungen Wesentliches zum Grundgerüst unseres heutigen Denkens und Argumentierens beigetragen. Mittlerweile saugen wir dieses Denken gewissermaßen mit der Muttermilch ein. Wenn es bei Heranwachsenden erwacht, geht es Hand in Hand mit der Entwicklung eines subtilen Machtvermögens einher. Es ist ein Denken, das einem Sicherheit und Stütze beim Argumentieren gibt und dadurch auch das Selbstbewusstsein stärkt. In der Zeit meiner pädagogischen Arbeit in Mittelstufen- und Oberstufenklassen konnte ich das bei Gesprächen und Fragestunden oft feststellen! Bei Erwachsenen kann dann das Unkraut der Verbohrtheit und der polemischen Unduldsamkeit kräftig mit gedeihen, und zwar desto kräftiger, je mehr sie sich im rein Intellektuellen bewegen und gerne aufhalten. Gerade bei einem Seminar über das Thema dieses Buches musste ich einmal einen aufgebrachten Wissenschaftler richtig beruhigen, da er nicht annehmen konnte, dass außer dem Mathematismus noch andere Weltanschauungen eine gediegene Antwort auf das «Welträtsel» geben können!

Solche seit Descartes' «Ich denke, also bin ich» bestehenden Tendenzen sind durchaus verständlich. Tatsächlich hat sich im Anbruch der Neuzeit zugleich mit der bereits erwähnten Hinwendung zum Irdisch-Materiellen das mathematisierende Denken entwickelt. Man denke, um ein weiteres Beispiel zu nennen, an den großen Denker und Mystiker Nikolaus von Kues, der wie kaum ein anderer seiner Zeitgenossen den Übergang in ein neues Zeitalter repräsentiert. Er ist auf der einen Seite christlicher Mystiker, weiß aber andererseits auch, dass christliche Gotteserkenntnis auch noch andere Wege suchen muss. Indem er selbst einen solchen Weg schuf und ging, wurde er zum Vorläufer eines modernen naturwissenschaftlichen Erkennens.[88] Das zeigt sich ganz besonders in seiner kleinen Schrift *Der Laie über Versuche mit der Waage.* Sehr prägnant formuliert Johannes Hemleben diesen neuen Erkenntnis-Ansatz:

> «Einleitend bezieht sich Nikolaus von Kues auf Salomo, den weisen König Israels, der in seinen Sprüchen ausführt, dass Gott die Welt so großartig *‹geschaffen hat nach Zahl, Gewicht und Maß›*. Auch Hrabanus Maurus hatte sich in seiner viel gelesenen Schrift ‹Über das All› auf die gleichen Stellen bezogen. Beide verstehen Salomos preisenden Hinweis im Sinne der göttlichen Harmonie, die in Maß, Zahl und Gewicht aller geschaffenen Kreatur zugrunde liegt. Doch der Kusaner führt einen entscheidenden Schritt weiter. Ohne Umwege geht er dazu über, den die Natur erkennen wollenden Menschen aufzufordern, alle sichtbaren Erscheinungen so weit wie nur irgend möglich durch die Zahl zu erfassen, mit der Waage zu wiegen und mit dem Bandmaß zu

messen. Wenn auch im Erkenntnisbereiche eine absolute Genauigkeit nicht erreichbar sei, so sei durch alle Erfahrung bestätigt, dass die Ergebnisse des Wiegens mit Hilfe einer Waage der Wahrheit sich zu nähern sehr dienlich sei. So wünscht sich der das ‹Gespräch› leitende ‹Laie› eine Tabelle – die es zu seinem Bedauern noch nicht gäbe –, in der alle ‹*erfahrbaren Gewichtsunterschiede zusammengestellt sind*›. Unverkennbar zielt diese Forderung bereits in eine Richtung, die sehr viel später durch das ‹periodische System› von Mendeljeff erreicht wurde. Der Laie sagt: ‹*Ich glaube, dass man durch Beachtung des Gewichtsunterschiedes den Geheimnissen der Dinge näher kommen und vieles mithilfe von wahrscheinlicheren Folgerungen (Mutmaßungen) wissen kann.*› Es schwebt dem Kusaner offenkundig vor, durch Bestimmung dessen, was wir heute das spezifische Gewicht der Stoffe nennen, zu begründeten Erkenntnissen der Eigenschaften von Substanzen zu gelangen.»[89]

Allerdings ist auch erwähnenswert, dass im Kulturbereich des Islam schon relativ lange davor eine hoch entwickelte analytisch-experimentelle Forschungsart Fuß gefasst hatte. Es ist überhaupt interessant festzustellen, dass besonders aus dem Schoß monotheistischer Religionen – Islam, Judentum und Christentum – bedeutende Mathematiker und Naturwissenschaftler hervorgegangen sind. Kein Wunder: denn die sich auf «*einen* Nenner» konzentrierende mathematistische Erkenntnishaltung kann – wenn sie sich auf das Religiöse oder auf Gott bezieht – nur *einen* Gott anerkennen! Und genau das haben wir in den genannten Religionen, wobei das Christentum einen trinitarischen Monotheismus darstellt: Die Einheit Gottes teilt sich in die wirkende Dreiheit von Vater, Sohn und Heiligem Geist. Ihre Wirkung ist sowohl historisch wie überzeitlich, indem sie sich in ihrer Drei-Einheit immer wieder tragen und stützen. Man könnte es auch so formulieren: Von allen Dreien ist der «Vater» die Seins-Grundlage, der «Sohn» – auch Logos genannt – ist die Gottesmacht, welche die Schöpfung anregt, vom Innen des «Vaters» her bis zu den tiefsten Herzenstiefen des Menschen die Welt durchdringt und auch personal zu erfahren ist. Der «Heilige Geist» schließlich ist nicht nur *Sein* und *Werden,* sondern auch *Bewusstsein:* sowohl des Irdischen als auch des Göttlichen in Mensch und Kosmos. Viele Denker haben die unterschiedlichsten Bilder gebraucht, um diese unergründliche, eigentlich unfassbare Wirklichkeit auszudrücken. Der Heilige Patrick, der große irische Heilige, kleidet diese rätselhafte Dreiheit Gottes in das Bild eines dreiblättrigen Kleeblattes: Einheit in der Dreiheit. Ein tiefer Denker und Theologe des Mittelalters, Alanus ab Insulis, der «Doctor Universalis» des 12. Jahrhunderts, der «alles Wissbare wusste», vergleicht in einem groß angelegten Lehrgedicht die Trinität mit der Dreiheit von Quelle, Bach und Fluss. Hier seine Anschauung, wie er sie im *Anticlaudian* dargelegt hat, nachdem er sich als Theologe mehr spekulativ darüber geäußert hatte:

So bringt die Quelle den Bach hervor,
und der Bach mit der Quelle
Dann einen Fluss, von dem gleichen Geschmack
wie der Bach und die Quelle.
Sind auch verschieden Bach, Quelle und Fluss,
so stimmen in Einem
Sie doch ganz überein, da von gleicher Substanz
alle drei sind,
Und in ihnen ein einheitlich Sein, *eine* Farbe, *ein* Glanz ist,
Ein und derselbe Geschmack, und ihr Antlitz
gleich und dasselbe:
Sonnen-Quelle, die mit ihrem Licht die Sonne besieget.[90]

Auch das ist Mathematismus!

Das entsprechende Zeugnis des Islam laut der Offenbarung des Koran ist Folgendes: «Allah ist Allah, außer ihm gibt es keinen Gott.»[91] Und in der Bibel heißt es, als Moses unter Blitz und Donner die zehn Gebote empfängt: «Und Gott redete alle diese Worte: Ich bin der Herr, dein Gott, der ich dich aus Ägyptenland, aus der Knechtschaft, geführt habe. Du sollst keine anderen Götter haben neben mir.» (2. Mose 20,1 f.) Mathematismus! Oder: Monotheismus, hier im Gegensatz zum ägyptischen Polytheismus (womit nicht gesagt sein soll, dass dieses Wort aus der Bibel die Existenz anderer Gotteswesen ausschließt).

Der denkerisch-mathematistische Charakter dieser Gottesanschauung kommt auch im Bildverbot zum Ausdruck. «Du sollst dir kein Bild noch irgendein Gleichnis machen, weder von dem, was oben im Himmel, noch von dem, was unten auf Erden, noch von dem, was im Wasser unter der Erde ist.» (2. Mose 20,4) Auch im Islam ist es nicht erlaubt, lebende Wesen abzubilden. Daher treffen wir in der bildenden Kunst hauptsächlich die faszinierenden Arabesken und die schön gestalteten Buchstaben, mit denen beispielsweise die Koranverse geschrieben wurden. Auch Musik gehört nicht zum Gottesdienst, wogegen der Islam in der Architektur Großes geleistet hat: klare Linien, vielfach gebrochene Flächen in großer Reinheit. Es ist bemerkenswert, dass das Prinzip der Reinheit, der Reinigung, in den religiösen Übungen des Islam eine zentrale Rolle spielt – wie auch im Judentum! Ein klares Denken kann nur ein reines Denken sein. Außerdem: Selbst Allah ist «schnell im Zusammenrechnen».[92]

Es soll hier keine vergleichende Religionswissenschaft getrieben werden, so reizvoll es auch wäre. Die angeführten Beispiele wollen nur auf das mathematistische Prinzip im Religiösen das Augenmerk lenken, denn keine Religion lässt sich nur aus einem Prinzip heraus erfassen! Insofern hätte Goethe schwerlich – wenn er bei seinem Gedicht nur Religionen im Sinn gehabt hätte – zwölf streng voneinander zu unterscheidende Religionen gefunden. Wenn er, wie bereits zitiert (siehe S. 12), von den «verschiedensten Denk- und Empfindungsweisen» spricht oder von der «Liebe Gottes», die sich in «jeder Religion» manifestiert, so meint er durchaus eine Anschauung von Mensch und Kosmos, die in gewissem Sinn die Dreiheit von Wissenschaft, Kunst und Religion umfasst – ganz nach seinem bekannten und viel zitierten Spruch:

> Wer Wissenschaft und Kunst besitzt,
> Hat auch Religion;
> Wer jene beiden nicht besitzt,
> Der habe Religion.[93]

Sein tiefsinniges Gedicht «Die Geheimnisse» konnte Goethe zwar nicht vollenden, aber sein ganzes Werk ist, wie bereits angedeutet (siehe S. 7), im Grunde genommen eine Antwort auf die darin aufgeworfene Frage nach einem Zusammenklang verschiedener Anschauungen. Es dürfte aufgefallen sein, dass er bei jeder bisher behandelten Weltansicht zitiert werden konnte. Auch im Zusammenhang mit dem Mathematismus kann es geschehen, wie wir noch sehen werden.

Bei unserem kleinen geschichtlichen Exkurs waren wir von Nikolaus von Kues ausgegangen, nachdem René Descartes, der bedeutende Mathematiker, zitiert worden war. Wir erwähnten, dass der Kusaner in Bezug auf naturwissenschaftliche Forschung einiges Methodische bereits vorweggenommen hatte. Das Mathematistische selber ist ja uralt; nur als ausschließlich zu handhabende Forschungs- beziehungsweise Erkenntnismethode ist es in unserer westlichen Welt relativ neu. Dieser Wechsel – Paradigmenwechsel könnten wir es schon nennen – wird sehr deutlich von keinem Geringeren als von Werner Heisenberg ausgesprochen. In seinem Buch *Wandlungen in den Grundlagen der Naturwissenschaft* sagt er:

> «Ich habe versucht, Ihnen auseinanderzusetzen, wie Physik und Chemie – wir wissen kaum durch welche Macht getrieben – sich stets weiterentwickelt haben in Richtung einer mathematischen Analyse der Natur unter dem Gesichtspunkt der Einheitlichkeit. Die Ansprüche unserer Wissenschaft auf Erkenntnis der Natur im ursprünglichen Sinne des Wortes sind dabei immer geringer geworden.»[94]

So verfolgt der bereits genannte Stephen Hawking – wie andere Wissenschaftler auch – das Ziel, die «Weltformel» zu finden. Sein erstes Buch *Eine kurze Geschichte der Zeit* erschien in Deutschland 1988 und wurde, wie zuvor in den USA, innerhalb kurzer Zeit ein Bestseller. Das Nachrichtenmagazin *Der Spiegel* widmete ihm eine Titelgeschichte und führte mit dem Physiker und Kosmologen aus Cambridge ein denkwürdiges Gespräch. Einige Stellen daraus sollen eine weitere Facette des Mathematisch-Mathematistischen zeigen.[95] Im Zusammenhang mit dem, was über die Bedeutung von Phänomenalismus, Sensualismus und Materialismus bereits ausgeführt wurde, ist es interessant und auch symptomatisch, was der Reporter u.a. schreibt: «Nur als Student, danach nie wieder, hat Hawking ein paarmal durch ein Teleskop in das Weltall hinausgeblickt; was er dort sah, beeindruckte ihn, wie er später versicherte, nicht im Geringsten. Dennoch ist er, nach dem Urteil vieler Fachkollegen, gründlicher als jeder andere Forscher vertraut mit den kosmischen Rätseln und den schwindelerregenden Kalkulationen, die helfen sollen, das Universum zu begreifen.» Dann, nach dem einleitenden Artikel, folgt das Gespräch über «Gott und das Weltall»:

Spiegel: Glauben Sie an Gott oder an die Vorstellung irgendeiner höheren Macht?
Hawking: Ich glaube nicht an einen persönlichen Gott.
Spiegel: Heißt das, dass Sie an einen unpersönlichen Gott glauben?
Hawking: Wenn Sie wollen, können Sie sagen, Gott sei die Verkörperung der physikalischen Gesetze. Aber das ist nur verwirrend, da die meisten Menschen das Wort Gott mit einem Wesen verbinden, zu dem man eine persönliche Beziehung haben kann. Die Gesetze der Physik haben wenig Persönliches an sich.
Spiegel: Wenn aber selbst etwas so Flüchtiges wie etwa Energie oder sogar die Zeit nach Ihrer Ansicht ewig sind, wie steht es dann mit anderen Erscheinungen von ähnlicher Flüchtigkeit, etwa unserem Geist oder unserem Bewusstsein? Könnten sie nicht auch auf irgendeine Art ewig sein?
Hawking: Für mich ist ein Mensch eher einem Computer vergleichbar. Sicher etwas komplizierter als die Computer, die wir heute haben. Aber ich glaube nicht, dass jemand auf die Idee käme, ein Computer besäße eine unsterbliche Seele.
...
Spiegel: Die Frage nach unserem Standort im Universum scheint Sie nahezu übermächtig zu beschäftigen. Haben Sie schon eine Antwort darauf?
Hawking: Wir sind nur eine etwas fortgeschrittene Brut von Affen auf einem kleinen Planeten, der um einen höchst durchschnittlichen Stern kreist. Aber wir können das Universum verstehen, und das macht aus uns etwas sehr Besonderes.

Es wird gut sein, eine Weile bei diesen Worten zu bleiben, denn sie sind symptomatisch für das Weltbild eines hoch begabten Mathematikers und Forschers, das man selbstverständlich nur achten kann, unabhängig davon, ob er heute noch so denkt oder seine Meinung revidiert hat. Leben bedeutet aber Wandlung, und nur bornierte Denker bleiben im Grunde genommen jahrzehntelang, sagen wir, ohne «Weltanschauungsintegration» stecken. Ein dogmatisches Steckenbleiben bei einer einmal eingenommenen Position – eine Gefahr für jeden von uns – ist die ideale Brutstätte für eine lange Liste von sozialem Risikomaterial: Dogmatismus, Nationalismus, Rassismus, bloßer Parteigeist, um nur einiges zu nennen. Aus diesem Stoff werden sämtliche heute die gesunde Weltentwicklung hemmende Fundamentalismen gewoben, ob religiös, künstlerisch, politisch oder wissenschaftlich. Das Berechtigte einer jeden Weltanschauung möchte ich allerdings als unantastbar bezeichnen. Wann und wo welche Weltanschauung den größten Aufschluss über einzelne Aspekte des «Welträtsels» gibt, ist eine andere Frage. Denn eine innere Entwicklung im Sinne einer Integration der verschiedenen Weltansichten bedeutet mitnichten einen gleichmachenden Pluralismus. Es handelt sich nur um eine an die jeweilige Realität geknüpfte Kunst des logischen Schließens, und zwar nicht um jene Ausprägung, die man Logistik nennt beziehungsweise mathematisierte Logik, welche das logische Denken nach Art der Mathematik durch ein Rechnen mit Symbolen darstellt; die Gefahr dieser Formalisierung besteht gewiss nicht in der angestrebten «mathematischen» Klarheit, sondern in der Entfremdung von jenem Realen in der natürlichen Welt um uns, zu dem unsere Begriffe als integrierende Bestandteile gehören. In den ersten zwei Kapiteln ist von diesen Zusammenhängen bereits die Rede gewesen. In der aristotelischen Logik beziehungsweise in der sachgemäßen Anwendung der Kategorien geht es, wie bereits erwähnt, um den – weiterhin gültigen – rechten Syllogismus beziehungsweise um eine Handhabung *weltanschaulicher* Kategorien, die, soll sie zur Wahrheit führen, ebenfalls logisch vonstatten gehen soll. Der Vergleich, den Hawking zwischen Mensch und Computer anstellt, ist schon nach traditioneller Syllogistik unstatthaft. Selbstverständlich ist er frei, über Gott zu denken, wie er will. Ein anderes ist aber zu bestimmen, dass der Mensch deshalb keine unsterbliche Seele besitze, *weil* ein Computer keine Seele hat, und diesen Schluss von der Prämisse abzuleiten, dass der Mensch einem Computer vergleichbar ist. Schauen wir den Computer diesbezüglich an: Kann er sich selber seine Software in einem freien Erkenntnisprozess herstellen und sich danach programmieren – sagen wir, um die Welt zu verstehen? Kann er aus einer Intuition heraus – unprogrammiert – «Ich bin» zu sich selber sagen? Kann er lieben, hassen, sich fortpflanzen, Schönheit erleben, religiöse Gefühle entwickeln? Wir spüren, je mehr Eigenschaften genannt werden, desto grotesker wirkt der Vergleich. Anders sähe die Sache aus, wenn gesagt würde: Der Computer kann in seinen verschiedenen Leistungen durchaus mit gewissen vereinzelten Leistungen unseres Gehirnes verglichen werden.

Es geht auch nicht an, Verstehen mit bloßer Kombinatorik gleichzusetzen. Hier halten wir es mit dem Kulturphilosophen Theodor Litt, der Verstehen als das «Hineinstellen eines inhaltlich, sinnhaft bestimmten Aktes in das Ganze eines konkreten Erlebniszusammenhanges»[96] bezeichnet.

Man muss schon an den Wundern dieser Welt, die einem jeden Tag vor Augen treten, vorbeisehen, um sagen zu können, die Menschheit sei «nur eine etwas fortgeschrittene Brut von Affen auf einem kleinen Planeten, der um einen höchst durchschnittlichen Stern kreist», und das ungeachtet der vielen so genannten Naturkonstanten, worauf nach heutiger Kenntnis der gesamte Bau des Universums ruht – wunderbare Wechselwirkungen im Kleinen wie im Großen, die im Naturgeschehen wie die fein austarierten Gewichte eines Mobiles zusammenwirken. Ist nicht der spirituelle Mathematismus Keplers, eines der großen Baumeister des neuen Weltbildes, nicht nur umfassender, sondern auch wahrheitsgemäßer? Nicht nur gibt es, wie bereits erwähnt, unter den Vertretern verschiedener Weltanschauungen Unterschiede der Intensität, sondern auch in der inhaltlichen Erfassung derselben. Es gibt beispielsweise einen «reinen» Farbkreis und dementsprechend auch «unreine» Farben. Zu sagen, eine Weltanschauungsnuance sei einseitig oder nicht ganz wahrheitsgemäß, ist nicht «intoleranter» als die Behauptung, eine bestimmte Farbe sei grell, schrill oder etwas getrübt. Es geht primär um die Feststellung eines Tatbestandes *sine ira et studio,* wie die Lateiner sagen: «ohne Zorn und Eifer».

Keplers begeisterter Mathematismus schließt gewissermaßen an die Hochschätzung der Mathematik an, wie sie in den Weltbildern von Platon und Pythagoras zum Ausdruck kommt. Die Grundidee ist, dass die Welt im schöpferischen Mathematisieren Gottes ihren Ursprung und Bestand hat. Hier einige repräsentative Passagen aus seinem Werk *Mysterium Cosmographicum (Weltgeheimnis):*

> «Denn was für Erkenntnis der Wahrheit über das Göttliche den Uneingeweihten schwierig und hoch erscheint, das legen die mathematischen Begriffe mit Hilfe von Bildern als überzeugend, offenkundig und unwiderleglich dar. Sie zeigen die Offenbarungen der überwesentlichen (= übersinnlichen) Eigenschaften in den Zahlen auf und lassen die Kräfte der intelligiblen (= spirituellen) Formen in den intellektuellen (= gedanklich einleuchtenden) hervortreten.

Daher gibt uns Plato viele wunderbare Lehren über das Göttliche mit Hilfe der mathematischen Begriffe. Und die Philosophie des Pythagoras verbirgt hinter diesen wie hinter einem Vorhang die Einführung in die Mysterien der göttlichen Lehren ... Für die Betrachtung der Natur leistet die Mathematik den größten Beitrag, indem sie das wohlgeordnete Gefüge der Gedanken enthüllt, nach dem das All gebildet ist ... In ethischer Hinsicht vervollkommnet uns die Mathematik, indem sie unseren Sitten Ordnung und Harmonie in die Lebensführung einpflanzt. Sie gibt Körperhaltungen, wie sie zur Tugend passen, und Melodien und Bewegungen an die Hand ... dass hierdurch alle die, welche von Jugend an nach Tugend streben, zur Vollkommenheit gelangen sollen. Die Wohlordnung der Tugend breitet sie vor uns aus, und zwar anders in Zahlen, anders in Figuren, anders in musikalischen Harmonien; sie zeigt uns auch, was die Laster zuviel oder zuwenig an sich haben. Durch all das verleiht sie uns Ebenmaß des Charakters und sittliche Anmut.»[97]

Aber auch eine Reihe Naturforscher beziehungsweise Physiker des 20. Jahrhunderts haben, wenn auch in etwas anderer «Farbabstufung», Ähnliches formuliert, so wie auch Forscher und Sucher in Gegenwart und Zukunft Ähnliches aussprechen werden. Denn die Welt ist nicht nur *sinnlich* erfassbare *Erscheinung*, deren *Festigkeit* uns Dasein, Leben und Schaffen ermöglicht, sondern sie ist wirklich nach Maß, Zahl und Gewicht gestaltet. Der Mathematismus sieht tatsächlich ein schaffendes Mathematisieren und Geometrisieren, das in seiner unendlichen Vielfalt und seinem harmonischen Zusammenklang dem staunenden Denker und Betrachter als kosmische Intelligenz erscheint. So sagt beispielsweise Max Planck in seinem Vortrag «Religion und Wissenschaft»:

«Die allerverschiedenartigsten Messungen haben nun übereinstimmend zu dem Schluss geführt, dass sämtliche physikalischen Geschehnisse ohne Ausnahme zurückgeführt werden können auf mechanische oder elektrische Vorgänge, hervorgerufen durch die Bewegungen gewisser Elementarteilchen, wie Elektronen, Positronen, Protonen, Neutronen, wobei sowohl die Masse als auch die Ladung eines jeden dieser Elementarteilchen durch eine ganz bestimmte winzig kleine Zahl ausgedrückt wird, die sich umso genauer angeben lässt, je mehr die Messungsmethoden verfeinert werden. Diese kleinen Zahlen, die so genannten universellen Konstanten, sind gewissermaßen die unveränderlich gegebenen Bausteine, aus denen sich das Lehrgebäude der theoretischen Physik zusammensetzt ... Die universellen Konstanten sind nicht aus Zweckmäßigkeitsgründen erfunden worden, sondern sie haben sich mit unwiderstehlichem Zwang aufgedrängt durch die übereinstimmenden Resultate sämtlicher einschlägiger Messungen, und, was das Wesentliche ist, wir wissen im Voraus genau, dass alle künftigen Messungen auf die nämlichen Konstanten führen werden. Zusammenfassend können wir sagen, dass die physikalische Wissenschaft die Annahme einer realen, von uns unabhängigen Welt fordert, die wir allerdings niemals direkt erkennen, sondern immer nur durch die Brille unserer Sinnesempfindung und der durch sie vermittelten Messungen wahrnehmen können ... Doch berechtigen uns die tatsächlich reichen Erfolge der naturwissenschaftlichen Forschung zu dem Schlusse, dass wir uns durch unablässige Fortsetzung der Arbeit dem unerreichbaren Ziele doch wenigstens fortwährend annähern, und stärken uns in der Hoffnung auf eine stetig fortschreitende Vertiefung unserer Einblicke in das Walten der über die Natur regierenden allmächtigen Vernunft.»[98]

Dabei offenbart schon jedes Kraut, jeder Baum, jedes Tier das Wunder einer wirkenden geometrisch-mathematisierenden Intelligenz, die sich von Spezies zu Spezies bis zur komplexesten aller Bildungen – dem Menschen – unaufhörlich steigert und sich tausendfältig offenbart. Von den zauberhaften geometrischen Bildungen, die wir zum Beispiel in den Tiefen des Meeres finden – man denke an die Seesterne, an die Skelette der Strahlentierchen oder an die Quallen –, bis hin zu den Schneekristallen geht in gewissem Sinn eine direkte Linie. Und die Pflanzenbildungen – vom Vergissmeinnicht bis zu den Orchideen, vom Gänseblümchen bis zur aufgeblühten Rose: überall angewandte Geometrie. Aber auch in Felsenhöhlen und Grotten, wo seit Urzeiten die Kristalle und Metalle lagern, umgibt uns reine Mathematik: Würfel und Zwölfflächner, Prismen und Pyramiden – eine Welt reicher Formen und Substanzen.

Diese Welt war Goethe sehr vertraut. Obwohl er selber kein Mathematiker war, schätzte er die Mathematik außerordentlich hoch ein. Von sich selber forderte er bei seinen direkten Naturbetrachtungen die Strenge des Mathematikers. Rudolf Steiner kennzeichnet sehr treffend diese Seite Goethes:

> «Trotzdem er bescheiden gesteht, dass er ein eigentlich mathematisch geschicktes Handhaben der mathematischen Begriffe und Anschauungen sich nicht erworben habe, so verlangt er eines, er verlangt einen *Phänomenalismus,* wie er ihn geübt hat in seinen naturwissenschaftlichen Betrachtungen. Er verlangt, zurückzugehen von den sekundären Erscheinungen, die uns zunächst in der Außenwelt entgegentreten, ein Zurückgehen zu den Urphänomenen. Aber was für ein Zurückgehen verlangt er? Er verlangt ein solches Zurückgehen zu den Urphänomenen, wie es der

Mathematiker übt, wenn er von den komplizierten Gebilden des äußeren Anschauens zu dem Axiom zurückgeht. *Die Urphänomene sollen die empirischen Axiome sein, die erfahrbaren Axiome.* Und so verlangt Goethe mit echt mathematischem Geiste *ein inneres Hineintragen der Mathematik in die Phänomene.* Und er spricht das aus, indem er sagt: ‹Wir suchen die Urphänomene, indem wir uns bewusst sind, dass wir sie so suchen, dass wir im strengsten Sinne dem Mathematiker nach seiner Gesinnung dafür Rechenschaft ablegen können.› Was Goethe also sucht, das ist ein modifiziertes Mathematisieren, ein Hineintragen des Mathematisierens in die Phänomene. Ein durchmathematisierendes Phänomenologisieren verlangt er als naturwissenschaftliche Tätigkeit.»[99]

Selbst in seiner Suche nach der Urpflanze offenbart sich sein mathematistischer Ansatz. So schrieb er einmal:

> «Das Wechselhafte der Pflanzengestaltungen, dem ich längst auf seinem eigentümlichen Gange gefolgt, erweckte nun bei mir immer mehr die Vorstellung: die uns umgebenden Pflanzenformen seien nicht ursprünglich determiniert und festgelegt, ihnen sei vielmehr, bei einer eigensinnigen, generischen und spezifischen Hartnäckigkeit, eine glückliche Mobilität und Biegsamkeit verliehen, um in so viele Bedingungen, die über dem Erdkreis auf sie einwirken, sich zu fügen und darnach bilden und umbilden zu können ... Wie sie sich nun unter einen Begriff sammeln lassen, so wurde mir nach und nach klar und klärer, dass die Anschauung noch auf eine höhere Weise belebt werden könnte – eine Forderung, die mir damals unter der sinnlichen Form einer übersinnlichen Urpflanze vorschwebte.»[100]

Bevor wir dieses Kapitel abschließen und zu einer weiteren Weltanschauung der *denkenden* Auffassung der Wirklichkeit – zum Rationalismus – fortschreiten, werfen wir einen kleinen Blick auf die Welt der Kunst. Da dieses Buch primär Anregungen und Denkanstöße vermitteln will und nicht eine «Summa» dieser Zusammenhänge präsentiert, sei auch hier nur auf wenige Motive hingewiesen.

Die Welt der Musik und die Mathematik sind bekanntlich nicht voneinander zu trennen. Pythagoras' kosmisch orientierter Mathematismus erfasste auch die überweltliche Sphärenmusik. Das ist eine Erfahrung, von der in der Geistesgeschichte immer wieder erzählt wird. Novalis sagte, dass in der Musik die Mathematik «förmlich als Offenbarung» erscheint. Auch von Beethoven wissen wir Ähnliches. So schrieb Bettina Brentano am 28. Mai 1810 an Goethe, Beethoven habe zu ihr gesagt:

> «Sprechen Sie dem Goethe von mir, sagen Sie ihm, dass Musik der einzige unverkörperte Eingang in eine höhere Welt des Wissens ist, die wohl den Menschen umfasst, dass er aber nicht sie zu fassen vermag. Es gehört Rhythmus des Geistes dazu, um Musik in ihrer Wesenheit zu fassen, sie gibt Ahnung, Inspiration himmlischer Wissenschaften, und was der Geist sinnlich von ihr empfindet, das ist die Verkörperung geistiger Erkenntnis.»

Aber auch in der bildenden Kunst, gerade wie sie sich im 20. Jahrhundert weiterentwickelt hat, sehen wir einen zunehmenden mathematistischen Einschlag! Große Mathematiker der Renaissance waren auf der Suche nach einer mathematisch stimmigen Perspektive oder nach den idealen Proportionen des menschlichen Körpers; man denke nur an Leonardo da Vinci, oder an Gelehrte wie zum Beispiel seinen Freund Luca Pacioli, dessen 1509 erschienenes Werk *De divi-*

na proportione er illustrierte. Das ist hier nicht gemeint. Vielmehr sei zum Beispiel an den Konstruktivismus Wladimir Tatlins erinnert, der sich auf reine Harmonien einfacher geometrischer Formen beschränkte, oder insbesondere an die Stijl-Gruppe Piet Mondrians und die ganze Entwicklung der abstrakten Kunst. Weitere Beispiele wären der Kubismus, von Cézanne bis Picasso, Braque und anderen, oder die amerikanische *minimal art.* Wir sehen, auch hinter dem scheinbar so abstrakten Mathematismus stecken viele Möglichkeiten verborgen, die vor allem dann zum Vorschein kommen, wenn er sich als aktives Schöpfungsprinzip im Kosmos und im Menschen offenbart.

Zum Abschluss ein Wort Albert Steffens am Ende seines tief angelegten Büchleins *Pilgerfahrt zum Lebensbaum.* Der Dichter verbindet hier einen poetisch-spirituellen Mathematismus mit einer existenziellen Erfahrung im Bereich des Psychismus (wovon an einer späteren Stelle dieser Arbeit ebenfalls die Rede sein wird). Er knüpft an Goethes Anschauung an:

> «Nun begriff ich plötzlich die Urpflanze. Ich sah, wie die Pflanze keimt, wächst, blüht und Frucht trägt, um aus dem Samen immer wieder neu zu erstehen, durch ein ganzes Weltenalter hindurch, nach Naturnotwendigkeit, und wie sie dabei die Erde mit dem Himmel verbindet. Ich entdeckte in der Anordnung der Blätter, in der Formung der Blüten, im Emporsteigen und Verdunsten der Wassermenge, im Erblühen und Erbleichen der Farben einen vielfältigen Rhythmus: Töne, Kontrapunkte und Akkorde, Reigen ungezählter Geister … Die geheime Eurythmie, die nach Sphärenharmonien das Wachsen und Welken, das Formen von unten her und Lösen nach oben hin, das Drehen nach

dem Licht der Sonne, das Streben nach dem Mittelpunkt der Erde, das Winden nach dem Gange der Planeten, unaufhörlichen Farben- und Figurenwandel bewirkt, konnte ich nur mitmachen, wenn ich mich als Wesen hingab, das sich selbst als etwas erfasst hatte, das ähnlich der Urpflanze war, das heißt als ewige Entelechie, jenseits von Geburt und Tod.»[101]

«Und siehe, es war sehr gut» – Rationalismus

«Und Gott sah an alles, was er gemacht hatte; und siehe da, es war sehr gut. Da ward Abend, und ward Morgen: der sechste Tag. So wurden vollendet Himmel und Erde mit ihrem ganzen Heer.» (1. Mose 1,31–2,1) So endet der erste Schöpfungsbericht der *Genesis.* Als das Werk vollendet ist, ruht Gott am siebten Tag und heiligt ihn.

Vielleicht hat sich beim Lesen des Sechstagewerks mit der fünfmaligen Wiederkehr der Worte «Und Gott sah, dass es gut war», bis zu der Steigerung «und siehe, es war sehr gut», manch ein Leser gefragt, ob Gott in seiner Allmacht es wirklich nötig hatte, sein Werk in dieser Weise zu begutachten. Aber das ist gewiss allzu menschlich gedacht! Vielmehr wird uns hier ein Zug der gesamten Schöpfung gezeigt, zu dessen Wahrheit und Wirklichkeit die Weltanschauung des Rationalismus durchstoßen kann. Denn von allen Eigenschaften der Welt und des Menschen nimmt diese dem Mathematismus und dem Idealismus sehr verwandte Lebensanschauung das Moralisch-Gediegene oder auch Vernünftig-Sinnvolle wahr: das Gute. Geht der Mathematismus primär auf das Quantitative des Schöpfungswerks ein, so der Rationalismus auf das Qualitative. Aber die Grenzen sind selbstverständlich fließend, zumal auch diese Betrachtungsweise nicht ausschließlich das Phänomenologisch-Sensualistische oder das Materialistische zum Ausgangspunkt und Ziel hat, sondern das Moralisch-Sinnvolle, wie es zum Beispiel in den vielen Symbiosen der Natur zum Ausdruck kommt, wovon uns auch die Biologie erzählt. Symbiose heißt ja ein Zusammenleben verschiedener Lebewesen zu gegenseitigem Nutzen, wobei wir diesen Begriff sehr weit fassen. Man sollte zwar vermeiden, bei der Betrachtung von Naturzusammenhängen moralische Maßstäbe anzulegen, sozusagen zu «moralisieren», indem man bei Pflanzen und Tieren beispielsweise Kategorien von Gut und Böse anwendet. Gemeint ist hier jedoch jene bereits erwähnte Qualität der Schöpfung, die man als sinnvolle Abstimmung aller Naturverhältnisse zueinander definieren kann.

Die von Max Planck erlebte «über die Natur regierende allmächtige Vernunft» kann mathematisch-mathematistisch erfasst werden; das haben wir im vorigen Kapitel besprochen. Sie kann aber auch unter dem Aspekt des Sinnvollen, des Vernünftigen angeschaut werden. Dann haben wir den Rationalismus im Sinne dieser Arbeit. Und nur dieser ist hier gemeint. Man versteht sonst im Allgemeinen unter Rationalismus die Überzeugung, dass der Verstand – ratio – die Quelle der Erkenntnis sei, im Gegensatz zur sinnlichen Erfahrung. Dieses Moment haben wir als eine Seite des Mathematismus charakterisiert; es könnte auch als Intellektualismus bezeichnet werden. Das Sinnvolle der Schöpfung nun, dieses aufeinander abgestimmte Zusammenwirken aller Reiche der Natur, darf durchaus als «gut» bezeichnet werden. Wir sagen ja auch: ein guter Apfel, eine gute Erde, gutes Wasser, guter Honig; ein guter Film, das gute Möbelstück, eine gute Gelegenheit, eine gute Idee, ein gutes Buch; es gibt unzählige Anwendungen des außerordentlich vielschichtigen Begriffs «gut». Oder man denke an die bereits erwähnten Naturkonstanten, ohne die kein Leben möglich wäre, und vor allem an das ursprüngliche ökologische Gleichgewicht. Sehr schön sind hier die Worte Albert Einsteins: «Der Forscher aber ist von der Kausalität allen Geschehens durchdrungen. Die Zukunft ist ihm nicht minder notwendig und bestimmt wie die Vergangenheit … Seine Religiosität liegt im verzückten Staunen über die Harmonie der Naturgesetzlichkeit, in der sich eine so überlegene Vernunft offenbart, dass alles Sinnvolle menschlichen Denkens und Anordnens dagegen ein gänzlich nichtiger Abglanz ist.»[102] Ja, die Schöpfung an sich kann als «gut» bezeichnet werden, allemal in ihrem ursprünglichen Zustand. In diesem Sinne gehört zum echten Rationalismus die Überzeugung, dass auch der Mensch grundsätzlich gut ist. Gott stellte auf jeden Fall fest, dass das ganze Gefüge der Schöpfung nicht nur gut war, sondern – nach der Erschaffung des Menschen, der nach seinem Bilde gestaltet war – sogar «sehr gut». Nehmen wir also dieses Wort nicht allzu menschlich, sondern sub specie aeternitatis, gleichsam vom Gesichtspunkt des Ewigen.

Was ist in anderen Kulturkreisen über das Gute gesagt worden?

Bei Platon, dem Lehrer des Aristoteles, wird das Gute mit dem Göttlichen identifiziert. Im Menschen, sagt Platon, führen alle seine Gedanken, seine Begriffe eigentlich ein schattenhaftes Dasein. Ihre leuchtende, schaffende Wirklichkeit haben sie in dem Reich der Ideen, in dem jede Menschenseele vor der Geburt geweilt hat. Jedem Erdending entspricht eine Idee in der reinen Ideenwelt, der eine höhere Form des Seins zukommt: sie ist göttlich. So ungefähr und sehr verkürzt – denn manches müsste differenzierter ausgeführt werden – kann man Platons Ideenlehre zusammenfassen. Nun vergleicht Platon die Idee des Guten, die höchste der Ideen – to agathon – mit der Sonne. Wie die Sonne die Bedingung von Leben und Sehen ist, so die Idee des Guten die Bedingung von Sein und Erkennen. Im sechsten Buch seiner *Politeia* bringt Platon durch den Mund Sokrates' diese Anschauung besonders deutlich zum Ausdruck. Sie stellt einen Gipfel des antiken Rationalismus dar, der ja später über die römische Kultur – man denke an die römischen Stoiker – in den christlichen Kulturkreis eindrang. Er emanzipierte sich im Laufe der Jahrhunderte vom christlich geprägten Theismus und erlebte eine weitere Steigerung als kulturwirksamer Faktor im Zeitalter der Aufklärung, das in der Geschichte als das klassische Zeitalter des Rationalismus gilt. Dieser Rationalismus befasste sich wohl auch mit Fragen der Ethik, jedoch in einer bereits sehr abstrakt-intellektuellen Fom. Er mündete dann, vielfältig verzweigt, in viele Denkrichtungen des 19. und 20. Jahrhunderts bis in die Gegenwart hinein. Bei Platon ist das «Gute» also noch nicht – wie wir später sehen werden – ein Ergebnis des ethischen Individualismus, sondern gleichsam ein Stern, den man zwar nie erreichen wird, an dem man sich aber, wie ein einsamer Schiffer, orientieren kann.

Hier einige Stellen aus diesem denkwürdigen Dialog zwischen Sokrates und Glaukon. Platon hat ja wesentliche Teile seiner Philosophie in Form von Dialogen niedergeschrieben, während Aristoteles zwar auch Dialoge komponierte, seine Hauptwerke aber bezeichnenderweise in Prosa verfasste, weshalb er auch als der Begründer wissenschaftlicher Prosa gilt. – Aber nun zu Platon:

«‹Ja, es gibt etwas Höheres; und man sollte sich davon nicht bloß ein Schattenbild entwerfen, sondern die vollkommenste Klarheit und Genauigkeit anstreben. Denn es ist doch lächerlich, sich bei Darstellung geringwertiger Gegenstände um größte Deutlichkeit und Reinheit zu bemühen, für die Darstellung des Höchsten aber von höchster Genauigkeit abzusehen.›

‹Darüber sollte man nachdenken. Was ist aber die höchste Wissenschaft, und was ist ihr Gegenstand?› …

‹… du hast oft gehört, dass die Idee des Guten dieser höchste Gegenstand ist. Durch sie erhalten erst die Gerechtigkeit und die anderen Tugenden ihren Wert und Nutzen.

Du weißt auch ganz gut, dass ich sie jetzt im Sinne habe und zugleich auch sagen will, dass wir keine klare Erkenntnis von ihr haben. Und doch nützt uns alle übrige Erkenntnis nichts, wenn wir nicht die Idee des Guten kennen, ebensowenig wie ein Besitz, wenn er nicht gut ist. Oder meinst du, man habe etwas davon, alles Mögliche zu besitzen, aber nichts Gutes? Oder alles andere zu verstehen, aber nicht das Schöne und das Gute?›

‹Wahrhaftig nicht.› …

‹Unter der Idee des Guten denke dir nun das, was den erkennbaren Gegenständen Wahrheit und der erkennenden Seele Erkenntniskraft verleiht. Setze sie als Ursache unseres Wissens und als Ursache der Wahrheit, die wir erkennen. Aber du wirst recht tun, sie für etwas anderes und etwas noch Höheres als die beiden hohen Dinge, Erkenntnis und Wahrheit, zu halten. Ebenso wie wir dort vernünftigerweise das Licht und den Gesichtssinn zwar für sonnenähnlich, aber nicht für die Sonne selber erklärten, so haben wir auch hier Recht, jene beiden Dinge, Wissen und Wahrheit, für dem Guten ähnlich zu erklären, aber nicht eins davon für das Gute selber zu halten. Das Gute muss noch über sie gestellt werden.›

‹Das ist eine unfassliche Hoheit! Das Gute ermöglicht Wissen und Wahrheit, steht aber noch höher als beides! …

‹Unsere Untersuchung bekundet aber, dass das Vermögen sowohl wie auch ein Werkzeug zur geistigen Aufnahme in jedes Menschen Seele sich befindet. Aber wie sich nicht die Augen allein rückwärts drehen können, sondern der ganze Körper vom Dunkeln ins Helle gewendet werden muss, so muss zugleich mit dem Erkenntnisvermögen die gesamte Seele von der Welt des Werdens hinweggewendet werden, bis sie den Anblick der wahren Welt und schließlich den des leuchtendsten Gegenstandes in dieser wahren Welt auszuhalten vermag. Dieser Gegenstand ist das Gute, nicht wahr?›»[103]

Der spätere Dialog *Timaios* knüpft an die *Politeia* an. Beide gehören zu den wirkungsreichsten Werken Platons. Im *Timaios* ist auch von der Erschaffung der Welt die Rede. Der Weltbildner, den Platon «Demiurg» nennt, schafft aus der unendlichen Substanz seiner Güte:

> TIMAIOS: So wollen wir denn sagen, welcher Grund den, der dieses All, das Reich des Werdens, zusammenfügte, zu dieser seiner Wirksamkeit bewogen hat. Er war gut, und in einem Guten entsteht niemals Neid, worauf sich derselbe auch immer beziehen könnte, und, weil frei von diesem, wollte er denn auch, dass Alles ihm selbst so ähnlich als möglich werde. Diesen Ausgangspunkt des Werdens und der Welt dürfte man daher wohl mit dem größten Recht einsichtigen Männern als den eigentlichsten zugestehen. Da nämlich Gott wollte, dass, so weit es möglich, Alles gut und Nichts schlecht sei, aber Alles, was sichtbar war, nicht in Ruhe, sondern in regelloser und ungeordneter Bewegung vorfand, so führte er es denn aus der Unordnung in die Ordnung hinüber, weil er der Ansicht war, dass dieser Zustand schlechthin besser als jener sei. Es war aber und ist Recht, dass der Beste nichts Anderes als das Schönste vollbringe, und da fand er nun, indem er es bei sich erwog, dass unter den ihrer Natur nach sichtbaren Dingen kein vernunftloses Werk jemals schöner sein werde als ein vernunftbegabtes, wenn man beide als Ganze einander gegenüberstellt, dass aber wiederum Vernunft ohne Seele unmöglich irgendeinem Gegenstande zuteil werden könne. In dieser Erwägung bildete er die Vernunft in eine Seele und die Seele in einen Körper ein, und fügte so aus ihnen den Bau des Weltalls zusammen, um so naturgemäß das

möglichst schönste und beste Werk vollendet zu sehen. Und so darf man es denn mit Wahrscheinlichkeit aussprechen, dass diese Welt als ein wirklich beseeltes und vernünftiges Wesen durch Gottes Vorsehung entstanden ist.[104]

In der Stoa, einer weit verbreiteten und verzweigten Strömung der antiken Philosophie, die nach der Säulenhalle in Athen benannt ist, in der Zenon aus Kition, ihr Begründer, seine Schüler zu versammeln pflegte, lebt vieles, wenn auch abgewandelt, von dem eben Gehörten. In der römischen Kaiserzeit war die Stoa sogar eine ethische Religion des römischen Volkes geworden. Auch Kaiser Marc Aurel zeugt in seinen berühmten *Selbstbetrachtungen* von ihr:

«Daran musst du immer denken, welcher Art die Natur des Alls und welches deine eigene ist und in welchem Verhältnis sie zu jener steht und was für ein Teil, was für ein Ganzes sie ist, und dass es niemanden gibt, der dich hindern könnte, stets das, was im Einklang mit der Natur steht, von der du ein Teil bist, zu tun und zu sagen.» – «Was du auch tust, tu es mit dem Bestreben, gut zu sein, ‹gut› im eigentlichen Sinne des Wortes. Diesen Grundsatz befolge bei allem, was du tust.» – «Geh immer den kürzesten Weg! Der kürzeste ist aber gemäß der Natur; all unser Tun und Reden ist dann vollkommen.» Ein Kernsatz seines Rationalismus lautet: «Die Substanz des Weltganzen ist nachgiebig und leicht wandelbar. Die Vernunft aber, die sie durchwaltet, enthält keinerlei Ursache in sich, Böses zu tun, und kein Ding wird von ihr geschädigt. Nach jener Vernunft geschieht alles und kommt zu seinem Ziel.»[105]

Epiktet, ein feinsinniger griechischer Stoiker und älterer Zeitgenosse des Marc Aurel, schrieb einmal über das grundsätzlich Gute der menschlichen Natur:

> «Der Gegenstand, mit dem sich der sittlich gute Mensch beschäftigt, ist seine vernünftige Seele, sein Leib ist Gegenstand für Arzt und Turnlehrer, der Acker für den Bauern. Die Aufgabe eines sittlich guten Menschen ist der naturgemäße Gebrauch der Vorstellungen. In der Natur jeder Seele aber liegt die Anlage, dem Wahren beizustimmen, das Falsche zu verwerfen, dem Ungewissen gegenüber zurückzuhalten.»[106]

Durch diese Zeugnisse aus der Welt religiöser und philosophischer Überlieferung konnten wir uns ein relativ zulängliches Bild des Rationalismus im Sinne einer Anschauung dessen machen, was als Weltenvernunft Mensch und Kosmos durchzieht und aufbaut. Das Böse wäre also die faktische Negation dieses Urwesens, des Urguten und des Wahren, dem, nach Platons Anschauung, auch das Schöne zukommt. Ohne dass damit schon eine etwaige Freiheit ausgemacht wäre, hat der Mensch die Möglichkeit, die Wahrheit zu finden oder dem Irrtum zu verfallen, das Wahre zu bezeugen oder Lügen zu verbreiten; er kann seiner sonnenhaften Natur folgen oder sein Wesen verfinstern. In der Absonderung vom *Summum Bonum,* vom höchsten Guten, liegen die Wurzeln alles Bösen und die Ursprünge aller Sündenfälle. Auch Adam und Eva entsprachen mit ihrer Handlung nicht den von Gott aufgestellten und im Garten Eden wirksamen Gesetzen! Eigentlich kann man, cum grano salis, sagen, dass der Rationalismus der Polarstern der Rechtsanwälte ist – oder sein sollte. Justitia hält eine Waage in der Hand und prüft, ob die Handlungen der Menschen dem harmonischen Gleichgewicht der kosmisch-irdischen Kräfte des Guten entsprechen. Jedenfalls ist das Gesamtgebiet der Ethik – himmlisch und irdisch gesehen – das eigentliche Feld des Rationalismus. Schaut der Mathematist auf das Quantitativ-Berechenbare der Welt und auf den Erkenntnisprozess unter dem Aspekt eines «gemeinsamen Nenners», so der Rationalist auf das Qualitativ-Vernünftig-Ethische. Dass beides – und noch mehr – in einem einzigen Menschen leben kann, muss gewiss nicht hervorgehoben werden. Wir brauchen nur an Einstein zu denken, in dem diese Elemente sehr hoch entwickelt waren. Außerdem sind ja alle zwölf Weltanschauungen in jedem Menschen veranlagt.

Wenn der Rationalismus einen Menschen auch charakterologisch stark prägt, dann haben wir eine abgeklärte Persönlichkeit vor uns, die, jeder übertriebenen Emotionalität abhold, stets innerlich gefasst ist und meistens einen guten Blick hat für den sinnvollen Ablauf zwischenmenschlicher Prozesse, zum Beispiel bei Gesprächen. In einem Arbeitsteam, beispielsweise einem Lehrerkollegium, sind solche Menschen in der Regel eine Wohltat. Während die punktuell orientierten Mathematisten manchmal zu einer gewissen Eingleisigkeit neigen, gleichviel ob sie materialistisch oder spiritualistisch gesinnt sind, können Rationalisten immer wieder Wege zur goldenen Mitte aufspüren. Heißt nicht «Tugend» bei Aristoteles, der die begriffliche Bestimmung von Ethik nachhaltig geprägt hat, die rechte Mitte zwischen zwei Extremen?

Eine besondere Ausprägung dieser Art von Rationalismus finden wir in Gautama Buddha. Er hat fünfhundert Jahre vor Christus eine Ethik entwickelt, die noch heute ihren Glanz nicht verloren hat. Der Fürstensohn Shakyamuni verlässt mit 29 Jahren seinen Palast und geht in die Heimatlosigkeit. Brennende Fragen nach dem Sinn menschlichen Seins und Leidens führen ihn in die Schulen der berühmtesten Brahmanen oder in die Einsamkeit der Wälder. Aber weder die Weisheitslehren noch die strengen Kasteiungen des Einsiedlers bringen ihm die erhoffte Erleuchtung. Erst in der inneren Meditation geht ihm das wahre Licht auf. Er gründet daraufhin einen Orden und setzt, wie man sagt, das Rad der

Lehre in Bewegung. – Heute ist der Buddhismus eine Weltreligion. Zum Kern seiner Lehre gehört der achtgliedrige Pfad, der schon durch die Betonung des Rechten, des Richtigen einen reinen Rationalismus offenbart: «1. Rechte Ansicht, 2. rechter Entschluss, 3. rechte Rede, 4. rechtes Verhalten, 5. rechtes Leben, 6. rechte Anstrengung, 7. rechte Bewusstheit, 8. rechte Sammlung.»[107] Das Herzstück seiner Verkündigung ist das universelle Mitleid, die weltumspannende Liebe. Dieser Weg ist ein Weg der Meditation. Das Bemerkenswerte an dem Pfad ist, dass er dem einsam Meditierenden *innerlich* aufgeht. Nicht ein in einem fernen Himmel thronendes «Gute» spricht zu ihm, sondern sein Inneres wird gleichsam aufgetan. Mit dieser Gebärde der Verinnerlichung werden in der historischen Entwicklung ethischer Werte ganz neue Töne angeschlagen.

In den Evangelien finden wir eine verwandte, wiewohl anders zentrierte Ethik. Im Christentum, das etwa sechs Jahrhunderte später anfing, kulturhistorisch und religiös im größeren Maßstab zu wirken, ist es der eigentliche Sinn-Grund der Welt selber, der Logos, der im Menschen spricht. Ziel christlicher Mystik ist die Einwohnung Christi in der menschlichen Seele; knapp und tief zugleich spricht der große Paulus dieses Geheimnis aus: «So bin nicht ich es, der da lebt, sondern Christus lebt in mir.» (Gal. 1,15 und 2, 19f.) Der Christus ist gleichzeitig Verkündigung, also Appell an die Innerlichkeit, als auch Erfüllung. Drei Beispiele: «Und auch wenn ihr betet, macht euch nicht den Heuchlern gleich. Sie lieben es, in den Synagogen und an den Straßenecken zu stehen, wenn sie ihr Gebet verrichten, weil sie sich vor den Menschen den Anschein geben wollen. Ja, ich sage euch, sie verscherzen sich selber den Gewinn. – Wenn du betest, so geh in dein innerstes Gemach und verschließe die Tür. So sende dein Gebet empor zu dem väterlichen Weltengrunde in dem Reiche, das den Sinnen verborgen ist.» (Mt. 6,5f.)[108]

Diese Aufforderung geschieht im Rahmen der Bergpredigt, die eigentlich ein einzigartiger Aufruf an die Verantwortung des Einzelnen ist, *in sich* das Reich Gottes zu suchen. Besonders deutlich kommt diese Verinnerlichung im Lukas-Evangelium zum Ausdruck: «Damals fragten ihn die Pharisäer: Wann kommt das Reich Gottes? Und er antwortete: Das Reich Gottes kommt nicht in äußerlich wahrnehmbarer Gestalt. Es kommt auch nicht so, dass man sagen könnte: siehe hier oder siehe da ist es. Siehe, das Reich Gottes ist inwendig in euch.» (Lk. 17,20f.)

Was die Beziehung zu unserer Welt der Sinne anbelangt, so lesen wir noch bei Buddha, dass der Weg des Weisen darin besteht, sein Herz von allen Fesseln zu befreien, die es an die Welt des Sinnlichen binden, bis der Zustand des Nirvana erreicht ist, von dem es in der Überlieferung heißt: «Bei ihm sind alle Daseinsformen gänzlich verschwunden. Wer dieses Reich des Nichtgestalteten erkannt hat, wessen Geist erlöst ist und wer den Zugang zum Dasein vernichtet hat, der hat, dieser Vernichtung froh, das Ziel der Lehre erreicht und sich aller Daseinsformen entledigt. Auch dieses hat der Erhabene gesagt: so habe ich berichten hören.»[109]

Die Schlussworte des Hohepriesterlichen Gebets, von dem Johannes berichtet, setzen andere Akzente. Die Jünger Christi sollen nicht aus der Welt herausgenommen werden. Ziel der Einwohnung des Logos in der menschlichen Seele ist eine Kraftentfaltung in Richtung der Erlösung und Verwandlung der Erdennatur, so wie es urbildlich für die ganze Menschheit vom Ostertag an geschah. Hier die Worte, die der Christus an den «Vater» richtet:

> «Meine Bitte ist nicht, dass du sie herausnimmst aus der Welt des Irdischen, sondern dass du sie vor dem Bösen

bewahrst. Sie sind nicht aus der Welt des Irdischen, so wie ich auch nicht aus dieser Welt bin. Heilige sie durch die Wahrheit. Dein Wort ist die Wahrheit. Wie du mich in die Welt gesandt hast, so habe ich jetzt sie in die Welt gesandt. Und ich heilige mich für sie, damit sie geheiligt seien in der Wahrheit.

Und nicht nur für sie bitte ich bei dir, sondern auch für die, die sich durch ihre Verkündigung mit mir verbinden werden, damit sie alle eine Einheit seien; so wie du, Vater, in mir bist und ich in dir, so sollen sie in uns sein, damit die Welt zum Glauben komme, dass du mich gesandt hast. Ich habe ihnen die Kraft der Offenbarung gegeben, die du mir gegeben hast, damit sie eine Einheit seien, wie wir eine Einheit sind. Ich bin in ihnen, und du bist in mir, und so werden sie zu einer vollkommenen Einheit geweiht, damit die Welt erkennt, dass du mich gesandt hast und dass du sie liebst, wie du mich liebst.

Väterlicher Weltengrund, das ist mein Wille, dass sie, die du mir gegeben hast, immer da, wo Ich bin, bei mir sind und dass sie da die Offenbarungen meines Wesens schauen, die du mir gegeben hast, bevor die Welt war. Erhabener Vatergrund, die Erdenmenschen haben dich nicht erkannt; ich aber erkenne dich, und diese haben erkannt, dass du mich gesandt hast. Ich habe ihnen deinen Namen geoffenbart, und ich will ihn weiterhin offenbaren, auf dass die Liebe, mit der du mich geliebt hast, in ihnen sich bewahre und so mein Ich in ihrem Ich sich offenbare.» (Joh. 17, 15–26)

Diese moderne Übersetzung bringt besonders klar die angekündigte Gegenwart des Gottessohnes im Menschen zum Ausdruck. Das «Wort», der *Logos*, von dem wir ganz am Anfang des Johannes-Evangeliums lesen, dass alles aus ihm entstanden ist – das griechische Wort bedeutet sowohl Gedanke als auch Sprache – ist der schöpferische *Sinn*-Inbegriff des ganzen Kosmos, bis zur kleinsten Kreatur hin, weil alles im Gottesplan Sinn und Ziel hat. Das ist selbstverständlich die gewissermaßen rationalistische Deutung. Das Wort *Logos* kann auch anders interpretiert werden, wie wir im nächsten Kapitel sehen werden.

Nun ist gerade diese Sinnhaftigkeit des Kosmos, der sich unmittelbar aus der sinnvollen Rede Gottes entfaltet und weiter entwickelt, der antiken Weisheit nichts Unbekanntes. Daher konnte ein platonisch gesinnter Kirchenvater wie Augustinus sagen, dass es schon vor Christus Christen gegeben hat.

Wie auch immer man zu diesen Deutungen und Zusammenhängen stehen mag, Tatsache bleibt, dass im Laufe der Geschichte die Schaffung ethischer Werte immer mehr von einer göttlichen zu einer rein menschlichen Angelegenheit wurde. Für einen großen Teil der Menschheit verloren die mosaischen Gebote immer mehr ihre Richtung gebende Kraft.

In der Renaissance, der ersten großen Epoche der Neuzeit, klafften diesbezüglich beide Welten – die göttliche und die menschliche – weitgehend auseinander. Entweder geriet die Moral unter das Joch uneingeschränkten Machtstrebens wie bei der schillernden Persönlichkeit des Florentiners Niccolò Machiavelli, dessen Schrift *Der Fürst* ein vielbewährtes Vademekum für alle Tyrannen bis in unsere Gegenwart wurde, gleichsam ein Evergreen totalitärer Staatsführung; oder sie wurde in die Freiheit des Menschen gelegt, wie der hochgesinnte Zeitgenosse Machiavellis, Giovanni Pico della Mirandola, in ebenfalls berühmt gewordenen Sätzen über *Die Würde des Menschen* formulierte. Dazwischen finden sich alle möglichen Zwischenpositionen.

Es folgen zwei Zitate aus den eben genannten Schriften. Man lasse sich beide sozusagen auf der moralischen Zunge zergehen. Eine Art Spagat des menschlichen Seelenlebens wird darin sichtbar, der auch heute im unterbewussten Grunde eines jeden Zeitgenossen vorhanden ist. Zuerst Machiavelli:

«Viele haben sich Vorstellungen von Freistaaten und Alleinherrschaften gemacht, von denen man in Wirklichkeit weder etwas gesehen noch gehört hat; denn zwischen dem Leben, wie es ist, und dem Leben, wie es sein sollte, ist ein so gewaltiger Unterschied, dass derjenige, der nur darauf sieht, was geschehen sollte, und nicht darauf, was in Wirklichkeit geschieht, seine Existenz viel eher ruiniert als erhält. Ein Mensch, der immer nur das Gute möchte, wird zwangsläufig zugrunde gehen inmitten von so vielen Menschen, die nicht gut sind. Daher muss sich ein Herrscher, wenn er sich behaupten will, zu der Fähigkeit erziehen, nicht allein nach moralischen Gesetzen zu handeln, sondern von diesen Gebrauch oder nicht Gebrauch zu machen, je nachdem es die Notwendigkeit erfordert.»[110]

Und dann Pico della Mirandola. Es ist Gott, der hier zu Adam spricht:

«Wir haben dir keinen bestimmten Wohnsitz, noch ein eigenes Gesicht, noch irgendeine besondere Gabe verliehen, o Adam, damit du jeden beliebigen Wohnsitz, jedes beliebige Gesicht und alle Gaben, die du dir sicher wünschst, auch nach deinem Willen und nach deiner eigenen Meinung haben und besitzen mögest. Den übrigen Wesen ist ihre Natur durch die von uns vorgeschriebenen Gesetze bestimmt und wird dadurch in Schranken gehalten. Du bist durch keinerlei unüberwindliche Schranken gehemmt, sondern du sollst nach deinem eigenen freien Willen, in dessen Hand

> ich dein Geschick gelegt habe, sogar jene Natur dir selbst vorherbestimmen. Ich habe dich in die Mitte der Welt gesetzt, damit du von dort bequem um dich schaust, was es alles in dieser Welt gibt. Wir haben dich weder als einen Himmlischen noch als einen Irdischen, weder als einen Sterblichen noch einen Unsterblichen geschaffen, damit du als dein eigener, vollkommen frei und ehrenhalber schaltender Bildhauer und Dichter dir selbst die Form bestimmst, in der du zu leben wünschst. Es steht dir frei, in die Unterwelt des Viehes zu entarten. Es steht dir ebenso frei, in die höhere Welt des Göttlichen dich durch den Entschluss deines eigenen Geistes zu erheben.»[111]

Im Humanismus, im Bildungsziel zur Humanität als Hauptaufgabe der Gesamterziehung, und zwar auf der Grundlage der Entfaltung aller wertvollen Anlagen des Menschen, lebt ein rationalistisches Ideal, das wie ein goldener Faden ebenfalls bis in die Gegenwart reicht. Freiheit ist auch hier die klare Luft, in der menschliche Güte wirklich gedeihen kann. Man denke hier beispielsweise an Wilhelm von Humboldts bemerkenswerte Schrift *Ideen zu einem Versuch, die Grenzen der Wirksamkeit des Staates zu bestimmen.* Gleichsam programmatisch heißt es zu Beginn des zweiten Kapitels, in dem wir bekannte Töne wieder finden:

> «Der wahre Zweck des Menschen – nicht der, welchen die wechselnde Neigung, sondern welchen die ewig unveränderliche Vernunft ihm vorschreibt – ist die höchste und proportionierlichste Bildung seiner Kräfte zu einem Ganzen. Zu dieser Bildung ist Freiheit die erste und unerlässliche Bedingung.»[112]

Diese Ideale lebten sehr stark in vielen Zeitgenossen von Humboldts, nicht zuletzt in Goethe, der in dieser Beziehung durch und durch Rationalist war, wenn auch ganz anders als die in der Regel atheistischen Aufklärer früherer Jahrzehnte. Das 19. Jahrhundert ist dann nicht nur das Jahrhundert des klassischen Materialismus, sondern bekanntlich auch die Zeit großer sozialer Umwälzungen, ausgelöst durch die im letzten Drittel des 18. Jahrhunderts in England eingeleitete Industrialisierung als Folge von Erfindungen wie der Dampfmaschine, dem mechanischen Webstuhl und anderem. Diese erste industrielle Revolution brachte auch den Marxismus hervor, der zwar mit Recht als historischer Materialismus gilt, aber auch als eine besondere Ausprägung des ethisch gerichteten Rationalismus angesehen werden kann. Vereinfacht ausgedrückt kann man sagen: Er stellt den Menschen so in den Naturzusammenhang hinein, dass er ihn von seiner natürlichen Triebnatur und von seinem Besitzstreben geleitet sein lässt. Gewissermaßen zwischen Machiavellistischer Anthropologie und Freudscher Psychologie fing der Marxismus an, die Massen zu bewegen. In den Revolutionen, die später folgten, entlud sich das aggressive Potenzial, das in der marxistischen Dialektik, das heißt in seinem Begriff des Klassenkampfes kulminiert, in verheerender Weise. Die gewaltsame Entladung fanatisierter Emotionalkräfte wird uns später näher beschäftigen, und zwar in dem Kapitel über den Dynamismus.

Freilich ging auch in der Folgezeit der humanistisch orientierte Rationalismus nicht zugrunde, beispielsweise auch nicht in der Zeit des kalten Krieges. Viele Namen könnten genannt werden. Stellvertretend sei ein Wort George F. Kennans zitiert, eines bedeutenden Diplomaten, dem 1982 der Friedenspreis des Deutschen Buchhandels verliehen wurde. Nebenbei bemerkt: Echte Diplomaten sind meistens Rationalisten. Nicht selten haben sie, wie Kennan, ein Grundvertrauen in die natürliche Vernunft des Menschen. Die folgende Passage des Russland-Kenners – die «Wende» war noch nicht in Sicht – könnte als Ausdruck einer großen Naivität gedeutet werden, zumal aus der Sicht der «Falken» in den Parlamenten der Welt. Gegen Ende seiner Ansprache in der Frankfurter Paulskirche sagt er,

> «dass ein neuer Versuch unternommen werden muss, weit ernster, realistischer, folgerichtiger und entschlossener als alles, was bisher gemacht worden ist, den Krieg schlechthin als vorstellbare Möglichkeit der unmittelbaren europäischen Zukunft auszuschließen; das heißt, einen Zustand herbeizuführen, in dem ein neuer europäischer Krieg so unwahrscheinlich geworden wäre, dass man sich endlich von diesem entsetzlichen und maßlos gefährlichen Krampf der militärischen Verdächtigungen und Vorbereitungen, der uns heute in seinen Klauen hält, befreien und sich den positiven Aufgaben zuwenden könnte, die auf beiden Seiten der ideologischen Trennungslinie so dringend und so gebieterisch auf ihre Behandlung warten. Denken Sie bitte nicht, dass ich mir nicht der enormen Schwierigkeiten dieses Unternehmens bewusst wäre. Ich weiß: Es handelt sich hier um nichts weniger, als einer Reihe von Völkern und Regierungen zum Bewusstsein zu bringen, dass für sie der Krieg – diese oft besungene Institution der europäischen Vergangenheit, diese durch Jahrhunderte akzeptierte Sanktion des nationalen Interesses oder Begehrens –, dass der Krieg nicht mehr eine realistische Methode der Einwirkung auf andere Regierungen, ja nicht einmal mehr ein sinnvolles Mittel der Verteidigung ist, dass man vielmehr lernen muss, sich über alle ideologischen oder politischen Hemmungen hinwegzusetzen und sich auf andere Mittel der Einwirkung zu beschränken. Ist denn so etwas möglich? Vielleicht wird Sie meine Antwort überraschen. Denn diese Antwort ist: warum denn nicht?»[113]

Eine echt rationalistische Einstellung!

Freilich haben wir auch in einer echten «Realpolitik» – die nicht mit übler Kompromiss-Praxis verwechselt werden darf, deren Beispiele leider Legion sind – einen Ausdruck eines relativ reinen Rationalismus. Nicht zuletzt entdecken wir in der Werte-Philosophie oder auch Werte-Ethik, wie sie sich im Laufe des 20. Jahrhunderts ausgestaltet hat und durch Persönlichkeiten wie Max Scheler und Nicolai Hartmann repräsentiert wird, weitere Facetten des Rationalismus. In Hartmann selber finden wir einen Geist, der zu vermitteln weiß, dass moralische Werte von Menschen gewissermaßen innerlich-hellhörig vernommen werden können – wie wenn ein Höheres im Menschen «sprechen» würde:

> «Die Fühlung des Geistes mit dem Reich der Werte ist seine Verbundenheit mit der anderen Welt, gleichsam seine *Hellhörigkeit für den Ruf,* der aus ihr herüberklingt in die Welt, für die Forderung, die von den Werten ausgeht. Das Wertgefühl hat die Form eines inneren *Vernehmens;* es kommt dem *primären Wortsinn von Vernunft nahe.* Und es ergibt einen guten Sinn, *praktische Vernunft als Wertvernehmen* zu verstehen.»[114]

Geht man ganz fehl, wenn man hier vom Logos im Menschen spricht?

Die unübersehbaren Gefahren unseres zivilisatorischen und militärischen Wettrennens können nur durch eine globale Verantwortlichkeit verringert werden. Der Theologe Hans Küng hat mit seinem bedeutsamen «Projekt Weltethos» den Versuch gestartet, einen Grundbestand gemeinsamer ethischer Werte zu finden, die dieser Verantwortung praktische Richtungen vorgeben können. Diese, wie E. Wolfgang Bödefeld schreibt, «müssen von den Religionen und von allen religiösen und nicht religiösen Menschen getragen werden». Mit seiner grundlegenden Schrift hierzu hat Küng «1990 dieses Projekt auf den Weg gebracht und inzwischen weltweite Anerkennung und Zustimmung erhalten. Das Parlament der Weltreligionen hat 1993 auf der Grundlage seines Entwurfes die ‹Erklärung zum Weltethos› verabschiedet. Damit haben sich die Vertreter aller Religionen auf die Inhalte und Prinzipien eines solchen Menschheitsethos geeinigt.»[115]

Das ist in doppelter Hinsicht wichtig und aufschlussreich. Zum einen ist die Möglichkeit eines wirklich fruchtbaren Dialogs zwischen den Hemisphären gegeben: Der stattgefundene Konsens über einige gemeinsame ethische Grundwerte wird ein tragender Eckstein interkultureller Zusammenarbeit werden. Zum anderen kann voraussichtlich nur in ethischer Hinsicht ein Zusammenfließen aller Strömungen in absehbarer Zeit als realistisch angesehen werden. Was die Ideologie beziehungsweise die Lehrinhalte betrifft, so wird noch lange eine Art babylonische Sprachverwirrung ihre Grenzzäune geltend machen. Letzteres hängt mit der schriftlichen Abfassung religiöser Bekenntnisse zusammen, im Sinne einer für alle Gläubigen einer bestimmten Kirche gültigen *Glaubensformel.* Das betrifft freilich nicht alle Religionen, zum Beispiel nicht den Hinduismus oder Buddhismus. Dieses Auf-den-Punkt-Bringen religiöser Inhalte unter dem Aspekt der Einheitlichkeit ist aber, wie wir im vorigen Kapitel gesehen haben, Ergebnis mathematistischen Denkens. Es schließt eo ipso zunächst eine andere Wahrheit aus. Insofern hat der Mathematismus eine Art Januskopf: hellste Erkenntnis auf der einen Seite – abweisende Dogmatik auf der anderen. Die Zeit, die Goethe im «West-östlichen Divan» anpreist, ist noch nicht da:

Gottes ist der Orient!
Gottes ist der Okzident!
Nord- und südliches Gelände
Ruht im Frieden seiner Hände.

Er, der einzige Gerechte,
Will für jedermann das Rechte.
Sei von seinen hundert Namen
Dieser hochgelobet! Amen.

Und doch bemühen sich in der Gegenwart immer mehr Menschen in dieser Richtung. Es ist das eine deutlich positive Kraft unserer Zeit.

Zum Abschluss sei ein Gedicht Goethes zitiert, das gerade auf dem Hintergrund jüngster Geschichte seinen praktischen Stellenwert neu finden muss. Hier werden eine Reihe der in diesem Kapitel behandelten Fragen echt «goethisch» veranschaulicht:

Edel sei der Mensch,
Hilfreich und gut!
Denn das allein
Unterscheidet ihn
Von allen Wesen,
Die wir kennen.

Heil den unbekannten
Höhern Wesen,
Die wir ahnen!
Ihnen gleiche der Mensch!
Sein Beispiel lehr' uns
Jene glauben!

Denn unfühlend
Ist die Natur:
Es leuchtet die Sonne
Über Bös' und Gute,
Und dem Verbrecher
Glänzen wie dem Besten
Der Mond und die Sterne.

Wind und Ströme,
Donner und Hagel
Rauschen ihren Weg
Und ergreifen
Vorübereilend
Einen um den andern.

Auch so das Glück
Tappt unter die Menge,
Fasst bald des Knaben
Lockige Unschuld,
Bald auch den kahlen
Schuldigen Scheitel.
Nach ewigen, ehrnen,
Großen Gesetzen
Müssen wir alle
Unseres Daseins
Kreise vollenden.

Nur allein der Mensch
Vermag das Unmögliche:
Er unterscheidet,
Wählet und richtet;
Er kann dem Augenblick
Dauer verleihen.

Er allein darf
Den Guten lohnen,
Den Bösen strafen,
Heilen und retten,
Alles Irrende, Schweifende
Nützlich verbinden.

Und wir verehren
Die Unsterblichen,
Als wären sie Menschen,
Täten im Großen,
Was der Beste im Kleinen
Tut oder möchte.

Der edle Mensch
Sei hilfreich und gut!
Unermüdet schaff' er
Das Nützliche, Rechte,
Sei uns ein Vorbild
Jener geahneten Wesen!

Der Logos, der am Anfang war – Idealismus

Der Abend war hereingebrochen. Leise und sachte fingen die ersten Sterne an zu flimmern, und eine große Ruhe schien sich über das Meer bis zum Horizont hin auszubreiten. Die Gruppe, die bisher fröhlich gespeist und geschwätzt hatte, wurde ebenfalls stiller. Die Sonne war inzwischen untergegangen – schließlich will die ganze Erde ihr Licht und ihre Wärme haben ... Das besondere Erlebnis von gestern Abend hatten sie zwar nicht vergessen, aber eine große Unterhaltung darüber hatten sie noch nicht gehabt.

Was hatten sie erlebt? Sie hatten zum ersten Mal in ihrem Leben jene seltene und wunderbare Lichterscheinung erlebt, die als grüner Strahl bekannt ist. Wenn das letzte Sonnensegment die Wasseroberfläche verlässt, springt ein kegelförmiger Strahl auf, erstreckt sich fast bis zum Osten hin in einer intensiven türkis-grünen Farbe und bleibt einige Minuten wie ein sichtbar gewordener Posaunenstoß in der Luft hängen. Wie wenn ein aus einem Punkt hervorspringender Regenbogen es nur bis zu einem ausgedehnten grünen schmalen Dreieck gebracht hätte. Die Sonne sieht man dabei nicht mehr, und der ganze Raum über dem Horizont nimmt eine außerordentlich zart und fein abgestufte rosa-bläuliche Färbung an, die auch dann bleibt, wenn der grüne Strahl nur noch in der Netzhaut weiter vibriert. Und genau das hatten die Freunde am Abend zuvor erlebt. Von einer nach allen Seiten hin offenen Terrasse hatte die kleine Studentengruppe gerade zu Beginn ihres gemeinsamen Wochenendes dieses rätselhafte Schauspiel gesehen. Plötzlich fing einer zu sprechen an: «Merkwürdig eigentlich, wenn man bedenkt, dass die Sonne einfach ein Ball aus heißen Gasen ist und dass solche Phänomene durch eine simple Lichtbrechung entstehen. Ich glaube, wenn deine Ägypter das schon gewusst hätten, hätten sie schwerlich die Sonne als Gott angebetet. Eine Gaskugel, ja, im Prinzip ein Kern-Reaktor! Aber das war wohl damals wie heute nötig, dass dem Volk etwas ‹Opium› gegeben wurde. Man kann sich sonst die Macht nicht erhalten, und ohne Macht – was ist der Mensch schon?» Dabei hatte er süffisant in Richtung einer Studentin der Geschichte hingeschielt. Sie versetzte prompt: «Du mit deinen Gasbällen und deinem Materie-Fimmel! Du kannst nur immer wieder deine materialistischen Vorurteile vor dir her faseln, aber richtig schauen kannst du nicht! Jedes Naturphänomen weist doch in der Anschauung weiter über sich hinaus. Es ist doch wie die Physiognomie eines Menschen. Darüber haben wir doch schon mal zusammen diskutiert! Was siehst du, wenn du deiner Lisa in die Augen schaust? Sagst du ihr dann: Ich liebe deine Molekular-Anhäufung!?» – Das Engagement und ihre den Kern der Sache treffenden Argumente, nicht zuletzt der etwas komisch wirkende Vergleich seiner schönen Lisa mit einem Haufen Molekülen, sorgten für eine willkommene Erheiterung der ganzen Gruppe! Während sich ein anderer darüber wunderte, dass ihnen nicht aufgefallen ist, dass, Phänomene hin und Materie her, alles nur subjektive Nervenerlebnisse im Gehirn sind, meldete sich ein Mathematik-Student zu Wort: «Na, so simpel ist die Geschichte nicht. Wenn ich davon ausgehen darf – und die Wissenschaft bestätigt es täglich aufs Neue –, dass unsere ganze Welt eigentlich durch mathematische Gesetze aufrecht erhalten wird, so würde ich einfach sagen, dass der Greenflash» – Wissenschaftliches pflegte er immer mit Englischem zu würzen – «in diesem Fall durch eine seltene Dispersion der in der

Atmosphäre gebrochenen Sonnenstrahlen entsteht, die das Bild der Sonne im kurzwelligen Teil des sichtbaren Spektrums stärker hervorhebt als im langwelligen – gelbroten – Teil. Punkt!» Die Gruppe wurde etwas unruhig. In einer ersten Gesprächsrunde am Abend zuvor hatte gerade Lisa, die Philosophie-Studentin, zu erklären versucht, dass das tiefere ethische Bewusstsein des Menschen nur dann wirklich verständlich wird, wenn man es nicht, wie Freud sagen würde, als Ausdruck eines gesellschaftlich aufoktroyierten Über-Ich ansieht, sondern als Teil eines kosmisch-vernünftigen Ganzen. Sie waren an diesem Wochenende zusammengekommen, weil sie sich für das Projekt «Weltethos» im Rahmen ihrer Universität engagieren wollten. Gerade gestern hatte sie, im Anschluss an Platon, die Sonne mit dem Licht des höchsten Guten verglichen. Der Physik-Student, der seit kurzem Lisas Freund geworden war und der kurz zuvor von einer Gaskugel gesprochen hatte, war dann ganz still gewesen.

Das Gespräch drohte jetzt in Themen hineinzuschlittern, die vom Anlass dieses Treffens weit wegführten. Aber der Abend wurde von einem anderen Kommilitonen gerettet, der einfach sagte: «Die Sonne ist die Sonne ist die Sonne. Basta! Und jetzt gehen wir zu unserer ursprünglichen Absicht zurück, uns für das Küngsche Projekt praktisch einzusetzen! …» Es wurde ein gutes, arbeitsreiches Wochenende.

Der Leser wird unschwer hier einiges wieder erkannt haben, was wir in den ersten Kapiteln dieses Buches bereits ausgeführt haben. Wer, wie der Verfasser dieser Arbeit, seit etwa vierzig Jahren in unterschiedlichsten Arbeitszusammenhängen gestanden hat, könnte von vielen solcher Gespräche berichten, an denen er teilgenommen hat – auch über ganz andere Themen, zum Beispiel über pädagogische oder künstlerische Fragen und nicht zuletzt über Fragen der *praktischen* Lebensgestaltung. Es war manchmal zum Verzweifeln. Deshalb wuchs in ihm zunehmend der Impuls, Wege der Verständigung zu finden, vor allen Dingen Wege der Erweiterung eigener Ansichten. Gerade das *praktische* Sich-Einüben in diese Zwölfheit der Weltanschauungen bot ihm ein weites Forschungs- und Arbeitsfeld – auf Jahrzehnte hin. Der Weg war gefunden. Und so hoffe ich, dass aus der Lektüre dieses Buches diesbezügliche Anregungen entstehen mögen!

Ziehen wir nun weiter, und zwar in den Bereich einer Weltanschauung, die einerseits zu den bekanntesten gehört, andererseits zu den im tieferen Sinne verkanntesten: des Idealismus.

Worin besteht die reine, idealistische Urerfahrung, jenseits von Idealen, Ideologien und Ideologemen? Meist wird Platon als der Urheber des Idealismus angesehen, und das ist gewiss nicht falsch. Im vorigen Kapitel haben wir schon einiges darüber ausgeführt, wobei wir sozusagen durch das Tor des ethisch orientierten Rationalismus in die «Ideenwelt» eingetreten waren. Es soll jetzt etwas tiefer darauf eingegangen werden.

Für Platon sind ja die *Ideen* das eigentlich Reale. Sie sind ewige, unveränderliche Wesenheiten, die nicht sinnlich erfasst werden können. Die Dinge der sinnlich wahrnehmbaren Welt sind nur Abbilder von Ideen, deren letzter Abglanz in unseren Begriffen ein schattenhaftes Dasein führt. Sie sind dem Wechsel und dem Vergehen unterworfen, während die Ideenwelt in ewiger Klarheit über allem Irdischen leuchtet. Die menschliche Seele hat in ihrem vorgeburtlichen Leben die Fülle der Ideenwelt geschaut, hat sie aber bei der irdischen Geburt vergessen. Dass sie zu den Sinnendingen eine begriffliche Erkenntnis entwickeln kann, beruht darauf, dass sie bei jeder Wahrnehmung eine – unbewusste – Wiedererinnerung, *Anamnesis*, an ihre vorirdische Schau hat. Platon selber war eigentlich ein Dichterphilosoph, voll religiöser Begeisterung und Sehnsucht nach Schönheit, Harmonie und reinem Menschentum. Auf dieser Ebene setzt die ebenfalls verkannte «platonische Liebe» an. In Wirklichkeit ist sie eine auf das volle Sein bezogene Liebe. Der platonische Eros ist primär eine geistig-seelische Angelegenheit – wie der Mensch selbst. Sein körperlicher Ausdruck ist nur sein vergänglicher Abglanz.

Platons Auffassung der Weltschöpfung ist gleichsam eine Deutung der Schöpfung von «oben», bis hin zu der dunklen Materie der Leiblichkeit. Gott schafft nach dem Muster der Ideen die Sinnendinge. Die unsterbliche Seele hat eine ewige Sehnsucht nach dem wahren Licht; sie möchte der sinnlichen Gebundenheit des Körpers entfliehen und sich der besseren, reineren Welt der Ideen zuwenden. Hatte sie eine Präexistenz, so hat sie freilich auch eine Postexistenz, deren Qualität vom Lebenswandel des Menschen auf Erden bestimmt wird. Obwohl Platons Philosophie eigentlich in seiner Ethik gipfelt, sind Wahrheit und Schönheit ebenbürtige Eigenschaften des Agathon, des Urguten, in seiner substanziellen Idealität. Im Ganzen gesehen hat diese Lehre einen stark künstlerischen Einschlag und hat auch seit jeher Künstlerseelen angezogen. Aber auch in der Philosophie ist, bis in unsere Gegenwart, der Platonismus ein weltanschauliches Grundmuster in vielen Richtungen geworden. Sogar in der Teilchen-Physik spielt er eine außerordentliche Rolle, wenn auch darin hauptsächlich seine mathematistische Seite im Blickfeld steht.

Wenn Platon im Stile eines mythischen Sehers spricht, so nennt er die Ideen geradezu Götter. Im Grunde genommen ist die Philosophie im Platonismus – einer allerdings vielschichtigen Erscheinung – eine Einheit von Wissenschaft, Kunstanschauung und Religiosität in einem idealistischen Kontext. Kein Wunder, dass er in der Entwicklung des Christentums wie ein Sauerteig gewirkt hat, und zwar ziemlich durchgehend. Erst in der Strömung der Scholastik, obwohl nie ganz abwesend, tritt ein kräftiger Aristotelismus dazu. Zusammen bilden sie den satten Humus, worauf sich Humanismus und Renaissance entwickeln konnten. Es kamen dann, vor allem im Zusammenhang mit den Naturwissenschaften, jene Entwicklungslinien zum Vorschein, worauf in den früheren Kapiteln dieses Buches bereits hingewiesen wurde.

Schauen wir nun diesen Gesamtkomplex etwas näher an. Was unterscheidet eigentlich den Idealismus vom Rationalismus und vom Mathematismus, obwohl alle drei Ergebnis des rein denkenden Bewusstseins sind? Oder, anders gefragt: Aus welcher Seinsqualität beziehungsweise aus welcher ontologischen Substanz bestehen die berechenbaren Maße und Zahlen, die Mensch und Kosmos konstituieren? Und aus welcher Stofflichkeit ist das «Gute» gewoben? Aus seiner Urerfahrung heraus sagt der Idealismus: aus reell-realer – Ideensubstanz! Obwohl diese Erfahrung auch in der Gegenwart gemacht werden kann, dürfte sie doch vielen Zeitgenossen, selbst wenn sie sich als Idealisten bezeichnen, noch unbekannt sein. Bezeichnen wir doch in unserer Alltagssprache – das ist jetzt ein extremes Beispiel – ein außerordentlich geringes Quantum von irgendetwas als «Idee». Wir sagen beispielsweise beim Verrücken von Möbeln oder Sonstigem: «Eine Idee mehr nach rechts – oder nach links» oder beim Einkaufen: «eine Idee mehr, ein bisschen mehr davon». Das zeigt einfach, welches Inhaltsvolumen wir der «Idee» zusprechen. Selbst beim «Wahrig» – dem Deutschen Wörterbuch – finden wir unter anderem die Erklärung: «Idee: Kleinigkeit,

Spur, ein klein wenig».[116] – Da würde sich ein Platon im Grabe umdrehen!

Ein sehr schönes Zeugnis einer ontologischen Auffassung der Ideenwelt gibt der Student Steiner in seiner Wiener Zeit. Er war etwa 26 Jahre alt, als er Folgendes schrieb:

> «Die *Ideenwelt* ist der Urquell und das Prinzip alles Seins. In ihr ist unendliche Harmonie und selige Ruhe. Das sein, das sie mit ihrem Lichte nicht beleuchtete, wäre ein totes, wesenloses, das keinen Teil hätte an dem Leben des Weltganzen. Nur, was sein Dasein von der *Idee* herleitet, das bedeutet etwas am Schöpfungsbaume des Universums. Die Idee ist der in sich klare, *in* sich selbst und *mit* sich selbst sich genügende Geist. Das Einzelne muss den Geist in sich haben, sonst fällt es ab, wie ein dürres Blatt von jenem Baume, und war umsonst da ... Es gibt vier Sphären menschlicher Tätigkeit, in denen der Mensch sich voll hingibt an den Geist mit Ertötung alles Eigenlebens: die Erkenntnis, die Kunst, die Religion und die liebevolle Hingabe an eine Persönlichkeit im Geiste. Wer nicht wenigstens in einer dieser vier Sphären lebt, lebt überhaupt nicht. *Erkenntnis* ist Hingabe an das Universum in Gedanken, *Kunst* in der Anschauung, *Religion* im Gemüte, *Liebe* mit der Summe aller Geisteskräfte an etwas, was uns als ein für uns schätzenswertes Wesen des Weltganzen erscheint. Erkenntnis ist die geistigste, Liebe die schönste Form selbstloser Hingabe. Denn Liebe ist ein wahrhaftes Himmelslicht in dem Leben der Alltäglichkeit. Fromme, wahrhaft geistige Liebe veredelt unser Sein bis in seine innerste Faser, sie erhöht alles, was in uns lebt. Diese reine fromme Liebe verwandelt das ganze Seelenleben in ein anderes, das zum Weltgeiste Verwandtschaft hat.»[117]

Auffallend ist, dass hier der Mensch *in sich* diesen Geist haben muss. Dadurch tritt ein Element auf, das – streng genommen – vom Idealismus insofern abweicht, als für den Idealisten die Ideen gleichsam wie Sterne sind, die man nie erreichen wird, woran wir uns aber orientieren können. Dieses Bild haben wir schon früher gebraucht. Steiner rückt von diesem Transzendentalismus ab. Das ist ein Ansatz, der uns später, bei der Behandlung des Realismus, zentral beschäftigen wird. Hier geht es zunächst um eine Definition der Idee, die nicht im Mathematismus zu finden ist – denn er ist vornehmlich eine *formale* Wissenschaft – und auch nicht im Rationalismus mit seinem Blick auf das Sinnvoll-Vernünftige, das heißt auf die weisheitsvolle *Anordnung* der Dinge im Raum und in der Zeit. Quantität und Qualität – in der Lesart des Aristoteles – spiegeln die beiden Weltanschauungen wider. Steiner gibt aber auf die Frage, woraus und was die Idee sei, folgende Antwort: «Die Idee ist der in sich klare, *in* sich selbst und *mit* sich selbst sich genügende Geist.» Dieser Satz ist eine sehr schöne Meditation, um in den Kern des Idealismus zu gelangen.

In der Tat: Aus was besteht unsere *eigene* Wirklichkeit? Wohl aus unseren Gedanken, Gefühlen und Willensimpulsen! Und aus welchem Stoff sind diese? Aus dem gleichen Stoff, woraus die Träume sind? Das wäre nicht falsch, aber noch nicht genügend klar. Stellen wir uns mit aller Kraft einen lieben Menschen oder einen schönen Ort vor, an dem wir gerne verweilt haben. Wir haben dann ein farbiges, intensives Bild vor uns, das vielleicht sogar Sehnsucht in uns erweckt. Es ist für unser Erleben Wirklichkeit. Woraus besteht es aber? Eigentlich aus *Bewusstseinslicht*. Bewusst-Sein und Licht sind nur zwei Seiten des gleichen Phänomens. Sprechen wir nicht von einem klaren, hellen Kopf, von Erleuchtung oder davon, dass uns ein Licht aufgeht? Andererseits kennen wir Ausdrücke wie Umnachtung, Bewusstseinstrübung, unklares Denken und den schönen Ausdruck: Licht in etwas bringen. Der wahre Idealist ist nicht der Schwärmer, sondern derjenige, der von *dieser* Wirklichkeit ontologisch überzeugt ist. Das ist die eine Seite. Die andere ist, dass für ihn Ideen wirkende Wirklichkeiten sind. Ihnen entspricht ein mehr oder weniger inhärentes Quantum an Verwirklichungsenergie! Echte Idealisten sind immer Tatmenschen, so wie der Demiurg Platons ein «Werkmeister» ist. Ein so genannter Schwärmer steht dazu wie eine Attrappe zu einem echten Motor.

Idealisten erleben in der Natur- und Weltgeschichte die treibenden Kräfte von Ideen. Fichte, der freilich auch anderes war als nur Idealist, sagte einmal: «Alle Welt, die sich um uns herum ausbreitet, ist das verdinglichte Material für die Pflichterfüllung.» So ein Wort spricht wirklich Bände! Auch Kants «kategorischer Imperativ» hat mit Idealismus zu tun, aber auch die gewaltigen Gedankenwelten Schellings und Hegels. Am ausgeprägtesten tritt in der Geschichte der Philosophie vor allen Dingen der Deutsche Idealismus in Erscheinung. Aber auch im Italien des 20. Jahrhunderts findet man einflussreiche Vertreter einer idealistisch konzipierten Weltanschauung, beispielsweise Giovanni Gentile und Benedetto Croce. In England könnte man aus der ersten Hälfte des 18. Jahrhunderts unter anderen George Berkeley nennen, obwohl England vor allem die Wiege vieler bedeutenden Sensualisten beziehungsweise Empiristen war.

Der Idealismus ist im Grunde genommen eine Weltbewegung. Seine Gefahr ist seine eigene Größe: Er hat oft wenig Verständnis für mehr sinnlich orientierte Weltansichten wie Sensualismus und Materialismus – was allerdings auf Gegenseitigkeit beruhen dürfte.

Wie bereits erwähnt, ist der Idealismus kulturgeschichtlich im Platonismus – in gewissem Sinne auch im Aristotelismus

– verwurzelt. Die aristotelischen Kategorien als ideelle Aussagen dürfen auch als ontologische Größen gelten. Es war aber vor allem der bedeutende Plotinos, der etwa 700 Jahre nach Platon den Neuplatonismus als so genannte letzte Form der griechischen Philosophie gewissermaßen systematisierte und für die folgenden Jahrhunderte außerordentlich fruchtbar machte. Obwohl der Neuplatonismus im Laufe der Zeit durch Verschmelzung platonischer, aristotelischer, stoischer und anderer Lehren entstanden war, kann er doch als eine selbstständige, wiewohl sehr komplexe Strömung gelten. Als sein Stifter gilt der historisch schwer fassbare Ammonios Sakkas aus Alexandrien, einer Stätte universeller Geistigkeit, die auch durch die Kirchenväter Clemens und Origenes in der Entwicklung einer christlichen Weisheitslehre eine bedeutende Rolle gespielt hat. Ein wesentlicher Aspekt frühchristlicher Gnosis kann durchaus in diesem Licht gesehen werden. Hat man sich einen lebendigen, echten Begriff des Idealismus gemacht, so ist er eine Art Zauberschlüssel zum Verständnis der vielen Variationen, die wir von der Antike bis in die Gegenwart verfolgen können. Im Rahmen dieser Arbeit können nur einige Beispiele gegeben werden. Liest man daraufhin eine gediegene Geschichte der Philosophie, so wird man gewiss einen noch größeren Gewinn davon haben.

Daher seien jetzt die großen Platoniker der Schule von Chartres übersprungen, ebenso der Platonismus der Platonischen Akademie im Florenz der Renaissance – alles wunderbare Ausprägungen des Idealismus mit einer tiefen Seins-Beziehung zu einem undogmatischen, künstlerisch tingierten Christentum.

Wenden wir uns späteren Jahrhunderten zu. Rudolf Steiner, der in seiner Wiener und Weimarer Zeit als naturwissenschaftlich geschulter Goethe-Forscher hervortrat, hat in seinem Buch *Goethes Weltanschauung* dem Platonismus Goethes ein wahres Denkmal gesetzt. Dieses Buch, mit dem er seine etwa vierzehn Jahre währende Auseinandersetzung mit der Welt Goethes abschloss, ist in seinem ersten Teil gleichzeitig eine kritische Würdigung des Platonismus, hier gleichbedeutend mit Idealismus. Es werden Aspekte des Idealismus angesprochen, die in unserem Zusammenhang von großer Bedeutung sind und auf die wir im Kapitel über den Realismus zurückgreifen werden. Zunächst – als Auftakt – einige Worte Goethes:

> «Urphänomen: Ideal-real-symbolisch-identisch.
> Ideal, als das letzte Erkennbare;
> real, als erkannt;
> symbolisch, weil es alle Fälle begreift;
> identisch, mit allen Fällen.
>
> Begriff ist *Summe,* Idee *Resultat* der Erfahrung; jene zu ziehen, wird Verstand, dieses zu erfassen Vernunft erfordert.
>
> Die Vernunft ist auf das Werdende, der Verstand auf das Gewordene angewiesen …
>
> Die Idee ist ewig und einzig; dass wir auch den Plural brauchen, ist nicht wohlgetan. Alles, was wir gewahr werden und wovon wir reden können, sind nur Manifestationen der Idee; Begriffe sprechen wir aus, und insofern ist die Idee selbst ein Begriff.»[118]

Und nun eine Darstellung Steiners aus *Goethes Weltanschauung:*

> «Plato ist es zum Bewusstsein gekommen, welches Gewicht für die menschliche Weltanschauung die Tatsache

hat, dass die Welt sich dem Menschen von zwei Seiten her offenbart. Aus der einsichtsvollen Wertung dieser Tatsache erkannte er, dass der Sinneswelt, allein für sich betrachtet, nicht Wirklichkeit zugesprochen werden darf. Erst wenn aus dem Seelenleben heraus die Ideenwelt aufleuchtet und im Anschauen der Welt der Mensch Idee und Sinnesbeobachtung als einheitliches Erkenntniserlebnis vor seinen Geist stellen kann, hat er wahre Wirklichkeit vor sich … Platonismus ist die Überzeugung, dass das Ziel alles Erkenntnisstrebens die Aneignung der die Welt tragenden und deren Grund bildenden *Ideen* sein müsse. Wer diese Überzeugung in sich nicht erwecken kann, der versteht die platonische Weltanschauung nicht. – Insofern aber der Platonismus in die abendländische Gedankenentwicklung eingegriffen hat, zeigt er noch eine andere Seite. Plato ist nicht dabei stehen geblieben, die Erkenntnis zu betonen, dass im *menschlichen Anschauen* die Sinneswelt zu einem Schein wird, wenn das Licht der Ideenwelt nicht auf sie geworfen wird, sondern er hat durch seine Darstellung dieser Tatsache der Meinung Vorschub geleistet, als ob die Sinneswelt für sich, abgesehen von dem Menschen, eine Scheinwelt sei und nur in den Ideen wahre Wirklichkeit zu finden.»[119]

Damit weist Steiner auf die historische Tatsache hin, dass der Platonismus in seinem wahren Kern einseitig verstanden wurde. Goethe empfand, so Steiner weiter, diese Trennung von Idee und Wirklichkeit als

«ein ungesundes Element des menschlichen Vorstellens. Was er nicht deutlich mit Worten aussprach, was aber in seiner Empfindung lebte und ein mitgestaltender Impuls seiner eigenen Weltanschauung wurde, das ist die Ansicht: Was das gesunde menschliche Empfinden in jedem Augenblick lehrt: wie die Sprache der Anschauung und des Denkens sich verbinden, um die volle Wirklichkeit zu offenbaren, das wurde von den grübelnden Denkern nicht beachtet. Statt hinzusehen, wie die Natur zu dem Menschen spricht, bildeten sie künstliche Begriffe über das Verhältnis von Ideenwelt und Erfahrung aus. Um vollends zu überschauen, welch tiefe Bedeutung diese von Goethe als ungesund empfundene Denkrichtung in den Weltanschauungen hatte, die ihm entgegentraten und an denen er sich orientieren wollte, muss man bedenken, wie die angedeutete Strömung des Platonismus, welche die Sinneswelt in Schein verflüchtigt und die Ideenwelt dadurch in ein schiefes Verhältnis zu ihr bringt, durch eine einseitige philosophische Erfassung der christlichen Wahrheit im Laufe der abendländischen Gedankenentwicklung eine Verstärkung erfahren hat.»

Steiner schildert dann die Trennung, die zwischen dem Element des Denkens im philosophischen Sinne und dem religiösen Empfinden auftrat. Wir möchten hinzufügen: Platon selber wusste, dass unsere Gedanken Abglanz, Schatten der Wirklichkeit sind und keinen Seinscharakter haben; indem diese Schatten sich jedoch im Anschauen der Sinneswelt als Erinnerungen offenbaren, weisen sie auf die Lichtquelle hin, der sie entstammen. Es ist eine Verschiebung der Aufmerksamkeit und eine Erhebung zum Lichte hin nötig, um der Sonne der Ideenwelt gegenüberzustehen. Man kann auch von einer Verschiebung dessen reden, was sich *zwischen* das Licht und den Denker geschoben hat und in ihm nur einen Schatten erzeugt.

Hier Steiners weitere Ausführungen:

«Es wird dann in Folge einer einseitigen Auffassung des Platonismus die Menschenseele von dem Verhältnis zwischen Idee und ‹Wirklichkeit› getrennt. Sie dehnt ihr berechtigt gedachtes Verhältnis zur göttlichen Weltordnung aus auf das Verhältnis, das *in ihr* lebt zwischen Ideenwelt und Sinnes-Scheinwelt. Augustinus kommt durch solche Vorstellungsart zu Ansichten wie diese: ‹Ohne jedes Schwanken wollen wir glauben, dass die denkende Seele nicht wesensgleich sei mit Gott, denn dieser gestattet keine Gemeinschaft, dass aber die Seele erleuchtet werden könne durch Teilnahme an der Gottesnatur.› Auf diese Art wird der Menschenseele dann, wenn diese Vorstellungsart einseitig übertrieben wird, die Möglichkeit entzogen, in der Naturbetrachtung die Ideenwelt als Wesen der Wirklichkeit mitzuerleben. Und es wird solches Miterleben als unchristlich gedeutet. Über das Christentum selbst wird die einseitige Anschauung des Platonismus gebreitet. Der Platonismus als philosophische Weltanschauung hält sich mehr im Elemente des Denkens; das religiöse Empfinden taucht das Denken in das Gefühlsleben und befestigt es auf diese Art in der Menschennatur. So im Menschenseelenleben verankert konnte das Ungesunde des einseitigen Platonismus in der abendländischen Gedankenentwicklung tiefere Bedeutung gewinnen, als wenn es bloß Philosophie geblieben wäre … Und diese Goethesche Weltanschauung muss nicht nur finden, dass in den christlichen Gedanken der Niederschlag eines einseitigen Platonismus lebt, sondern sie empfindet sich selbst dem echten Christentum entfremdet, wenn dieses, von solchem Platonismus getränkt, ihr entgegentritt. – Was in vielen Gedanken lebt, die Goethe in sich ausgebildet hat, um sich die Welt verständlich zu machen, das war Ablehnung der von ihm als ungesund empfundenen Strömung des Platonismus. Dass er daneben einen freien Sinn hatte für die platonische Erhebung der Menschenseele zur Ideenwelt, das wird durch manchen Ausspruch bezeugt, den er in dieser Richtung getan hat. Er fühlte in sich die Wirksamkeit der Ideenwirklichkeit, indem er in seiner Art der Natur betrachtend und forschend gegenübertrat; er fühlte, dass die Natur selbst in der Sprache der Ideen redet, wenn sich die Seele solcher Sprache erschließt. Aber er konnte nicht zugeben, dass man die Ideenwelt als Abgesondertes betrachtet und sich dadurch die Möglichkeit schuf, gegenüber einer Idee von dem Pflanzenwesen zu sagen: Das ist keine Erfahrung, das ist eine Idee. Da empfand er, dass sein geistiges Auge die Idee als Wirklichkeit schaute, wie das sinnliche Auge den physischen Teil des Pflanzenwesens sieht. So stellte sich in Goethes Weltanschauung die auf die Ideenwelt gehende Richtung des Platonismus in ihrer Reinheit her, und es wird in ihr die von der Wirklichkeit ablenkende Strömung desselben überwunden.»

Es soll nun über eine Richtung der Kulturwissenschaften gesprochen werden, die zwar unterschiedliche Ansätze aufweist, aber im Grunde genommen nur zwei Ausgangspositionen hat: die Ästhetik oder Lehre von den Gesetzen und Grundlagen des Schönen, vor allem in der Kunst. Es gibt unzählige Bücher darüber – von Platons Anschauung bis zur Informations-Ästhetik, die versucht, eine wertfreie statistische und zeichentheoretische Beschreibung gegebener oder möglicher Kunstwerke zu etablieren. Als eigenständige philosophische Disziplin wurde die Ästhetik im 18. Jahrhundert durch Alexander Gottlieb Baumgarten begründet; in ihren verschiedenen Ausprägungen spiegelt sie verständlicherweise die Weltanschauungen und die jeweiligen Fragestellungen wider, mit denen die Forscher an sie herantreten. So haben wir materialistische, idealistische, existenzialistische, formalistische Ausrichtungen, um nur einige zu nennen. Das kann nicht überraschen, bedenkt man die Mannigfaltigkeit der Weltanschauungen, von denen in diesem Buch die Rede ist.

Ich möchte jetzt kurz auf die beiden Kernelemente eines jeglichen Kunstschaffens eingehen. Sind sie einmal sozusagen dingfest gemacht, so kann jeder seinen individuellen Verständnis-Schlüssel von Fall zu Fall anwenden. Es handelt sich um *Inhalt* und *Form* oder, anders formuliert, um das *Material*, das benützt wird – Stein, Farbe, Ton, Wort, eigener Körper etc. –, und die *Form*, die sich als Ergebnis der schaffenden Kraft des Künstlers im nun verwandelten Rohstoff – im Kunstwerk – ergibt. Der idealistisch gesinnte Mensch, der nicht Goethes Anschauung folgt, wonach im Kunstwerk, ähnlich wie in der schaffenden Natur, Idee und Stoff in einer unaussprechbaren Einheit verschmolzen und erhöht erscheinen, wird immer dazu neigen, in der Idee, im Konzept, im «Einfall», möglicherweise in der *Absicht* zu provozieren oder zu erbauen das eigentlich Künstlerische zu sehen. Ob die Flöte ein schrilles Pfeifen von sich gibt oder ein einziger Strich auf der Leinwand erscheint oder gar ein blutverschmiertes Hemd – meistens steht für diese Kunstanschauung das philosophisch-intentionale Element des Künstlers im Mittelpunkt. Daher findet man in Museen und Ausstellungen oft in der Nähe dieser Werke eine gelehrte Erklärung. Es ist diese Art Symbolik eine Variation des Idealismus oder unter Umständen Ausdruck einer bestimmten Ideologie. Eine andere Tendenz besteht darin, das Material so wenig wie möglich zu bearbeiten oder es durch die *Anordnung* im Raum – beispielsweise bei einer Installation – zum Kunstwerk zu gestalten, wobei auch hier eine Philosophie sichtbar wird. Oder es werden irgendwo Natursteine in einer bestimmten Art mitten in die Landschaft gestellt. Ein Phänomenalist würde hier nur Steine sehen und beim verpackten Berliner Reichstag nichts anderes als ein riesiges paketähnliches Ding. Was nicht phänomenologisch erfahrbar ist, würde er in den Bereich einer transzendentalen Kunst-Theorie verlegen, die freilich auch ihre Bedeutung hat. Manches aus dem Schaffen von Joseph Beuys dürfte meines Erachtens aus diesem Blickwinkel betrachtet und gewürdigt werden. Auch hier muss im Prinzip das Werk «erklärt» werden.

Zwischen diesen Positionen – nur der Gedanke «dahinter» ist von Bedeutung, egal, ob wir eine Fettecke oder eine Honigpumpe vor uns haben, und: das Material selber, das «Vordergründige» soll sprechen – entfaltet sich, sehr vereinfacht ausgedrückt, der heutige Kunstbetrieb. Dieser Bogen umspannt freilich auch den goetheanistischen Kunstansatz, der uns später noch einmal beschäftigen wird, denn er ist eigentlich im Realismus beheimatet. Es sollte jetzt nur der Aspekt des Idealismus skizziert werden. Denn der ganze Bereich der Ästhetik ist ungleich vielfältiger, und wir haben nur den Vorhof betreten. Hier teilen wir die Ansicht Steiners, dass, streng genommen, eine *allgemeingültige* Ästhetik nicht anzustreben ist, denn sie ginge an der Würde des Individuums in seiner einmaligen Schaffenskraft gänzlich vorbei. Diese Anschauung, die bereits in den Monadismus hineinragt, hat meines Erachtens auch im 21. Jahrhundert nichts von ihrer Aktualität verloren. Steiner schreibt:

> «So wie jedes wahre Kunstwerk ein individueller, persönlicher Ausfluss eines einzelnen Menschen ist, so kann jede Kritik auch nur die ganz individuelle Wiedergabe der Empfindungen und Vorstellungen sein, die in der Seele der betrachtenden Einzelpersönlichkeit aufsteigen, während sie sich dem Genusse des Kunstwerks hingibt. Ich kann niemals sagen, ob ein Gedicht objektiv gut oder schlecht ist, denn es gibt keine Norm des Guten oder Schlechten.»[120]

Fassen wir nun das in diesem Kapitel Dargestellte zusammen. Ausgangspunkt war Platons Ideenlehre insofern, als der ontologische Aspekt auch für die Substanz der Ideen selber gilt: Licht-Idealität, könnte man sagen, ist der konkrete Stoff der Ideen! Der Satz des jungen Steiner von der Ideenwelt als dem Urquell und Prinzip alles Seins, gewissermaßen in seiner idealistischen Lebensphase formuliert, sollte die Tiefe, die eine solche Weltanschauung hat, exemplarisch darstellen. Denn es gibt selbstverständlich eine ganze Palette von Möglichkeiten! Der junge Mensch, der eine Schule besucht oder eine Ausbildung anstrebt, ist von seiner Grundverfassung her natürlicherweise idealistisch gesinnt, denn er strebt zu etwas hin, was zwar schon in seinen Vorstellungen lebt, sich aber noch verwirklichen muss! Es gibt politische, religiöse und andere Ideale, die eine gewaltige Kraft in der Seele entfachen können, geschweige denn einseitige Ideologien, die oft mit mathematistischer Ausschließlichkeit, fundamentalistisch, brutal durchgesetzt werden. Vergangenheit und Gegenwart bieten leider viel diesbezügliches Anschauungsmaterial!

Im allgemeinen Sprachgebrauch wird als Idealismus jede durch Ideale und ihre praktische Befolgung bestimmte Lebensführung bezeichnet, oft im Sinne uneigennützigen Handelns. Das wäre also *praktischer* Idealismus. Vom *metaphysischen* und *ontologischen* Idealismus war bereits die Rede. Im Kapitel über den Rationalismus haben wir auch das Gebiet des *ethischen* Idealismus berührt. Und zuletzt kam – am Beispiel der Kunst – auch etwas vom *kulturellen* Idealismus zur Sprache. Aber so viel mehr gehört dazu, dass eine eingehende und auch nur einigermaßen vollständige Darlegung der «Weltmacht» Idealismus den Rahmen dieser Arbeit bei weitem sprengen würde. Es sei dennoch am Ende dieses Abschnittes kurz auf eine interessante Entwicklung im Bereich der Teilchen-Physik hingewiesen. Es geht um die so genannte Symmetrie. Bereits im Kapitel über den Mathematismus sind wir auf Forscher gekommen, welche mit Staunen und Ehrfurcht die mathematisch-geometrische Gesetzmäßigkeit des Kosmos konstatieren. In diesem Kapitel sind wir vor allem von der Frage ausgegangen, aus welchem «Stoff» wohl Begriffe, Ideen und Ideale bestehen mögen. Wir fragten uns auch, aus welcher Substanz Maße und Zahlen bestehen. Nun kommen gerade aus dem Bereich der Kernphysik überraschende Perspektiven. Franz Herwig Schopper, ehemaliger Generaldirektor des europäischen Forschungszentrums CERN bei Genf, schrieb einmal in einem Artikel für *Bild der Wissenschaft*[121] über neuere Erkenntnisse in Bezug auf die Frage nach den kleinsten Bausteinen der Natur. Das ursprünglich als unteilbar geltende Atom offenbart sich ja mehr und mehr als eine Art Zusammenfügung unterschiedlichster Kleinstteilchen und Antiteilchen, die mit den verschiedensten Namen belegt werden. Im Zusammenhang mit der Urknall-Theorie im Kapitel über den Materialismus haben wir schon von Leptonen und Hadronen gehört (siehe S. 70). Ausgehend von den vier Grundkräften unseres Kosmos – Schwerkraft, elektromagnetische Kraft, starke und schwache Kernkraft – schreibt Schopper:

> «In der Physik heißt ‹Verstehen› heute nicht mehr, die Erscheinungen auf mechanische Modelle, auf Hebel, Räderwerke und Schrauben zurückzuführen, sondern zu versuchen, die bekannten vier Kräfte zu einer einzigen Urkraft zu vereinen, die alle Erscheinungen erklärt.»

(Eine Zwischenbemerkung: Man beachte das mathematistische Vorgehen. Es wird nach *einer* Urkraft Ausschau gehalten. Es ist also hier primär nicht von einer Weltformel die Rede, auch wenn das eine fortwährend in das andere übergeht; bezeichnend ist die Erkenntnisrichtung.) – Schopper schreibt weiter:

«Die Eigenschaften der Kräfte werden – nach den Vorstellungen der Physiker heute – letztlich durch die Symmetrieeigenschaft von Raum und Zeit bestimmt … Die Vereinigung von zwei Kräften entspricht der Aufdeckung einer höheren Symmetrie, in der die beiden enthalten sind. Der Übergang von der höheren zu den niedrigeren Symmetrien (die Symmetriebrechung) erfolgt bei einer bestimmten Temperatur, das heißt einer bestimmten Energiedichte. Wir haben es also mit einer Art Schmelzpunkt zu tun, oberhalb dessen eine vereinigte Kraft existiert, während unterhalb die einzelnen Kräfte in Erscheinung treten.

Ein grandioses Konzept, vielleicht nur ein Traum, dem die Physiker nachjagen, besteht in Folgendem: Gesucht wird eine Supersupersymmetrie, aus der sich alle Naturgesetze ableiten lassen – aus der Urkraft die einzelnen Kräfte und aus diesen wiederum die Elementarteilchen. Diese Supersupersymmetrie sollte oberhalb der unvollstellbar hohen Temperatur von 10^{32} Grad herrschen. Beim Übergang zu niedrigeren Temperaturen soll es dann mehrere ‹Schmelzpunkte› geben, deren Temperaturen man heute ungefähr kennt. Beim Überschreiten jedes Schmelzpunktes wird von der Urkraft jeweils eine Kraft abgespalten: zuerst die Schwerkraft, dann die starke Kernkraft und schließlich die schwache Kraft, womit die elektromagnetische Kraft übrig bleibt.

Diese Vorstellungen führen zu einer Revolution unseres naturwissenschaftlichen Weltbildes. Seit Demokrit hat man versucht, die Naturvorgänge zurückzuführen auf letzte unzerstörbare Bausteine der Materie und auf Kräfte zwischen ihnen. Die Fortschritte in den letzten 200 Jahren bestanden vor allem darin, dass man immer kleinere Bausteine der Materie entdeckte.

Die moderne Physik lehrt uns nun, dass wir dieses zu anschauliche Bild aufgeben müssen: Die ‹letzten Prinzipien›, auf die wir die verwirrende Vielfalt der Naturerscheinungen zurückführen wollen, sind nicht mehr unteilbare Materieklötzchen, sondern abstrakte Symmetrien und deren Brechung. In diesem Sinne entfernen wir uns von Demokrit und nähern uns Plato, dessen ‹Ideen› unseren Symmetrien viel näher stehen als die Atome Demokrits – ein Wandel, dessen Bedeutung weder innerhalb noch außerhalb der Naturwissenschaften voll verarbeitet ist.»

Eine erstaunliche Schlussfolgerung! Umso erstaunlicher, wenn man bedenkt, dass der im vorigen Kapitel erwähnte schaffende Logos ja Sprache und Gedanke – Ideen – beinhaltet. Auch im Idealismus hätten wir also einen Ausdruck des Logos, der am Anfang war.

Ich bin ein Ich – Psychismus

Nun liegt die Hälfte unseres Weges zu den einzelnen Weltanschauungen bereits hinter uns. Die drei Ansichten, die von der Welt der Sinne ihren Wirklichkeitsgehalt holen, haben wir am Anfang dargestellt: den Phänomenalismus als Anschaulichkeit schlechthin, den Sensualismus, der von der Realität nur das gelten lässt, was die Sinne als Eindrücke geben, und den Materialismus in der Ur-Erfahrung des Materiellen in seiner Dichte und Festigkeit. Es folgten die Weltanschauungen, welche vornehmlich das gedankliche Element von Welt und Mensch ins Visier nehmen. Der Mathematismus sieht Quantitäten, der Rationalismus ethische Qualitäten und der Idealismus die Sein-schaffende Ideenwelt. Den Erkenntnis-Ansatz des Mathematismus in seiner Suche nach dem *einen* Angelpunkt der Erkenntnis konnten wir im Prinzip in allen dreien entdecken.

Die folgenden Weltanschauungen holen ihre Erkenntniskräfte aus den Tiefen der Seele. Gefühl und Wille ergänzen die sinnliche und die gedankliche Rezeption der Welt. Schwerer fassbar als die Ersteren bieten sie uns einen ungleich tieferen Einblick in die Menschenseele einerseits und in die Weltseele andererseits. Denn so wie Materielles sozusagen Materielles erlebt und Gedankliches Gedankliches, so Seelisch-Geistiges eben Seelisch-Geistiges. Ins Bild gebracht: Der Tempel der Wahrheit und Wirklichkeit hat zwölf gleich große Tore und Türme, die alle ins Allerheiligste führen, wenn auch auf verschiedenen Wegen und durch unterschiedliche Räume. Ganz individuell gestaltet und aus vielfältigen Materialien gebaut, verbindet eine Art Architrav die verschiedenen Tormotive zu einem architektonisch sinnvollen Ganzen. Dadurch wird auch die gegenseitige Verflochtenheit als Ausdruck vielschichtiger Sinn-Beziehungen deutlich.

Gerade beim Psychismus werden interessante Beziehungen unter den Weltanschauungen sichtbar und geradezu ein Schlüssel zu ihrem Verständnis. Zeichnet man eine Art Zifferblatt mit den Zahlen 1 bis 12, wobei der Phänomenalismus die Zahl 1 repräsentiert, so ergibt sich, dass der Psychismus gewissermaßen in Opposition zum Phänomenalismus steht:

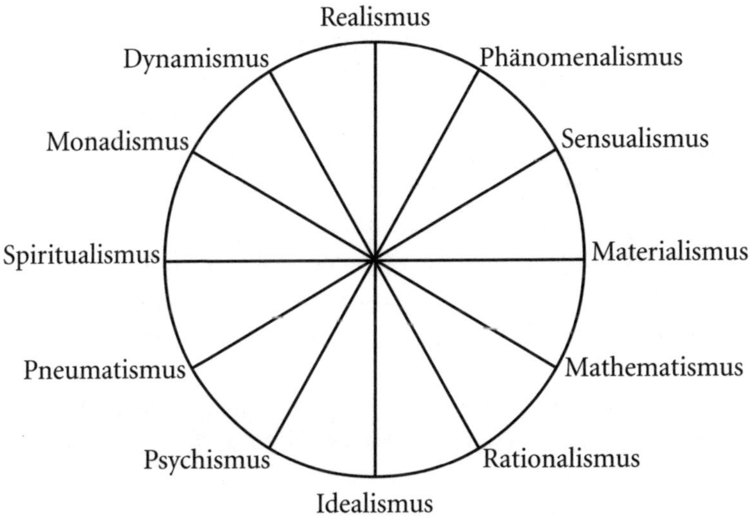

Entsprechend sind die Verhältnisse bei den anderen Weltanschauungen: Jede hat sozusagen eine direkte Beziehung zu einer anderen. Das Interessante an diesem Schema ist, dass es Ausdruck einer bestimmten Tatsache ist: Die jeweils gegenüberliegende Weltanschauung ist auf der einen Seite ein echter Gegensatz und auf der anderen Seite eine echte Ergänzung! Das heißt, dass die im Folgenden dargestellten Weltanschauungen anfänglich bereits dadurch verstanden werden können, dass man eine der bereits dargestellten einfach umkehrt. Der Psychismus ist in diesem Sinne zunächst ein Phänomenalismus der Seele, das heißt der gesamten Innenwelt. Er umfasst Psychologie, Erkenntnistheorie, auch Epistemologie genannt, Mystik, kurzum – das ganze Gebiet der Selbsterkenntnis, also dessen, was unser ganzes inneres Wesen ausmacht. Der echte Psychist, der nicht dem materialistischen Trugschluss verfällt, dass die Seele *nur* das Produkt körperlicher Vorgänge sei, wird im Sinne der Wirklichkeitslogik des Empedokles, dass Gleiches nur von Gleichem erkannt wird, auch in der Natur bis zu den Sternen hin eine Art Weltseele annehmen. Allerdings ist sein Hauptinteresse den eigenen Seelenvorgängen zugewandt, während das des Phänomenalisten den Weltvorgängen gilt.

Das Gebiet des Psychismus umfasst beispielsweise Erinnerungen, Erlebnisse, Träume, Stimmungen, Willensregungen, Gefühle, Gedanken und dergleichen, wobei die Erkenntnistheorie gewöhnlich als Wissenschaft von der Erkenntnis bezeichnet wird. Hier stellt sich auch die Frage nach der Beteiligung des Menschen – seines Ich – am Ursprung der Gedanken; und letztlich gipfelt alle psychistische Fragestellung in der Frage nach dem wahren Wesen des Menschen, soweit es mit seiner Ichheit umfasst werden kann. Die so genannten letzten Fragen des Psychismus münden in das weite Strombett echter Mystik ein.

Fragen dieser Art begleiten uns Menschen seit sehr langer Zeit, eingebettet allerdings in unterschiedlichen kulturellen, historischen und religiösen Milieus. Von dem Satz des Heraklit ausgehend: «Ich machte mich fragend auf den Weg zu mir selbst»,[122] bis hin zu den Kernfragen der Existenzphilosophie unserer Tage verfolgen wir mit Spannung die verschiedenen Antworten, die auf die zentrale Frage nach dem eigenen Selbst jeweils gegeben wurden, und erkennen zugleich, dass, wie bei der Ästhetik, eine *allgemeine* Antwort undenkbar ist. Auf dem Gebiet des mathematistischen Denkens und Schließens kann man freilich *eine* Antwort geben; daher können sich Gemeinschaften unter *einem* gemeinsamen «Credo» zusammenfinden, unter *einem* Parteiprogramm oder unter *einer* gemeinsamen wissenschaftlichen oder kunstästhetischen Überzeugung. Im Psychismus gilt nur die Antwort, die sich existenziell, immer wieder und immer neu, aus den Tiefen der Einzelseele ergibt. Hier ist jeder allein. Ob die Antwort letztendlich eine immanente oder transzendente wird, ist zunächst zweitrangig. Den Abgrund des Eigen-Seins muss jeder selber, früher oder später, zumindest aushalten, wenn nicht gar übersetzen! – Im Folgenden ein paar Beispiele psychistischer Frage- und Feststellungen:

> Aus dem alten China: «Ich, Chuang Tzu, träumte einmal, ich sei ein Schmetterling, der hierhin und dahin flatterte, in jeder Beziehung und Hinsicht ein Schmetterling. Ich war mir nur über mein Schmetterlingsdasein bewusst und nicht über meine menschliche Existenz. Plötzlich erwachte ich und lag nun da, wiederum als das gewohnte Ich. Ich weiß jetzt aber nicht, ob ich ein Mensch war, der träumte, er sei ein Schmetterling, oder ob ich ein Schmetterling bin, der träumt, er sei ein Mensch.»[123]

> Nochmals der Römer Marc Aurel: «In welchem Zustand ist jetzt meine denkende Seele, und was mache ich jetzt aus ihr? Und wozu in aller Welt gebrauche ich sie jetzt? Sie ist doch nicht leer von Geist, doch nicht abgesondert und losgerissen vom Gefühl der Gemeinschaft? Sie ist doch nicht

mit dem ‹Fleisch› zusammengewachsen und vermischt, dass sie durch dieses beherrscht wird? … Welchen Gebrauch macht die denkende Seele von sich selbst? Denn darin liegt alles beschlossen. Alles andere, mag es von deinem Willen abhängen oder nicht, ist Staub und Rauch.»[124]

Aus dem Bereich christlicher Mystik, wie sie Hildegard von Bingen repräsentiert: «Der Mensch hat ja Himmel und Erde und die ganze übrige Kreatur schon in sich selber und ist doch eine ganze Gestalt, und in ihm ist alles schon verborgen vorhanden … Die Seele spricht: Ich bin berufen, die Genossin der Engel zu sein, weil ich der lebendige Hauch bin, den Gott in den trockenen Lehm entsandte. Deshalb sollte ich Gott kennen und ihn spüren.»[125]

Eine tiefe philosophische Grundlegung des Psychismus finden wir bei Johann Gottlieb Fichte. In seiner ersten Einleitung in die *Wissenschaftslehre* schlägt er gleich einen programmatischen Ton an und führt in kräftigem Takt ziemlich direkt in medias res:

«Merke auf dich selbst: kehre deinen Blick von allem, was dich umgibt, ab und in dein Inneres: ist die erste Forderung, welche die Philosophie an ihren Lehrling tut. Es ist von nichts, was außer dir ist, die Rede, sondern lediglich von dir selbst.»[126]

Da der Psychismus letzten Endes in die tieferen Schichten des Ich hineinführt, sei an dieser Stelle ein klassisches Zeugnis aktivster Ich-Erfahrung angeführt. Es ist Fichtes Schilderung der «Tathandlung» in seiner Schrift *Die Bestimmung des Menschen:*

«Das Ich setzt sich selbst, und es ist, vermöge dieses bloßen Setzens, durch sich selbst; und umgekehrt: Das Ich *ist* und setzt sein Sein vermöge seines bloßen Seins. Es ist zugleich das Handelnde und das Produkt seiner Handlung, das Tätige und das, was durch die Tätigkeit hervorgebracht wird. Handlung und Tat sind ein und dasselbe, und daher ist das ‹Ich bin› Ausdruck einer Tat-Handlung.»[127]

Es ist interessant, dass ein Zweig des Existenzialismus genau in diese Richtung weist – wobei nicht gesagt werden soll, dass die im Folgenden kurz zu Wort kommenden Philosophen sich in ihrem Selbstverständnis im Kielwasser Fichtescher Philosophie empfinden.

Es sei auch ein Merkmal unserer Arbeit nochmals erwähnt: Nicht darum geht es, einzelne Persönlichkeiten der Kulturgeschichte quasi weltanschaulich festzunageln, sondern die Zwölfheit der Weltanschauungen als Erkenntnishilfe zu benützen, als Schlüssel zu einem umfassenden Verständnis dessen, was das Sein der Welt konstitutiert und wie es sich in verschiedenen Individuen philosophisch ausprägt. Einleitend war ja die Rede von einer im Entstehen begriffenen multikulturellen Gesellschaft und von der Möglichkeit, unser Denken so geschmeidig zu machen, dass es dadurch über seine Grenzen hinauswachsen kann. Es ist kein leichtes Unterfangen, aber ein lohnendes.

Karl Jaspers, der zu den großen Existenzialisten des abgelaufenen Jahrhunderts gehört, schreibt:

«Ich als Sein bin in der Wurzel verschieden von allem Sein der Dinge, weil ich sagen kann: Ich bin.»[128]

Jean Paul Sartre berührt wiederum eine andere Seite existenzialistischer Fragestellung:

«Der atheistische Existenzialismus erklärt, dass, wenn Gott nicht existiert, es wenigstens ein Sein gibt, bei dem die Existenz dem Wesen vorausgeht, ein Sein, das existiert, ehe es

> durch irgendeine Vorstellung bestimmt sein kann, und dass dieses Sein der Mensch oder, wie Heidegger sagt, das menschliche Dasein ist. Was bedeutet hier, dass die Existenz dem Wesen vorausgeht? Es bedeutet, dass der Mensch zuerst einmal existiert, sich vorfindet, in der Welt auftaucht, und dass er erst danach ein bestimmtes Wesen gewinnt. Wenn der Mensch, wie der Existenzialist ihn versteht, nicht definierbar ist, so ist es darum, weil er zunächst nichts ist. Er wird erst später, und er wird so, wie er sich macht. So gibt es keine menschliche Natur, weil es keinen Gott gibt, um sie in seiner Vorstellung zu entwerfen. Der Mensch ist nicht allein nur so, wie er sich versteht, sondern so, wie er sich will, und, weil er sich nach der Existenz versteht, so wie er sich nach diesem Drang zur Existenz will. Der Mensch ist nichts anderes, als das, zu dem er sich macht.»[129]

Das alles sind brennende Fragen unserer täglichen Existenz. Dem Psychismus eignet auch eine Art Kampfsituation; denn die «Tathandlung» aktiver Selbsterfassung ist das Ergebnis einer inneren Auseinandersetzung, mitunter eines tiefen Leidens. Das wird beispielsweise besonders sichtbar an den Stellen des Werkes Sören Kierkegaards, wo er vehement ablehnt, was er Abstraktion und reines Denken nennt. Hier zwei Stellen über die wirkliche Subjektivität und das Existieren:

> «In der Sprache der Abstraktion kommt das, was die Schwierigkeit der Existenz und des Existierenden ausmacht, eigentlich nie zum Vorschein, geschweige denn, dass die Schwierigkeit erklärt wird.»
>
> «Im reinen Denken sitzt man im Tiefsinn bis über beide Ohren, und doch erhält man mitunter den Eindruck, dass etwas Distraites über dem Ganzen ruht, weil dem reinen Denker nicht klar ist, was es heißt, ein existierender Mensch zu sein.

> Jedes Wissen um Wirklichkeit ist Möglichkeit; die einzige Wirklichkeit, um die ein Existierender mehr als wissend ist, ist seine eigene Wirklichkeit, dass er da ist; und diese Wirklichkeit ist sein absolutes Interesse. Die Forderung der Abstraktion an ihn ist, interesselos zu werden, damit er etwas zu wissen bekomme; die Forderung des Ethischen an ihn ist, unendlich interessiert am Existieren zu sein.
> Die einzige Wirklichkeit, die es für einen Existierenden gibt, ist seine eigene ethische; um alle andere weiß er nur, aber das wahre Wissen ist ein Übersetzen in die Möglichkeit.
> Die Zuverlässigkeit der Sinneswahrnehmung ist Betrug. Das hat schon die griechische Skepsis hinreichend nachgewiesen, und der moderne Idealismus ebenso. Die Zuverlässigkeit, die das Wissen um das Historische haben will, ist auch nur Betrug, insofern sie die Zuverlässigkeit der Wirklichkeit sein will, weil der Wissende erst dann um eine historische Wirklichkeit weiß, wenn er sie in Möglichkeit aufgelöst hat … Die Abstraktion ist die Möglichkeit, die vorausgehende oder die nachfolgende. Das reine Denken ist ein Phantom.»[130]

Wie würden Idealismus, Rationalismus, Mathematismus auf solche Fragen antworten? Bei allen diesen Stellen spürt man deutlich den Phänomenalismus nach Innen. Aber die Polarität ist noch umfassender – und die Notwendigkeit gegenseitiger Ergänzung. Strebt der Phänomenalist nach äußerster Objektivität, so haben wir hier einen sehr starken Subjektivismus. Ahnt und entdeckt der Phänomenalist immer tiefere Schichten des phänomenalen Kosmos, so ahnt und entdeckt der Psychist immer tiefere Schichten des eigenen Selbst. Lauscht der Phänomenalist nach außen, so der Psychist nach innen. Und so weiter.

Dabei gehört tatsächlich eine gute Portion Selbsterkenntnis dazu, um die Welt zu verstehen, und eine gediegene Welterkenntnis – samt menschlicher Umgebung –, um sich selber besser und vor allem klarer zu erfassen.

Goethe sagte einmal: «Kenne ich mein Verhältnis zu mir selbst und zur Außenwelt, so heiß' ich's Wahrheit. Und so kann jeder seine eigene Wahrheit haben, und es ist doch immer dieselbige.»[131] Es wäre allerdings verhängnisvoll, wollte man aufgrund dieses Wortes in Goethe den Verfechter eines seichten Beliebigkeits-Pluralismus sehen. Nur im Sinne seines Gedichtes «Die Geheimnisse» dürften seine Worte aufgefasst werden. Dafür bürgen auch der Ernst seiner Forschung und die Strenge seiner Auffassung von Erkenntnis. Was er über die Trennungslinie zwischen Vernunft und Verstand zu sagen hatte, haben wir schon gehört (siehe S. 139). Während jedoch sein Werk ein fast unausschöpfliches Füllhorn psychologischer Erkenntnis darstellt – man denke allein an den *Faust* –, ist seine Beziehung zur Erkenntnistheorie eher problematisch. Eine tiefe Abneigung hatte er vor allem gegen bloß theoretisches Denken: «Die Theorie an und für sich ist nichts nütze, als insofern sie uns an den Zusammenhang der Erscheinungen glauben macht.»[132] Auch lag ihm fern, sich Rechenschaft über den Ursprung des Denkens zu geben. So sagt er in einer seiner «Zahmen Xenien», die nach 1824 entstanden sein soll, also nach Vollendung seines fünfundsiebzigsten Lebensjahres:

> Wie hast dus denn so weit gebracht?
> Sie sagen, du habest es gut vollbracht!
> Mein Kind! Ich habe es klug gemacht:
> Ich habe nie über das Denken gedacht.

Dagegen drückt sich in vielen seiner Schriften eine echte, tiefe Mystik aus. Erinnern wir uns an den im Kapitel über den Sensualismus bereits zitierten Spruch über die tiefinnere Verwandtschaft von Sonne und Auge. Der erste Teil ist mehr im Sinne einer sensualistischen Innenschau gehalten, während der zweite in den Bereich klarer Religionsmystik führt:

Wär' nicht das Auge sonnenhaft,
Wie könnten wir das Licht erblicken?
Lebt' nicht in uns des Gottes eigene Kraft,
Wie könnt' uns Göttliches entzücken.

Sehr schön kommt diese Seite Goethes auch in einem seiner Sprüche in Prosa zum Vorschein:

«Kepler sagte: ‹Mein höchster Wunsch ist, den Gott, den ich im Äußern überall finde, auch innerlich, innerhalb meiner gleichermaßen gewahr zu werden.› Der edle Mann fühlte, sich nicht bewusst, dass eben in dem Augenblicke das Göttliche in ihm mit dem Göttlichen des Universums in genauester Verbindung stand.»[133]

Aber die Wege des Psychismus sind so tief und so eng miteinander verschlungen, dass ein Ariadne-Faden sich schwerlich finden lässt! Immer sollte man dabei an die Worte denken, die Conrad Ferdinand Meyer seinen Ulrich von Hutten sagen lässt:

Ich bin kein ausgeklügelt Buch,
Ich bin ein Mensch mit seinem Widerspruch.

Überblickt man auch nur annähernd die Ansätze und die Spannweite psychistischer Erfahrung stellt man, etwas abstrahierend, zwei Pole fest, zwischen denen sich unterschiedlichste Strömungen bewegen. Am einen Pol haben wir eine vornehmlich *deskriptive* Phänomenologie innerer Erlebnisse, gleichsam als Inventur der Seele, am anderen das Bemühen, den schöpferischen *Entstehungsmoment* der betreffenden Inhalte zu erfassen, und zwar nicht als Ursachenforschung im Sinne eines in der Psychoanalyse vielfach angewandten Kausalgesetzes, sondern mit der Frage, wodurch bestimmte Inhalte in meinem Inneren erzeugt werden. Beide Pole sind eigentlich zwei Kreise, die sich aber zu einer Lemniskate schließen lassen.

Als ein Vertreter des inneren Phänomenalismus kann Edmund Husserl gelten. Aus dem zweiten Band seiner klassisch gewordenen *Logischen Untersuchungen* sei eine Stelle angeführt, in der es um «Untersuchungen zur Phänomenologie und Theorie der Erkenntnis» geht, und zwar um die «Notwendigkeit phänomenologischer Untersuchungen zur erkenntniskritischen Vorbereitung und Klärung der reinen Logik»:

> «Es handelt sich ... um Erörterungen jener allgemeinsten Art, die zur weiteren Sphäre einer objektiven *Theorie der Erkenntnis* und, was damit innigst zusammenhängt, einer rein deskriptiven Phänomenlogie der Denk- und Erkenntniserlebnisse gehören ... Diese ganze Sphäre ist es, die zum Zweck einer erkenntniskritischen Vorbereitung und Klärung der reinen Logik durchforscht werden muss; in ihr werden sich daher unsere nächsten Untersuchungen bewegen.
>
> Die reine Phänomenologie stellt ein Gebiet neutraler Forschungen dar, in welchem verschiedene Wissenschaften ihre Wurzeln haben. Einerseits dient sie zur Vorbereitung der *Psychologie* als *empirischer Wissenschaft.* Sie analysiert und beschreibt (speziell als Phänomenologie des Denkens und Erkennens) die Vorstellungs-, Urteils-, Erkenntniserlebnisse, die in der Psychologie ihre genetische Erklärung,

ihre Erforschung nach empirisch-gesetzlichen Zusammenhängen finden sollen. Andererseits erschließt sie die ‹Quellen›, aus denen die Grundbegriffe und die idealen Gesetze der *reinen Logik* ‹entspringen› und bis zu welchen sie wieder zurückverfolgt werden müssen, um ihnen die für ein erkenntniskritisches Verständnis der reinen Logik erforderliche ‹Klarheit und Deutlichkeit› zu verschaffen.»[134]

Wenn von einer rein deskriptiven Phänomenologie innerer Erlebnisse – hier der Denk- und Erkenntniserlebnisse – ausgegangen wird, ist der Weg zu einer reinen Psychologie auf der Grundlage innerer Beobachtungsresultate nicht weit. Darum haben sich auch die Pioniere der Psychoanalyse vom Anfang des 20. Jahrhunderts an bemüht: Sigmund Freud, Carl Gustav Jung, Alfred Adler, Roberto Assagioli und manche andere. So verschieden ihre Deutungsmuster sind, so gehören sie doch alle zur gewiss nicht kleinen Gruppe der Forscher auf dem Gebiet psychistischer Feststellungen. Dabei ist ja jeder Mensch, der Selbsterkenntnis übt, in diesem Sinne auch ein Psychist.

Nun reicht eine beinahe ausschließliche Phänomenologie des Seelischen noch nicht aus, obwohl sie den Eingang zu erstaunlichen Erfahrungen freilegen kann, wie wir sie beispielsweise in C. G. Jungs Werk finden. Fichtes Erfahrung, konsequent fortgesetzt und vertieft, führt zu anderen Erlebnissen. Beide Wege können sich insofern ergänzen, als der eine Weg, der deskriptive, die vielen Räume und Bewohner unserer Seele beleuchten kann, während Fichtes Weg den eigentlichen Hausbesitzer – unser Ich – entdeckt und erforscht. Schauen wir das näher an.

C. G. Jung, der die komplexe oder analytische Psychologie begründet hat, ist ein herausragender Markstein in der Geschichte psychistischer Forschung. Wie immer man auch zu seinen Forschungsergebnissen stehen mag – als vielfach erfolgreicher Arzt, hat er die Perspektiven der Seelenforschung unendlich erweitert und in ihrer Komplexität auch erschlossen, vor allem die Bereiche des persönlichen und des kollektiven Unbewussten, in dessen Tiefen die rätselhaften Archetypen sich dem Tiefenforscher vergegenwärtigten. Zu diesen Archetypen, die als immer wiederkehrende Motive von Mythen, Märchen, Träumen, Wahnideen etc. ins Bewusstsein gleichsam hineinkristallisieren, gehört auch das *Selbst.* Es ist «der zentrale Archetypus der Ordnung. Die Ganzheit des Menschen. Symbolisch dargestellt durch Kreis, Quadrat, Quaternität, Kind, Mandala usw.»[135] Weiter heißt es: «Das Selbst ist eine dem bewussten Ich übergeordnete Größe. Es umfasst nicht nur die bewusste, sondern auch die unbewusste Psyche.»[136] Jung bezeichnet nun die Archetypen als «bewusstseinsunfähig, das heißt transzendent»: «Man darf sich keinen Augenblick der Illusion hingeben, ein Archetypus könne schließlich erklärt und damit erledigt werden.»[137] Infolgedessen wird der Erkenntnistätigkeit des Menschen ein fester Riegel vorgeschoben. In seiner Tiefenforschung ähnelt er einem Wanderer, der die eigenen Traum- und Bilderwelten betritt und dabei sein volles Selbstbewusstsein behält. Er kann sich darin frei bewegen. Faszinierende Welten betritt er gleichsam als betroffener Zuschauer. Man lese unter diesem Gesichtspunkt das Buch *Erinnerungen, Träume, Gedanken von C. G. Jung,* dem die eben angeführten Zitate entnommen sind. Es ist bewegend, den Beginn seiner konkreten Konfrontation mit dem Unbewussten in seinen eigenen Worten zu erfahren. Das im Folgenden geschilderte Erlebnis fällt in eine Zeit, in der er emotional intensiven Bildern und Fantasien ausgesetzt war:

«Um die Fantasien, die mich unterirdisch bewegten, zu fassen, musste ich mich sozusagen in sie hinunterfallen lassen. Dagegen empfand ich nicht nur Widerstände, sondern ich fühlte auch ausgesprochene Angst. Ich fürchtete, meine Selbstkontrolle zu verlieren und eine Beute des Unbewussten zu werden, und was das heißt, war mir als Psychiater nur allzu klar. Ich musste jedoch wagen, mich dieser Bilder zu bemächtigen. Ein wichtiges Motiv bei diesen Erwägungen bildete der Umstand, dass ich von meinen Patienten nichts erwarten konnte, was ich selber nicht zu tun wagte. Die Ausrede, dass neben dem Patienten ein Helfer stünde, wollte nicht verfangen. Ich wusste, dass der so genannte Helfer, das heißt ich, die Materie noch nicht aus eigener Anschauung kannte, sondern dass ich höchstens einige theoretische Vorurteile von zweifelhaftem Wert darüber besaß. Der Gedanke, dass ich die abenteuerliche Unternehmung, in die ich mich verstrickte, schließlich nicht nur für mich persönlich, sondern auch für meine Patienten wagte, hat mir in mehreren kritischen Phasen mächtig geholfen.
Es war in der Adventszeit des Jahres 1913, als ich mich zum entscheidenden Schritt entschloss (12. Dez.). Ich saß an meinem Schreibtisch und überdachte noch einmal meine Befürchtungen, dann ließ ich mich fallen. Da war es mir, als ob der Boden im wörtlichen Sinne unter mir nachgäbe und als ob ich in eine dunkle Tiefe sauste. Ich konnte mich eines Gefühls von Panik nicht erwehren. Aber plötzlich und nicht allzu tief kam ich in einer weichen, stickigen Masse auf die Füße zu stehen – zu meiner großen Erleichterung. Jedoch befand ich mich in einer fast völligen Finsternis. Nach einiger Zeit gewöhnten sich meine Augen an die Dunkelheit, die nun einer tiefen Dämmerung glich. Vor mir lag der Eingang zu einer dunklen Höhle, und dort stand ein Zwerg. Er er-

schien mir wie aus Leder, so als ob er mumifiziert wäre. Ich drängte mich an ihm vorbei durch den engen Eingang und watete durch knietiefes, eiskaltes Wasser zum anderen Ende der Höhle. Dort befand sich auf einem Felsband ein roter, leuchtender Kristall. Ich fasste den Stein, hob ihn auf und entdeckte, dass darunter ein Hohlraum war. Zunächst konnte ich nichts erkennen, aber schließlich erblickte ich strömendes Wasser in der Tiefe. Eine Leiche schwamm vorbei, ein Jüngling mit blondem Haar, am Kopf verwundet. Ihm folgte ein riesiger schwarzer Skarabäus, und dann erschien, aus der Wassertiefe auftauchend, eine (rote) neu geborene Sonne. Geblendet vom Licht, wollte ich den Stein wieder auf die Öffnung legen, da drängte sich jedoch eine Flüssigkeit durch die Öffnung. Es war Blut! Ein dicker Strahl sprang auf und ich empfand Übelkeit. Der Blutstrom währte, wie mir schien, unerträglich lange. Endlich versiegte er, und damit war die Vision zu Ende.
Ich war von den Bildern aufs Tiefste bestürzt. Natürlich sah ich, dass die pièce de résistance ein Helden- und Sonnenmythus war, ein Drama von Tod und Wiedererneuerung. Die Wiedergeburt war verdeutlicht durch den ägyptischen Skarabäus. Am Ende hätte der neue Tag folgen sollen. Stattdessen kam der unerträgliche Blutstrom, ein durchaus abnormes Phänomen, wie mir schien. Da fiel mir aber meine Blutvision vom Herbst desselben Jahres ein, und ich gab jeden weiteren Versuch zu verstehen auf.»[138]

Wir sehen hier das vorhin erwähnte deskriptive Moment, und es sind immer zwei: der handelnde Zuschauer und die jeweilige Umgebung. Auf diesen und ähnlichen Wegen kann man aber sein Ich gar nicht finden, wohl aber, um im Bilde zu bleiben, den Hersteller seiner Kleidung ahnen, den er aber mit «Selbst» anspricht! – Wie ist das gemeint?

Unser Ich, unser eigenster Wesenskern – ich greife jetzt etwas in den Bereich des Spiritualismus vor – ist ewig und unzerstörbar, ein Göttliches, dessen wir schrittweise gewahr werden können. Es ist – vereinfacht ausgedrückt – wirksam eingebettet in ein seelisches und ein leibliches Kleid, das weitgehend vererbt ist, also Ausdruck der Gattung. Ein gewaltiger Teil unseres Unbewussten besteht genau aus diesem Stoff, der zwar auch göttlicher Natur ist, nur nicht *identisch* mit meinem Ich. Er ist unter-individuell oder auch extraindividuell. Das ist meines Erachtens das Jungsche «Selbst»; ihm suchte er durch seine Erforschung der *Kollektiv*kräfte des Menschen und dessen Beziehung zu Mythen und Bildern der Vergangenheit auf die Spur zu kommen. Er konnte so aus dem großen, rätselhaften Kessel der Archetypen für das Seelenleben des modernen Menschen bedeutende Erkenntnisse schöpfen, so das Vorhandensein des «Schattens» als Kompensation zu unserem bewussten Seelenleben oder die psychische Realität von «Anima» und «Animus» als «Personifikationen einer weiblichen Natur im Unbewussten des Mannes und einer männlichen Natur im Unbewussten der Frau».[139] Und vieles andere mehr. Nur nicht das einmalige, auch nach dem Tode fortbestehende und vor der Geburt existierende wahre Ich des Menschen, sein Wesenskern, der durch wiederholte Erdenleben schreitet im Sinne einer *fort*schreitenden Entwicklung, so wie es Lessing erkannt hatte und Rudolf Steiner in strenger Wissenschaftlichkeit erforschen konnte. Dass Steiner darüber hinaus auch die Grundlagen einer Wissenschaft des Geistes gelegt hat, die im Prinzip jedermann zugänglich ist,[140] sei nur deshalb erwähnt, weil es auch zum Bereich des Psychismus gehört. Gerhard Wehr, der profunde Kenner der Geistesgeschichte, hat einmal in einem sehr ernst zu nehmenden Buch versucht, eine «Konfrontation und Synopse» der Werke C. G. Jungs und Rudolf Steiners darzustellen. Was er zum Thema Reinkarnation ausführt, erscheint mir deshalb bedeutend, weil hier meines Erachtens die schärfste Trennungslinie zwischen beiden Forschern gezogen werden kann. Nachdem Wehr über die Auffassung Steiners von der «Dynamik des Selbst» gesprochen hat, sagt er:

> «Dieser dynamische Aspekt ist es auch, der ihm erlaubt, das jeweilige einzelne Erdenleben eines Menschen zu transzendieren und das von Verkörperung zu Verkörperung schreitende Ich im Blick zu behalten. C. G. Jung macht diese Denkbewegung nicht mit. Schon von seinen Voraussetzungen her spielt die Reinkarnationsidee in der Tiefenpsychologie Jungs keine Rolle. Eben dieses Fehlen des Gedankens der wiederholten Erdenleben stellt einen wichtigen Differenzpunkt zwischen Jung und Steiner dar.»[141]

Diese Dynamik des Selbst wächst nur auf dem Boden ichhafter «Tathandlungen». Auf der hier angeführten Ebene gibt es tatsächlich – wenn es um die Existenz des Ich geht – nur ein Entweder-Oder. So stellt sich die Frage, wo bei Jung die «individuelle Einzigartigkeit» der Seele endet. Hier ein erhellendes Zitat, wobei nicht vergessen werden darf, dass auch diese Forschungsrichtung selbstverständlich zum Feld des Psychismus gehört:

> «Die tieferen ‹Schichten› der Psyche verlieren mit zunehmender Tiefe und Dunkelheit die individuelle Einzigartigkeit. Sie werden nach ‹unten›, das heißt mit Annäherung der autonomen Funktionssysteme, zunehmend kollektiver, um in der Stofflichkeit des Körpers, nämlich in den chemischen Körpern, universal zu werden und zugleich zu erlöschen. Der Kohlenstoff des Körpers ist überhaupt Kohlenstoff. ‹Zuunterst› ist Psyche überhaupt ‹Welt›.»[142]

Eben die «Welt», aus der unser Seelenstoff – nicht das Ich – stammt. Es sind wirklich zwei deutlich voneinander zu unterscheidende Wege: «Erlöschen» individueller Einzigartigkeit auf der einen Seite, bewusster Schritt in ein «Überbewusstsein» des Ich auf der anderen, das zum normalen Bewusstsein steht wie das Erwachen zum Tiefschlaf. Novalis hat diese Erfahrung treffend auf den Punkt gebracht. Es ist bekannt, dass er sich intensiv mit der Ich-Philosophie Fichtes auseinandergesetzt hat.

> «Die Fantasie setzt die künftige Welt entweder in die Höhe, oder in die Tiefe, oder in der Metempsychose zu uns. Wir träumen von Reisen durch das Weltall: ist denn das Weltall nicht in uns? Die Tiefen unsers Geistes kennen wir nicht. – Nach Innen geht der geheimnisvolle Weg. In uns, oder nirgends ist die Ewigkeit mit ihren Welten, die Vergangenheit und Zukunft. Die Außenwelt ist die Schattenwelt, sie wirft ihren Schatten in das Lichtreich. Jetzt scheint es uns freilich innerlich so dunkel, einsam, gestaltlos, aber wie ganz anders wird es uns dünken, wenn diese Verfinsterung vorbei und der Schattenkörper hinweggerückt ist. Wir werden mehr genießen als je, denn unser Geist hat entbehrt.» – «Die höchste Aufgabe der Bildung ist, sich seines transzendentalen Selbst zu bemächtigen, das Ich seines Ichs zugleich zu sein.»[143]

Goethe war der Gedanke der Reinkarnation eine Selbstverständlichkeit, wie er verschiedentlich geäußert hat. Es gehört dazu auch das Erlebnis der Unzerstörbarkeit der eigenen Ichheit als menschliche «geprägte Form, die lebend sich entwickelt», wie es in einem seiner «Urworte – orphisch» heißt:

Wie an dem Tag, der dich der Welt verliehen,
Die Sonne stand zum Gruße der Planeten,
Bist alsobald und fort und fort gediehen
Nach dem Gesetz, wonach du angetreten.
So musst du sein, dir kannst du nicht entfliehen
So sagten schon Sibyllen, so Propheten;
Und keine Zeit und keine Macht zerstückelt
Geprägte Form, die lebend sich entwickelt.

Dennoch ist dieses Erwachen zum eigenen Höheren begleitet von einer Art Todesprozess: Das an die sinnliche Welt gebundene und auch an ihr gebildete Ich-Bewusstsein – man erinnere sich an entsprechende Andeutungen in den Kapiteln über Sensualismus und Materialismus – muss eine tiefgreifende Wandlung durchmachen. Auch diese Art «Existenzialismus» bringt aufwühlende und schmerzliche Prozesse in Gang, die nur der wirklich verstehen kann, der sie auch durchgemacht hat. Auch der von Steiner ins Leben gerufene geisteswissenschaftliche Schulungsweg bildet hier keine Ausnahme. Das intensive, selbstständige Studium geisteswissenschaftlicher Inhalte und die Meditation – beide gehen oft ineinander über – liefern in erster Linie weniger einschlagende Erfahrungen, gleichsam eine Art *fast food* zur Stillung des Hungers nach höheren Welten, als vielmehr die Grundlage einer progressiven Verwandlung der gesamten menschlichen Natur, die gewissermaßen umgepflügt werden muss, soll Neues in sie eindringen. Man kann für diesen Prozess auch ein anderes Bild nehmen: Zuerst soll für den neuen Wein ein neuer Schlauch angefertigt werden. Dass dieser Prozess ein langwieriger und schmerzlicher ist, wird jeder bestätigen, der einmal Begegnungen mit seiner niederen Natur, mit seinem aus allen heimlichen Wünschen und Illusionen gebildeten «Schatten» hatte. Gerade der schonungslose Anblick eigener Mängel gehört zu den unabdingbaren Bedingungen, um auf dem Weg seelischer Entwicklung wirklich weiterzukommen. Zu diesen Erfahrungen an der eigenen Subjektivität gesellt sich meistens eine mehr oder weniger intensive Ohnmacht gegenüber der Erkennbarkeit dessen, was Natur und Kosmos um uns «im Innersten zusammenhält». Man spürt: Hier ist Wandlung unserer gesamten Verfassung notwendig, wenn man weiterdringen will. Und Wandlung beginnt in der Regel schon beim ersten Schritt auf einem ernsten Erkenntnisweg. Eine tiefere Wahrnehmung von Naturvorgängen und eine Verstärkung des eigenen Denkerlebens gehören zu den ersten und wichtigsten Ergebnissen einer solchen Arbeit, die sich im Laufe der Zeit einstellen: Das Sinnliche und das am Sinnlichen geschulte Denken sollen zuerst gründlich erfahren werden, bevor spirituell tiefere Erlebnisse hinzutreten. Alles Üben in dieser Richtung bewirkt eine progressive Kräftigung unserer gesamten Seelenstruktur, das aber heißt: unserer Ich-Natur. Durch solche Erfahrungen kann sich – wie ein Widerklang – ein immer intensiveres Erleben des höheren Selbstes einstellen, dessen, was sich eigentlich, in immer neuem Ego-Gewand, wieder und wieder verkörpert: ohne Vater, ohne Mutter, ohne Geschlecht, sondern menschlich-kosmisch. Es handelt sich dann, bildlich gesprochen, um eine Blüte, die aus dem umgepflügten Boden der Seele gewachsen ist. Ihre Blätter stellen unsere früheren Erdenleben dar, die sich Stufe um Stufe im eigenen Bewusstsein entfalten können.

Es ist ein «Stirb und Werde»-Prozess, der sich hier abspielt. In einem von Goethes Sprüchen in Prosa finden wir den aufschlussreichen Satz: «Unser ganzes Kunststück besteht darin, dass wir unsere Existenz aufgeben, um zu existieren.»[144] Die «geprägte Form» kann dann im Göttlichen neu erstehen.

Die vielfältigen Erfahrungen, die auf ähnlichen Wegen gemacht werden können, lassen sich schwerlich klassifizieren. Es kann der eben von mir erwähnte Fall eintreten, aber es gibt auch höhere Erfahrungen des Selbstes, ohne dass eine mehr oder weniger klare Impression aus einem vergangenen Erdenleben sich im Bewusstsein herauskristallisiert. Außerdem variiert sowohl die Terminologie, in der solche Erfahrungen in Worte gefasst werden, als auch unter Umständen deren Beschaffenheit, je nach dem Kulturkreis, dem der betreffende Mensch angehört. Es gibt aber auch plötzlich auftretende Erkenntnis-Einschläge, die zunächst keinen vorangegangenen «Todesprozess» erkennen lassen. Schaut man jedoch etwas tiefer auf den eigenen Lebenslauf zurück, so wird man schon einiges in dieser Richtung erkennen.

Auch der Sufismus, der ursprünglich aus asketischen Bewegungen des Islam hervorging, kennt tiefe mystische Erfahrungen. Hier einige Worte aus der islamischen Mystik, gefolgt von Aussprüchen christlicher Mystiker, wobei nicht gesagt werden soll, dass es sich um die gleichen Realitäten handelt. Man nehme sie einfach als weitere Zeugnisse psychistischer Weisheit, deren «Substanz» bereits in die Bereiche von Pneumatismus und Spiritualismus hineinragt:

> «Der Kontemplative erkennt, dass er die Wurzeln seines ‹Ichs› am besten erfassen kann, wenn er die gewohnte Vorstellung seines ‹Ichs› vernichtet. Wenn es offensichtlich geworden ist, wie die Erscheinung des abgeleiteten Ich der Vereinigung im Wege steht, wird es unerträglich.
>
> ‹Zwischen Dir und mir steht ein ‘ich bin’, das mich quält. O hebe durch Dein ‘Ich bin’ mein ‘ich bin’ zwischen uns hinweg› (Diwan).

‹Ich befreite mich von meinem 'Ich' wie eine Schlange sich ihrer Haut entledigt›, sagt Bastami.

Hier überlagern und stehen sich zwei Begriffe gegenüber, die in einer wesenhaften und letzten Einheit zusammengehören: eine abgeleitete und eine absolute Subjektivität, aus der die erste stammt und in der sie verwurzelt bleibt. In der Bewusstwerdung dieses Zusammentreffens zweier Begriffe liegt das Drama und die schwindelerregende Tragweite der mystischen Erfahrung, die das unaussprechliche Geheimnis des Daseins erforschen und erfassen will.

‹Bist Du's? Bin ich's? Das gäbe zwei Götter. Wie fern, wie fern von Dir, eine Zweiheit anzunehmen. *Ein* Wesen, das Deine, äußert sich immer am Grunde meines Nicht-Seins. Meine Ganzheit Deiner Ganzheit hinzufügen zu wollen wäre doppelter Trug› (Diwan).

Im Augenblick, wo der Kontemplative diesen gefährlichen Sprung in den Abgrund wagt, in dem die letzte Spur seiner Ichheit untergeht und er das Bewusstsein seiner Existenz aufgibt, wird ihm das Geheimnis seiner Seele – der unbefleckten Jungfrau – offenbar. Der Gast, mit dem er sich bei der Heimsuchung durch das sich übersteigende Ich unterhielt, zeigt sich nun als sein eigenes Selbst.

‹Ich bin Der geworden, den ich liebe, und Der, den ich liebe, ist ich geworden! Wir sind zwei Seelen in einem einzigen Körper zusammengeschmolzen. Mich sehen heißt Ihn sehen, und Ihn sehen heißt mich sehen. (Hallaj)

Ich sah mit den Augen Gottes. Er fragte: ‹Wer bist du?›, und ich antwortete: ‹Du selbst›. ‹Wie denn soll ich dich nennen? Ich muss dich mein Ich nennen.› (Vadan)»[145]

Und jetzt Meister Eckhart:

> «Es gibt eine Kraft in der Seele, die spaltet das Gröbste ab und wird mit Gott vereint: das ist das Fünklein der Seele.» – «Die Schale muss zerbrechen, und das, was darin ist, muss herauskommen.»[146]

In seiner einprägsamen Art, die wir vielfach in seinem *Cherubinischen Wandersmann* vorfinden, sagt Angelus Silesius:

> Ich muss Maria sein und Gott aus mir gebären,
> Soll er mich ewiglich der Seligkeit gewähren.
>
> Wird Christus tausendmal zu Bethlehem geboren
> Und nicht in dir, du bleibst noch ewiglich verloren.
>
> Gott wohnt in einem Licht, zu dem die Bahn gebricht;
> Wer es nicht selber wird, der sieht ihn ewig nicht.

Damit rundet sich allmählich dieses Kapitel ab. Eine Frage ist freilich noch offen geblieben: die nach den Quellen des Denkens, soweit das Ich des Menschen betroffen ist. So wie es im ganzen Psychismus zwei Pole gibt, den *deskriptiven* und den *aktiven,* so auch in Bezug auf das Denken. Es gibt die Erfahrung des passiven Denkens, das man im Mittelalter «Intellectus patibilis» genannt hat, und die Erfahrung des tätigen Verstandes, des «Intellectus agens». Lange, erbitterte Geisteskämpfe wurden um die Frage ausgetragen, ob der Mensch selber – aktiv – seine Gedanken bildet, das heißt ob sie in den Tiefen seiner Seele *erzeugt* werden, oder ob sie ihm nur eingegeben werden, eine Ansicht, die der arabische Philosoph Averroës vertrat, da nur der göttliche Verstand als aktiv bezeichnet werden könne. Im Sinne unserer Darstellung kann man, etwas vereinfachend, sagen: Das im Sinnlichen sich erlebende und darlebende Ich empfindet wohl die Gedanken als etwas Gegebenes, gleichsam als Zuschauer. Verstärkt der

Mensch jedoch sein Innenleben[147] durch Studium, Beobachtung und Meditation, dann erlebt er eines Tages, wie aus den Tiefen – oder Höhen – seines wahren Selbstes eine innere Sonnenkraft als schaffendes Gedanken-Licht das ganze Sein überstrahlt und durchdringt: *Ich* wird mit *ICH* eins. Und da Mensch und Welt durch unzählige Fäden miteinander verflochten sind, erlebt der solcherart übende Mensch nicht nur eine merkliche Verstärkung des eigenen Denk-Erlebens, sondern auch eine tiefere Beziehung zum ganzen Kosmos: Phänomenalismus und Psychismus erweisen sich immer mehr als zusammengehörig. Menschenwesen und Weltwesen finden sich in einer neuen Einheit.

Aus einer solchen Erfahrung sind die Worte Sigismund von Gleichs hervorgegangen, die zum Abschluss angeführt werden sollen. Sie sind Teil einer längeren Dichtung[148] und können als eine tiefe Meditation aufgefasst werden, die dynamische Seite des Psychismus mehr und mehr zum eigenen Erlebnis werden zu lassen:

Erkenne dich, o Mensch, als *Ich* im Ich!
Verliere dich, um dich als *Ich* zu finden!
Du irrst in dir, solange du nicht sprichst:
‹Ich lebe, doch nicht Ich: In mir der Christus!›
Das ich, der Denkstrahl aus dem Welten-Licht,
Erlichtet denkend sich das *Ich* der Welten;
Und *Gott-Ich* ist's, das in der Ichheit spricht,
Sobald das Ich das Weltlicht sich entzündet.
Nur weil das Ich das All der Dinge ist,
Kann ich das All verinnern in Begriffen;
Und weil es Liebe ist, sind inniglich
Vereint im *Ich* das Welt- und Menschen-Wesen.

Ich bin das All – Pneumatismus

Es sind im Laufe der bisherigen Darstellung auch die Gefahren sichtbar geworden, die in jeder Weltanschauung lauern, wenn sie in eine einseitige Richtung getrieben werden. Und einseitig wird ja jede Anschauung schon in dem Augenblick, da sie für sich beansprucht, die ganze Wahrheit zu sein. Auch der Psychismus macht hier keine Ausnahme. Wir haben im vorigen Kapitel versucht, gleichsam den Oberbegriff des Psychismus dingfest zu machen, um dann zur Besprechung einzelner Unterbegriffe zu kommen. Es ist das vielfältige Bild einer Anschauung entstanden, deren Kern wohl die rätselhafteste Kraft im Menschen darstellt: sein Ich. Der Spruch Heraklits – «Ich machte mich fragend auf den Weg zu mir selbst» – hat gerade in unserer Gegenwart mit ihren Egotrips, Selbstfindungs-Workshops und ihrer Biografie-Arbeit nichts an Aktualität eingebüßt. Im Gegenteil. Das hat gewiss viele Ursachen, zivilisatorischer als auch psychologischer Art. Die totale Beanspruchung durch das Berufsleben, die Extrovertiertheit unserer Medienkultur und vielleicht auch die vielen Verunsicherungen eines instabilen Arbeitsmarktes lassen uns immer wieder und immer neu feststellen: Eigentlich bin auch ich «fragend auf dem Weg zu mir selbst». Eine nicht geringe Rolle spielt hier gewiss die geistige Dimension unserer Existenz, die ebenfalls, mehr oder weniger vehement, ihre Rechte fordert. Und doch wäre es nicht der richtige Weg, nur nach innen zu blicken oder ständig die Weltlage unter dem Aspekt des Psychismus zu beurteilen. Auch die Psychologie, als Teilbereich des Psychismus, darf für sich nicht mehr als die Rolle einer Hilfswissenschaft beanspruchen. Die Gefahr einer fortwährenden «Nabelschau» ist sehr groß – weil die Tiefen des Menschen eben nicht auslotbar sind! Auch hier gilt es, die Tugend der rechten Mitte zu üben. Im Grunde ist es der Dimension des Menschen gemäß, sich selber im Wechselspiel zwischen Selbst- und Welterkenntnis zu finden. Einen gewichtigen Beitrag dazu leisten, wie wir gesehen haben, nicht nur die Weltanschauungen der äußeren Wahrnehmung – Phänomenalismus, Sensualismus und Materialismus –, sondern auch die der *innerlich erzeugten Weltwahrnehmung*, und zwar vom Pneumatismus an.

So wie Psychismus und Phänomenalismus einander entsprechen und ergänzen, so auch Sensualismus und Pneumatismus. Die Wirkung beziehungsweise die Substanz der Weltanschauungen des *reinen Denkens* verschmilzt und erhöht sich im Fortschreiten durch die «inneren» Weltansichten. Das Mathematistisch-Einheitliche, das Vernünftig-Ethische und das Idealistisch-Schöpferische wirken dann mit an der Ausbildung innerer Augen und Ohren, wodurch eine lebendige Weltseele nicht nur, wie im Psychismus, angenommen, sondern auch *wahr*-genommen wird. So ungemütlich es bei den nächsten Weltanschauungen materialistisch gesinnten Menschen werden mag, so berechtigt sind sie im großen Farbkreis von Wirklichkeit und Wahrheit.

Wenn sich das Ich durch «Tathandlungen» eigen-mächtig erfasst hat, neigt es dazu, über sich hinauszuwachsen. Es entspricht diese Ich-Werdung einer echten inneren Geburt in der Seele. So wie ein gesundes Kind dann seine Schritte zur Welt hin richtet, ebenso das neugeborene Ich. Ist das Streben des Kindes auf die Erfahrung der Sinneswelt gerichtet, so das Verlangen des Ich danach, sich in das spirituelle Leben der Welt einzuleben dank der Entfaltung verborgener und, im

Sinne Goethes, auch verkannter Sinne. Im Vorwort zum didaktischen Teil seiner *Farbenlehre* spricht Goethe davon, dass wir uns Farben und Licht «als der ganzen Natur angehörig denken [müssen]: denn sie ist es ganz, die sich dadurch dem Sinne des Auges besonders offenbaren will». Dann fährt er fort:

> «Ebenso entdeckt sich die ganze Natur einem anderen Sinne. Man schließe das Auge, man öffne, man schärfe das Ohr, und vom leisesten Hauch bis zum wildesten Geräusch, vom einfachsten Klang bis zur höchsten Zusammenstimmung, von dem heftigsten leidenschaftlichen Schrei bis zum sanftesten Worte der Vernunft ist es nur die Natur, die spricht, ihr Dasein, ihre Kraft, ihr Leben und ihre Verhältnisse offenbart, sodass ein Blinder, dem das unendlich Sichtbare versagt ist, im Hörbaren ein unendlich Lebendiges fassen kann. So spricht die Natur hinabwärts zu anderen Sinnen, zu bekannten, verkannten, unbekannten Sinnen, so spricht sie mit sich selbst und zu uns durch tausend Erscheinungen.»[149]

Auf dieses «unendlich Lebendige» hat es der Pneumatismus abgesehen. Es ist für ihn ein unfassbar Geistiges im All, dessen Erleben zwischen Ahnung und Vision schwingt. Der Pneumatismus, der in der Antike vielfach als Pantheismus auftrat, hat meistens einen mehr oder weniger intensiven ekstatischen Einschlag. Der Pneumatist sucht die Kommunion, die Verschmelzung der Seele mit dem geistigen All. So wie beispielsweise im sensualistischen Sommer-Erleben der Mensch eine sinnliche Kommunion mit den Elementen sucht, so strebt der Pneumatist in uns nach einer innigen Verbindung mit den verborgenen Kräften der Natur. Die Grenzen zwischen beiden Erlebnisbereichen sind allerdings fließend. Ein gewisses Sich-Verlieren in den Elementen ist wohl die Gefahr, die hier lauert; vor allem schwärmerische Naturen mit ihrer Befangenheit in der eigenen Subjektivität sind ihr ausgesetzt. Als ich einmal in einem Seminar über Pneumatismus sprach und dabei immer wieder aus Büchern zitierte, sagte eine Teilnehmerin plötzlich laut und in der Stimmung eines leisen Triumphes: «Aber hier, bei diesem Erleben, brauche ich alle diese Bücher vor mir nicht!» Ich antwortete nur: «Ja, wenn es nur um mich geht, dann brauche ich diese Bücher mit ihren Weltanschauungen nicht. Wenn es aber darum geht, meine Mitmenschen besser und tiefer zu verstehen, dann komme ich um eine solche Auseinandersetzung früher oder später nicht herum! Und dieses Seminar will ja einen Beitrag in dieser Richtung leisten.»

Und dennoch – ganz falsch hatte sie nicht gesehen! Denn das Erleben, das sie meinte und kannte, vermag unter Umständen ein tiefes Gefühl für unsere Einheit mit der Welt zu erzeugen und durchaus eine Lebenswende einzuleiten. In diesem Sinne kann man auch die im Kapitel über den Phänomenalismus erwähnte Hubertus-Legende deuten. Dann sind wirklich all unsere Bücher und all unser Wissen Schall und Rauch. Dieses Gefühl der Teilhabe an etwas Größerem, Umfassendem kommt sehr schön in Worten von Ralph Waldo Emerson, dem bedeutenden amerikanischen Philosophen, zum Ausdruck:

> «In den Wäldern werden wir wieder vernünftig und voller Gläubigkeit. Dort weiß ich, dass mir in diesem Leben nichts zustoßen kann. Ströme des Universums fließen durch mich, ich habe Anteil, ja, ich habe Teil an Gott.»[150]

Ein ähnliches Erlebnis finden wir auch im *Hyperion* von Hölderlin:

«Ich habe mich des Stückwerks überhoben, das die Menschenhände gemacht, ich hab es gefühlt, das Leben der Natur, das höher ist, denn alle Gedanken – wenn ich auch zur Pflanze würde, wäre denn der Schade so groß? – Ich werde sein. Wie sollt ich mich verlieren aus der Sphäre des Lebens, worin die ewige Liebe, die allen gemein ist, die Naturen alle zusammenhält? wie sollt ich scheiden aus dem Bunde, der die Wesen alle verknüpft? Der bricht so leicht nicht, wie die losen Bande dieser Zeit. Der ist nicht, wie ein Markttag, wo das Volk zusammenläuft und lärmt und auseinandergeht. Nein! bei dem Geiste, der uns einiget, bei dem Gottesgeiste, der jedem eigen ist und allen gemein! nein! nein! im Bunde der Natur ist Treue kein Traum. Wir trennen uns nur, um inniger einig zu sein, göttlicher, friedlich mit allem, mit uns. Wir sterben, um zu leben.»[151]

Auffallend ist auch das religiöse Moment, das dieser Weltanschauung innewohnt, daher finden wir Züge des Pneumatismus in allen Religionen, die einen Zugang zum Spirituellen in der Natur haben. Damit ist der Pneumatismus freilich nicht erschöpft. Wenn das psychistische Erlebnis über sich hinausführt, offenbart es sich, wie wir im vorigen Kapitel gesehen haben, als Mystik der Seele oder, wie hier, als Natur-Mystik. Tiefes Erleben des eigenen Wesenskernes dort – Erlebnis des Welt-Seelischen hier. Fühlendes Hineinwachsen in die innere Gottheit *durch das eigene Willens-Ich* im Psychismus und willentliches Hinauswachsen in eine höhere Welt durch *meine Gefühle* im Pneumatismus. Befreit die «Tathandlung» das Ich von seiner Leib-Gebundenheit, so wird hier die Gefühlswelt von ihrer Anbindung an die Welt der Sinne befreit. Es werden ihr gleichsam Flügel verliehen, und dadurch tritt das bereits erwähnte ekstatische Erleben auf.

(Das griechische ék-stasis heißt ja «das Aus-sich-Heraustreten».) Es spielt im religiösen Leben eine nicht übersehbare Rolle, obwohl dieses auch andere Wege kennt.

Kürzlich las ich die Ankündigung eines Tanz-Workshops, bei der die Kursleiterin einen eigens dafür verfassten Text zum Abdruck gebracht hat. Er drückt dieses ekstatische Element in einer sehr individuellen und eindringlichen Sprache aus. Hier die Originalfassung:

> Auf diesem Workshop möchte ich einen Schritt weiter
> in den Dschungel meines Herzens gehen,
> in diese Zone in mir, Seele genannt, die mich immer dazu bringt, mich zu bewegen, auch wenn ich es einmal vergesse.
>
> Surfer bin ich auf dem Meer der Gefühle, denkend,
> es wären meine, wenn ich heldenhaft auf den Wellen reite, denkend, andere hätten sie mir gemacht,
> wenn ich stürze und untergehe.
>
> Manchmal, in kurzen Augenblicken der Ekstase, spüre ich,
> was Gefühle mir eigentlich sind: das Wasser, aus dem unsere Seelen geboren werden, was uns alle trägt
> und uns alle verbindet.
> Ich möchte, dass sich diese Augenblicke in meinem Leben ausdehnen wie Kreise eines sinkenden Steines in einem großen See.
>
> Ich will die Spuren aufnehmen zu dem Ort dahinter.[152]

Auch das ist Pneumatismus!

Weitere Beispiele dieser Lebensanschauung finden sich in Fülle, vor allem wenn man in die Geschichte zurückblickt. Und es war keinesfalls das Privileg mystisch-ekstatisch veranlagter Christen, in pneumatistischer Art gleichsam in das

All-Göttliche aufzugehen. Der weise Seher und Geheimlehrer Al-Ghazzali, ein bedeutender Vertreter mittelalterlicher visionärer Mystik, sprach sogar von einem «Verschlucktwerden der Seele» vom göttlichen Weltenvater. In einer seiner Schriften schildert er sehr eindrucksvolle Bezüge zwischen der Welt der äußeren Sinne und der übersinnlichen Welt. Zu beiden öffnet sich im Herzen ein «Fenster»:

Die Wunder der Welt des Herzens

Die Wunder der Welt des Herzens sind unendlich viele an der Zahl. Auf einem aber beruht des Herzens Adel, das ist vor allem wunderbar, wenn auch die meisten Menschen seiner nicht achten.

Ein Zwiefaches ist es, worauf des Herzens Adel beruht: das Wissen und die Macht.

Der Adel, der auf dem Wissen beruht, ist wiederum etwas Zwiefaches. Das eine kann jedermann begreifen, aber das andere ist geheimnisvoller als das Erste, nicht jedem bekannt und gar seltener Art. Das Erste, allen Offenbare, ist dies, dass das Herz die Kraft der Erkenntnis aller Wissenschaften und Künste besitzt, durch die der Mensch alle Künste versteht und das, was in den Büchern steht, liest und begreift, so wie die Geometrie, die Rechenkunst, die Heilkunde, die Sternkunde und die Rechtswissenschaft. Obgleich das Herz eine Einheit ist, die sich nicht teilen lässt, so haben doch alle diese Wissenschaften in ihm Raum, ja, die ganze Welt ist in ihm nicht mehr als Atom im Meere ist. Mit der Bewegung eines Augenblicks erhebt es sich denkend von der Erde zu den höchsten Himmelshöhen und durchmisst die Welt vom Aufgang bis zum Untergang. Gebunden an die Welt des Erdenstaubes misst der Mensch die ganze Himmelssphäre aus, erkennt eines jeden

Sternes Maß und nennt durch die Messkunst die Zahl seiner Ellen. Er lockt mit List den Fisch herauf von des Meeres Grund und den Vogel herab aus dem Reich der Lüfte und macht die stärksten Tiere, das Kamel, den Elefanten und das Pferd sich dienstbar, und alles, was es in der Welt an wunderbaren Wissenschaften gibt, macht er zu seinem Gewerbe.

All dies Wissen aber erlangt er auf dem Wege der fünf Sinne. Daher ist es ein äußeres Wissen, und jedermann kennt den Weg dazu.

Wunderbarer aber als alles dies ist jenes Fenster, das im Innern des Herzens nach der übersinnlichen Welt des Himmels geöffnet ist, gleichwie außerhalb des Herzens fünf Türen nach der sinnlichen Welt geöffnet sind. Diese sinnliche Welt heißt die Körperwelt, die übersinnliche die Geisterwelt. Die meisten Menschen kennen nur die mit den Sinnen wahrnehmbare Körperwelt, doch das ist oberflächlich und unbegründet; und als Weg der Erkenntnis kennen sie nur den der Sinne, und auch das ist oberflächlich.

Glaube aber nicht, dass das Fenster des Herzens nach der übersinnlichen Welt sich allein im Schlafe und im Tode erschließe. Denn so ist es nicht. Sondern wenn sich ein Mensch im Wachen selbst kasteit und sein Herz von Zornmut und Begierde und allem schlechten Wesen und allem Bösen dieser Welt reinigt und sich dann an einem einsamen Orte niedersetzt, die Augen schließt, die Sinne stilllegt und sein Herz in Verbindung setzt mit der höheren Welt, indem er im Geiste, nicht mit der Zunge, beständig spricht: «Allâh! – Allâh!», so lange, bis er das Bewusstsein verliert von sich selbst und der ganzen Welt und von nichts mehr weiß als von Gott, dann öffnet sich ihm, obgleich er wachend ist, jenes Fenster, und das, was andere nur im Schlafen sehen, schaut er im Wachen.[153]

Einer der tiefsinnigen Sprüche von Angelus Silesius kommt einem hier in den Sinn:

> Zwei Augen hat die Seel', eins schauet in die *Zeit,*
> Das andre richtet sich hin in die Ewigkeit.

In einem anderen Spruch weist er auf die rätselhafte, gemeinsame Wurzel von inneren und äußeren Sinnen hin:

> Die Sinnen sind im Geist all *ein* Sinn und Gebrauch:
> Wer Gott beschaut, der schmeckt, fühlt, riecht und hört ihn auch.

Es soll damit nicht behauptet werden, dass beide Seher dasselbe erlebt haben. Um das zu klären, bedürfte es einer eingehenden Darstellung, die den Rahmen unserer Arbeit sprengen würde. Es genügt die Feststellung, dass hier Pneumatismus am Werke ist, und zwar auf sehr hohem Niveau.

Ein Motiv, das fast überall vorkommt, wo diese Weltanschauung das Erleben bestimmt, ist die Liebe; ohne die Entfaltung von Liebeskräften ist pneumatistisches Erleben kaum denkbar. Es sollen jetzt als Beispiele für das eben Gesagte zwei Persönlichkeiten des 20. Jahrhunderts zu Wort kommen, bei denen das Motiv der Liebe eine zentrale Rolle spielt. Danach soll auf die Frage eingegangen werden, was denn das sei, was der, sagen wir, Durchschnittspneumatist erlebt. Denn er befindet sich ja zwischen der Welt des absoluten Ich – im Psychismus – und der Welt des absoluten geistigen All im Spiritualismus. Wie bereits erwähnt, sind zwar die Grenzen fließend, aber die Farben einer jeden Weltanschauung sind wiederum beständig. Es ist ein ähnlicher Vorgang, wie wenn zwei Flüsse sich zu einem Strom vereinigen. Man sieht manchmal noch meilenweit die verschieden gefärbten Wasserfluten in dem einen breiten Strombett deutlich nebeneinander weiterströmen.

Der Ägypter Anwar El Sadat, der tragisch ums Leben gekommene Staatsmann, und der französische Gelehrte Jacques Lusseyran haben in autobiografischen Schriften Erlebnisse geschildert, die eindeutig *auch* in Richtung unserer Betrachtung weisen. Die Erfahrungen sind, menschlich und weltanschaulich betrachtet, sehr bedeutend.

Sadat, der schon als junger Offizier aktiv in das politische Kräftespiel seines Landes eingegriffen hatte, wurde auch das Gefängnis nicht erspart. Gerade in der Zelle 54 errang er sich unter anderem jene Gesinnung, aufgrund derer ihm später, 1978, der Friedensnobelpreis verliehen wurde.

«Während des Aufenthaltes in Zelle 54 wurden meine materiellen Bedürfnisse immer geringer, zugleich begannen auch die Bande, die mich an die materielle Welt fesselten, eine nach der anderen von mir abzufallen. Meine Seele, ihrer irdischen Last ledig, war nun frei und stieg empor wie ein Vogel, der in den Raum hinausfliegt, in die äußeren Regionen des Seins, in die Unendlichkeit. Solange der Mensch materielle Bedürfnisse hat – wenn er dies oder das zu sein wünscht und diese oder jene Dinge zu besitzen erhofft –, wird ihm niemals etwas gehören: vielmehr wird er stets den ‹Dingen› gehören. Ein Sklave der Dinge existiert nicht als menschliches Wesen. Nur wenn er aufhört, Bedürfnis nach materiellen Werten zu haben, kann ein Mensch wirklich sein eigener Meister werden und so wahrhaft existieren.

Einmal von den engen Grenzen des Seins mit seinen weltlichen Leiden und kleinlichen Empfindungen befreit, wird der Mensch in eine neue, bisher unentdeckte Welt, die weiter und reicher ist, hinüberschreiten. Seine Seele wird absolute Freiheit genießen, sie wird sich mit dem Leben in dessen Gesamtheit vereinigen, wird Zeit und Raum überwinden. Durch diesen Prozess der Befreiung wird der Mensch Liebeskraft und alle irdischen Kräfte entwickeln. Selbst jene, die das Denken eines Menschen verwirren könnten, werden zu der Erreichung des vollkommenen inneren Friedens beitragen und so den Menschen zu absoluter Glückseligkeit führen.

Darum betrachte ich meine letzten acht Monate im Gefängnis als die glücklichste Periode meines Lebens. Damals wurde ich in die neue Welt der Selbstverleugnung eingeführt, die mich befähigte, meine Seele mit allen anderen Wesen zu verschmelzen, sie auszuweiten und in eine Kommunion mit dem Herrn alles Seins einzutreten …

Ohne Liebe wird ein Mensch zwar vielleicht sehr alt, wird aber spüren, dass er nie wirklich gelebt hat. Er wird fühlen, etwas sehr Wichtiges versäumt zu haben, und spüren, dass er in Wirklichkeit nichts vollbracht hat, so groß seine Leistung auch gewesen sein mag.

Ich habe diese Dinge stets gefühlt. Für mich ist Liebe immer ein hohes menschliches Ideal gewesen, doch in der Zelle 54 entdeckte ich plötzlich, dass Liebe wirklich das Schönste von allem ist. Sobald die schweren Fesseln, nämlich jene, die mich an mein ‹enges Selbst› gebunden hatten, gefallen waren, begann ich mich der Liebe Gottes zu erfreuen. Ich spürte, dass ich in seiner Liebe lebte, dass Liebe das Gesetz des Lebens war. In der Liebe wurde das Leben, nein, das Sein selbst erst möglich. Ohne Liebe kommt das Sein zu einem Ende.

Die Liebe half mir, mich zu erkennen. Als mein individuelles Wesen sich mit der größeren Wesenheit alles Kreatürlichen vereinigte, wurde mein Ausgangspunkt die Liebe zur Heimat, nämlich zu Ägypten, die Liebe zu allem Seienden, die Liebe zu Gott. Aus dem Gefühl der Liebe heraus ging ich an die Erfüllung einer Pflicht (meiner Verantwortung), ob in den letzten Monaten im Gefängnis, ob unmittelbar nach meiner Freilassung, ob als Mitglied des Revolutions-Kommandorates oder heute, da ich Präsident von Ägypten bin.

Darum bin ich ein unermüdlicher Anwalt der Liebe. Liebe ist menschliche Sicherheit gegen alle gesellschaftlichen Zufälligkeiten. Wer immer in der Liebe lebt, besitzt geistige Fruchtbarkeit. Zu lieben bedeutet zu geben, und zu geben bedeutet aufzubauen, hassen dagegen bedeutet zu zerstören. Der Hass, der in Ägypten 18 Jahre lang geherrscht hatte, bevor ich die Präsidentschaft antrat, war eine zerstörende Kraft, die alles niederriss. Wir leiden noch immer unter ihren Folgen.»[154]

Jacques Lusseyran verlor durch einen Unfall in der Schule das Augenlicht. Aber er fand ein anderes Licht, das er immer um sich wahrnahm und in dem er sich stets eingebettet empfand. Er entdeckte jene Welt, von der Goethe, der sich als Naturforscher einen Pantheisten nannte, sagen konnte, was wir schon am Anfang dieses Kapitels angeführt haben:

«Man schließe das Auge, man öffne, man schärfe das Ohr, und vom leisesten Hauch bis zum wildesten Geräusch, vom einfachsten Klang bis zur höchsten Zusammenstimmung, von dem heftigsten leidenschaftlichen Schrei bis zum sanftesten Worte der Vernunft ist es nur die Natur, die spricht, ihr Dasein, ihre Kraft, ihr Leben und ihre Verhältnisse offenbart, sodass ein Blinder, dem das unendlich Sichtbare versagt ist, im Hörbaren ein unendlich Lebendiges fassen kann. So spricht die Natur hinabwärts zu anderen Sinnen, zu bekannten, verkannten, unbekannten Sinnen.»

Diese inneren Sinne, von denen Goethe spricht, haben sich Lusseyran aufgetan. Den pneumatistischen Ansatz entdecken wir besonders dort, wo er erzählt, dass er «im Licht badete», und wo wir das besondere Element spüren, das seinen Sprachduktus beseelt:

> «Unversehens verdichtete sich die Substanz des Universums wieder, nahm aufs Neue Gestalt an und belebte sich wieder. Ich sah, wie von einer Stelle, die ich nicht kannte und die ebenso gut außerhalb meiner wie in mir liegen mochte, eine Ausstrahlung ausging, oder genauer: ein Licht – das Licht. Das Licht war da, das stand fest.
> Ich fühlte eine unsagbare Erleichterung, eine solche Freude, dass ich darüber lachen musste. Zuversicht und Dankbarkeit erfüllten mich, als ob ein Gebet erhört worden wäre. Ich entdeckte das Licht und die Freude im selben Augenblick, und ohne Bedenken kann ich sagen, dass sich Licht und Freude in meinem Erleben seither niemals mehr voneinander getrennt haben: zusammen besaß oder verlor ich sie.
> Ich sah das Licht. Ich sah es noch, obwohl ich blind war. Und ich sagte das. Doch viele Jahre hindurch konnte ich nicht laut darüber sprechen. Ich erinnere mich, dass ich dieser Erfahrung, die sich ständig in mir erneuerte, bis zu meinem vierzehnten Lebensjahr einen besonderen Namen gab: ich nannte sie ‹mein Geheimnis›, und ich sprach darüber nur zu meinen engsten Freunden. Ich weiß nicht, ob sie mir glaubten, aber da sie meine Freunde waren, hörten sie mir zu. Und das, was ich ihnen erzählte, besaß für sie einen weit größeren Wert als nur den der Wahrheit: sie fanden es schön. Für sie war es ein Traum, ein Zauber, etwas wie Magie.
> Das Erstaunliche war, dass es für mich keineswegs Magie

war, sondern eine Tatsache, die ich ebenso wenig hätte ableugnen können, wie jene, die Augen haben, leugnen können, dass sie sehen. Nicht ich war das Licht, dessen war ich mir wohl bewusst. Ich badete im Licht, einem Element, dem mich die Blindheit plötzlich näher gebracht hatte. Ich konnte fühlen, wie es heraufkam, sich ausbreitete, auf den Dingen ruhte, ihnen Form verlieh und zurückwich: ja, zurückwich oder auch nachließ. Niemals jedoch gab es für mich ein Gegenteil des Lichts. Die Sehenden sprechen immer von der Nacht der Blindheit, und das ist von ihrem Standpunkt aus ganz natürlich. Aber diese Nacht existiert nicht. Zu keiner Stunde meines Lebens – weder im Bewusstsein noch selbst in meinen Träumen – riss die Kontinuität des Lichts ab.
Ohne Augen war das Licht weit beständiger, als es mit ihnen gewesen war. Jene Unterschiede zwischen hellen, weniger hellen oder unbeleuchteten Gegenständen, an die ich mich damals noch genau erinnern konnte, gab es nicht mehr. Ich sah eine Welt, die ganz in Licht getaucht war, die durch das Licht und vom Licht her lebte.
Auch die Farben – alle Farben des Prismas – bestanden weiterhin. Für mich – das Kind, das so gern zeichnete und malte – war das ein solch unerwartetes Fest, dass ich Stunden im Spiel mit den Farben zubrachte, und das konnte ich umso besser, als diese jetzt fügsamer waren.
Das Licht breitete seine Farben auf Dinge und Wesen. Mein Vater, meine Mutter, die Leute, denen ich auf der Straße begegnete oder die ich anstieß, sie alle waren in einer Weise farbig gegenwärtig, wie ich es niemals vor meiner Erblindung gesehen hatte. Und diese Farben prägten sich mir jetzt als ein Teil von ihnen genauso tief ein, wie es ihr Gesicht vermocht hätte. Freilich waren die Farben nur ein Spiel, während das Licht für mich der Grund des Le-

bens war. Ich ließ es in mir emporsteigen wie Wasser in einem Brunnen, und ich freute mich ohne Ende.
Ich verstand nicht, was mit mir geschah, so grundlegend widersprach es all dem, was ich sagen hörte. Ich verstand es nicht, aber das war mir auch nicht wichtig, denn ich lebte es ja. Lange Jahre versuchte ich gar nicht, diese Vorgänge in mir zu erforschen. Erst viel später habe ich mich darum bemüht; aber es ist noch nicht an der Zeit, darüber zu sprechen.»

Auch die Welt der Töne wurde ihm zu einem tiefen Erlebnis:

«Die Töne waren dem Licht eng verwandt: sie lagen weder innerhalb noch außerhalb von mir, sie gingen durch mich hindurch. Sie wiesen mir meine Position im Raum zu und verbanden mich mit den Dingen. Nicht Signale übermittelten sie: sie gaben Antwort.
Ich erinnere mich, wie ich das erste Mal an den Strand kam, zwei Monate nach meinem Unfall. Es war am Abend. Da war nichts als das Meer und seine Stimme, diese unvorstellbar deutliche Stimme. Es war zu einer Masse geballt, die so schwer und klar war, dass ich mich gegen sie hätte stützen können wie gegen eine Wand. Es sprach zu mir in mehreren Lagen gleichzeitig. Die terrassenartig geformten Wellen machten zusammen eine Musik, und doch hatte jede Stufe ihre eigene Sprache: da war ein Kratzen auf dem Grund, ein Sprudeln in der Krone. Man brauchte mir wahrhaftig nicht zu sagen, was Augen hier sehen konnten. Auf der einen Seite war die Wand des Meeres, das Gekräusel des Sandes unter dem Wind, auf der anderen die Brüstung des Strandes, bedeckt mit Echos, ein Spiegel der Töne; und zweifach ertönte der Gesang der Wellen.»[155]

In dieser letzten Schilderung finden wir Pneumatismus und verinnerlichten Sensualismus verbunden mit einem deutlichen phänomenalistischen Einschlag. Eine große Liebe zur Schöpfung wird darin sichtbar. An späteren Stellen seiner Autobiografie wird Lusseyran auch von der «Tatsache» sprechen, «dass die Welt so offensichtlich eine Einheit» ist. Seinem Freund Jean sagt er:

> «Es gibt nur eine Welt. Die äußere existiert nur dann, wenn du ihr all das, was du in dir trägst, entgegensetzt. Die innere wirst du niemals deutlich sehen, wenn du nicht die äußere vollständig in dich eindringen lässt.»[156]

Es dürfte nun der Charakter dieser beweglich-bewegten Weltanschauung gut sichtbar geworden sein, aber auch, was sie vom Psychismus unterscheidet, wobei selbstverständlich die eine immer in die andere hinübergleiten kann. Ist die Seele im Psychismus einem See vergleichbar, aus dessen Tiefe die Ich-Erfahrung wie ein goldener Fisch sich den Weg an die Oberfläche bahnt, so taucht der Pneumatist in den Lebensstrom der Welt hinein: Lusseyran «badete in Licht»; er zog gleichsam das Licht wie ein Kleid an. Die Töne «gingen durch mich hindurch», sagt er, wobei für ihn Licht, Ton und Leben eine Einheit darstellten.

Da jede Weltanschauung eben eine Anschauung ist: Was schaut der Pneumatist eigentlich an? Diese Frage soll uns nun etwas intensiver beschäftigen. Schaut der Mathematist die zahlenmäßig erfassbare Struktur des Alls und der Rationalist im Wesentlichen das Vernünftig-Etisch-Sinnvolle, so der Pneumatist zunächst das – *Leben* selber. Schaut der Idealist die ideelle und zielgerichtete Substanz der Ideenwelt, so der Pneumatist in erster Linie das vielfältige Leben und Weben der Natur in ihrem Wachsen und Welken, im rhythmischen Zusammenschwingen all ihrer Kräfte. Nicht nur in seinen botanischen Werken, sondern gerade als Dichter vermochte Goethe diese Welt der ätherischen Lebensbildekräfte, der spirituellen Schöpferkräfte, die allen lebendigen Prozessen der Natur zugrunde liegen,[157] sprachlich-meisterhaft zu schildern.

Die im Folgenden teilweise wiedergegebene Szene ist dem ersten Teil des *Faust* entnommen. Man achte auf die Wirkung, die das Zeichen des Makrokosmos in Faust auslöst, und auf die Sehnsucht, die der Erdgeist in ihm erweckt, vor allem dort, wo er aus «Lebensfluten» zu sprechen scheint. Gleichzeitig wird uns wieder die große, vom Empedokles ja ähnlich formulierte Lebenswahrheit vor Augen geführt, dass eben Gleiches nur von Gleichem erkannt wird. In Bezug auf die zwölf Weltanschauungen bedeutet das, dass man ihnen gleichsam *ähnlich* werden muss, um sie zu erleben. Das ist insofern einfach, als ja diese Zwölfheit in jedem Menschen ruht; und es ist wiederum nicht einfach, sich in ein uns zunächst fremdes Element einzuleben. Das Leben zeigt das auf Schritt und Tritt, aber es zeigt auch, dass man durch Übung und einen nicht erlahmenden guten Willen diesem Ziel immer näher kommen kann.

War es ein Gott, der diese Zeichen schrieb,
Die mir das innre Toben stillen,
Das arme Herz mit Freude füllen
Und mit geheimnisvollem Trieb
Die Kräfte der Natur rings um mich her enthüllen?
Bin ich ein Gott? mir wird so licht!
Ich schau in diesen reinen Zügen
Die wirkende Natur vor meiner Seele liegen.
Jetzt erst erkenn ich, was der Weise spricht:
‹Die Geisterwelt ist nicht verschlossen;
Dein Sinn ist zu, dein Herz ist tot!

Auf! bade, Schüler, unverdrossen
Die irdsche Brust im Morgenrot!›
Er beschaut das Zeichen.
Wie alles sich zum Ganzen webt,
Eins in dem andern wirkt und lebt!
Wie Himmelskräfte auf- und niedersteigen
Und sich die goldnen Eimer reichen!
Mit segenduftenden Schwingen
Vom Himmel durch die Erde dringen,
Harmonisch all das All durchklingen!

Welch Schauspiel! Aber ach! ein Schauspiel nur!
Wo fass ich dich, unendliche Natur?
Euch Brüste, wo? Ihr Quellen alles Lebens,
An denen Himmel und Erde hängt,
Dahin die welke Brust sich drängt –
Ihr quellt, ihr tränkt, und schmacht ich so vergebens?
Er schlägt unwillig das Buch um und erblickt das Zeichen des Erdgeistes.
Wie anders wirkt dies Zeichen auf mich ein!
Du, Geist der Erde, bist mir näher;
Schon fühl ich meine Kräfte höher,
Schon glüh ich wie von neuem Wein.
Ich fühle Mut, mich in die Welt zu wagen,
Der Erde Weh, der Erde Glück zu tragen,
Mit Stürmen mich herumzuschlagen
Und in des Schiffbruchs Knirschen nicht zu zagen.
Es wölkt sich über mir –
Der Mond verbirgt sein Licht –
Die Lampe schwindet!
Es dampft. – Es zucken rote Strahlen
Mir um das Haupt – Es weht
Ein Schauer vom Gewölb herab

Und fasst mich an!
Ich fühls, du schwebst um mich, erflehter Geist.
Enthülle dich!
Ha! wies in meinem Herzen reißt!
Zu neuen Gefühlen
All meine Sinnen sich erwühlen!
Ich fühle ganz mein Herz dir hingegeben!
Du musst! du musst! und kostet' es mein Leben!

Er fasst das Buch und spricht das Zeichen des Geistes geheimnisvoll aus. Es zuckt eine rötliche Flamme, der GEIST *erscheint in der Flamme.*

GEIST Wer ruft mir?
FAUST *abgewendet.* Schreckliches Gesicht!
GEIST Du hast mich mächtig angezogen,
An meiner Sphäre lang gesogen,
Und nun –
FAUST Weh! ich ertrag dich nicht!
GEIST Du flehst eratmend, mich zu schauen,
Meine Stimme zu hören, mein Antlitz zu sehn;
Mich neigt dein mächtig Seelenflehn,
Da bin ich! – Welch erbärmlich Grauen.
Fasst Übermenschen dich! Wo ist der Seele Ruf?
Wo ist die Brust, die eine Welt in sich erschuf
Und trug und hegte? die mit Freudebeben
Erschwoll, sich uns, den Geistern, gleichzuheben?
Wo bist du, Faust, des Stimme mir erklang,
Der sich an mich mit allen Kräften drang?
Bist du es, der, von meinem Hauch umwittert;
In allen Lebenstiefen zittert,
Ein furchtsam weggekrümmter Wurm?
FAUST Soll ich dir, Flammenbildung, weichen?
Ich bins, bin Faust, bin deinesgleichen!
GEIST In Lebensfluten, im Tatensturm

Wall ich auf und ab,
Webe hin und her!
Geburt und Grab,
Ein ewiges Meer,
Ein wechselnd Weben,
Ein glühend Leben:
So schaff ich am sausenden Webstuhl der Zeit
Und wirke der Gottheit lebendiges Kleid.

FAUST Der du die weite Welt umschweifst,
Geschäftiger Geist, wie nah fühl ich mich dir!

GEIST Du gleichst dem Geist, den du begreifst,
Nicht mir! *Verschwindet.*

FAUST *zusammenstürzend.* Nicht dir?[158]

Der überall wirkende «Geist» der Erde ist bei weitem kein «geschäftiger» Geist, wie der verzweifelte Gelehrte in seinem «inneren Toben» zu vernehmen glaubte. Diese Welt einer geistig-seelisch-lebendigen Wirksamkeit, die uns die sichtbare Natur seit undenkbaren Zeiten vor Augen zaubert, ist ein außerordentlich verzweigtes und vernetztes Zusammen-Kraften und -Schwingen schöpferischer Kraftlinien, deren Ergebnis das lebendige Kleid der Gottheit ist: die Natur selbst. Wenn der Mensch die Schale positivistischer Voreingenommenheit durchbricht und sich durch Mathematismus, Rationalismus und Idealismus zur Welt der schaffenden Ideen den Weg frei macht, ist er schon sehr weit gekommen. Ergänzt er gar das bisher Errungene durch das Erleben von Psychismus und Pneumatismus – wenn auch anfänglich zunächst –, so eröffnet sich ihm wahrhaftig eine neue Welt: Von der Welt der Erscheinungen gleitet er gewissermaßen in die Wesenswelt hinein, von den Wirkungen zum Wirkenden – vom Ich zum All. Das alles geht in der Regel stufenweise vor sich. Zuerst werden die Elemente – Erdiges, Flüssiges, Luftiges, Feuriges – als gleichsam zusammenklingende, sich bildende und ewig neu sich umbildende Ätherwirksamkeit erlebt. Hier kann ein vielschichtiges Leben und Weben von Elementarwesen wahrgenommen werden, die sich zunehmend als die Erdseele offenbaren. Die nächsten Schritte verlangen tatsächlich das, was Goethe in dem bereits zitierten Spruch (siehe S. 169) sagt, dass wir nämlich «unsere Existenz aufgeben, um zu existieren». Man kann sagen, dass ab dem Psychismus dieses «Stirb und Werde» das Losungswort schlechthin darstellt, um *existenziell* in diese «inneren» Bereiche von Mensch und Welt einzudringen. Dann erst kann sich stufenweise die Jakobsleiter selbst- und gleichzeitig gottbewusster Engelwesenheiten offenbaren, wodurch wir dann in die Sphäre des Spiritualismus eindringen würden. Hat es der Sensualismus vornehmlich mit der sinnlichen Erfahrbarkeit der Welt zu tun, so der Pneumatismus mit ihrer übersinnlichen Erlebbarkeit. Zeigt uns der Materialismus die zur Menschheitsentwicklung unverzichtbare materielle Grundlage des Seins, so der Spiritualismus dessen spirituelle Grundlage. Die endgültige ontologische *Substanzfrage* stellt uns der Spagat Materialismus – Spiritualismus, während Sensualismus und Pneumatismus *primär* mit der Bildung und Funktion von Wahrnehmungsorganen zu tun haben. Angelus Silesius sagte:

> Zwei Augen hat die Seel', eins schauet in die *Zeit,*
> Das andre richtet sich hin in die Ewigkeit.

Das andere Auge ist *zunächst* das Organ, wovon Anthropologie und Geschichtsforschung immer wieder berichten: das rätselhafte «dritte Auge», das sich etwa in der Stirnmitte, an der Nasenwurzel befindet. Bezogen auf den ganzen Menschen spricht man auch von Chakren oder von Lotusblumen, deren Bewegungen in uns die vielfältigen Bewegungen der seelisch-geistigen Welt schöpferisch mitmachen, indem sie sich mit ihnen vereinigen.[159]

Außerordentlich wichtig ist nun die Tatsache, dass auch der Pneumatismus nicht nur eine Geschichte hat, sondern dass er sich mit dem Menschen auch weiterentwickelt hat. Vor der Stufe psychistisch bewusster und kraftvoller Ich-Erfahrung, wie sie sich vom Anbruch der Neuzeit an für immer weitere Teile der Menschheit zeigt, bildete die Ekstase den Höhepunkt des Pneumatismus. Schon in der paulinischen Christus-Ich-Erfahrung bahnt sich jedoch ein neues, zunächst nur von wenigen zu erreichendes Erleben des Geistigen an. Ich glaube, dass selbst Petrus, «der Fels», lange warten musste, bis ihm diese Stufe eines neuen pneumatistischen Erlebens zuteil wurde – vielleicht erst in der Himmelfahrtsszene, wie sie uns in der Apostelgeschichte berichtet wird. Dort wurde der Auferstandene in eine «Wolke» aufgenommen, das heißt, dass er sich zunehmend mit der Elementar-Atmosphäre der Erde vereinigte. Hatte er doch schon angekündigt: «Nun ist mir alle Schöpfermacht übergeben im Himmel und auf der Erde … und siehe ich bin bei euch alle Tage bis an der Welt Ende.» (Mt. 28, 18 – 20) Petrus wuchs erst *danach,* während des Pfingstgeschehens, zu seiner vollen Größe. Beim «Wandeln auf dem Meer» (u.a. Mt. 14, 22f.), das wir durchaus als spirituelle Erweckung deuten können, hat er noch nicht die innere Festigkeit erreicht, im «Meer» des Geistig-Seelischen zu bestehen. Wir dürfen annehmen, dass Petrus, dem Fischer, in seiner spirituellen Offenheit immer wieder ein pneumatistisches Erleben zuteil geworden, selbst wenn es sich nicht zur Ekstase gesteigert haben sollte. Erst langsam jedoch konnte er sich zu jener Ich-Festigkeit durchringen, welche die Voraussetzung zeitgemäßer pneumatistischer Erlebnisse ist.

Vom echten Psychismus zu einem Pneumatismus des bewussten, ich-gelenkten Eintauchens in das Geistig-Seelische der Welt fortzuschreiten, dürfte eine der vornehmsten Aufgaben wacher Zeitgenossen vor allem im Hinblick auf die Zukunft sein. Spätestens seit Beginn der schwer fassbaren New Age-Bewegung, wie sie sich im Laufe der sechziger Jahre und danach ausgestaltete, wissen wir, dass immer mehr Menschen die Erfahrung machen, dass die Geisterwelt nicht verschlossen ist, und ein «Wandeln auf dem Meer» versuchen. Somit reiht sich der Pneumatismus in den Reigen der zwölf Ansichten von Mensch und Welt ein, mit einem im Lärm unserer veräußerlichten Zivilisation noch leisen Ruf nach dem, was uns unsere kosmische Dimension neu finden lehrt. Ein Gedicht von Manfred Kyber möge diese Skizze abrunden und uns gleichzeitig zum nächsten Kapitel hinüberleiten:

Nimm mich auf in deine Einheit,
aller Leben einiges All,
bade rein mich in der Reinheit
deines Meeres von Kristall.

Gib mir jenen Trank zu trinken,
der Vergessenheit verleiht,
lass die Seele sehnend sinken
in den Ring der Ewigkeit –

wo in diamantnen Fernen
Stern um Stern im Äther kreist.
Sternenengel, zu den Sternen
leite meinen ewigen Geist.[160]

Die Jakobsleiter – Spiritualismus

«Aber Jakob zog aus von Beerseba und machte sich auf den Weg nach Haran. Und kam an eine Stätte, da blieb er über Nacht, denn die Sonne war untergegangen. Und er nahm einen Stein von der Stätte und legte ihn zu seinen Häupten und legte sich an der Stätte schlafen. Und ihm träumte, und siehe, eine Leiter stand auf Erden, die rührte mit der Spitze an den Himmel, und siehe, die Engel Gottes stiegen daran auf und nieder. Und der Herr stand oben darauf und sprach: Ich bin der Herr, der Gott deines Vaters Abraham, und Isaaks Gott.»

Was sagt uns dieses Traumbild? Ein hierarchisch abgestufter Reigen unterschiedlicher Engelordnungen stellt die vielfältige Wirksamkeit Gottes für Mensch und Erde dar: Die Leiter *steht* auf der Erde, und Jakob hört Gottes Stimme, der ihm seine Präsenz und seine Hilfe zusichert: «Das Land, darauf du liegst, will ich dir und deinen Nachkommen geben. Und dein Geschlecht soll werden wie der Staub auf Erden, und du sollst ausgebreitet werden gegen Westen und Osten, Norden und Süden, und durch dich und deine Nachkommen sollen alle Geschlechter auf Erden gesegnet werden. Und siehe, ich bin mit dir und will dich behüten, wo du hinziehst, und will dich wieder herbringen in dies Land. Denn ich will dich nicht verlassen, bis ich alles tue, was ich dir zugesagt habe. Als nun Jakob von seinem Schlaf aufwachte, sprach er: Fürwahr, der Herr ist an dieser Stätte und ich wusste es nicht.» (1. Mos., 28, 10–16)

Es ist ein geschichtlich wirkender Gott, der immer wieder seine Engel – seine Boten – schickt, damit der Menschheit in ihrer Entwicklung geholfen wird. Unzählig sind in den religiösen Dokumenten aller Kulturen und Zeiten die Zeugnisse göttlicher Wirksamkeit. Und die Gottheit selber ist jeweils Stammesgottheit, Volksgottheit und Gott für alle Menschen. Dem hierarchisch abgestuften Gottesreich entspricht im Menschen ein Wesensgliedergefüge, das in jeder Kultur anders genannt wurde. Am einfachsten lässt es sich als Trichotomie bezeichnen, als Dreigliederung nach Leib, Seele und Geist, denen unterschiedliche, relativ klar abgegrenzte Funktionen zukommen.

Zu diesen Tatsachen fügt das Christentum die hinzu, dass in der Zeitenwende der Gottessohn – der Christus-Logos – sich der Menschheit als Mensch geoffenbart hat. Er hat den Tod überwunden und in jeden Menschen mit dem Samen der individuellen Unsterblichkeit auch die Kraft der Verwandlung, der fortwährenden Spiritualisierung der Leiblichkeit eingesenkt. Mit dem neuen Menschen werden dereinst auch eine neue Erde und ein neuer Himmel entstehen.

Die Anerkennung der göttlichen Welt ist der eine Grundpfeiler des Spiritualismus. Der andere ist die Annahme, dass der Geist – spiritus – einfach *alles* ist, und die Materie *nichts.* Dazwischen kann eine ontologische Pendelbewegung beziehungsweise Interdependenz stattfinden: Aus Geist verdichtet sich Materie, und Materie löst sich in Geist auf. Auf der einen Seite ist die Materie «das Ende der Wege Gottes» (Oetinger, siehe S. 73), und auf der anderen ist der Geist das Alpha und Omega der kosmischen Entwicklung. Der ontologische Werderhythmus wäre gleichzeitig der echte Ausgleich beziehungsweise die rechte Beziehung zwischen den Extremen des Spiritualismus und des Materialismus mit ihren vielen Varianten und Zwischenstufen.

Ein wunderbares Beispiel für Spiritualismus finden wir im «Lied des Erhabenen» in der *Bhagavad Gita*, einem der ältesten heiligen Bücher der Menschheit. Im folgenden Passus hören wir, wie Krischna dem Helden Ardschuna vor einer entscheidenden Schlacht eine Belehrung zuteil werden lässt. Ardschuna erblickt im feindlichen Lager seine nahen Verwandten und will den Kampf aufgeben. Der Gott Vishnu jedoch dient als Krischna dem Ardschuna als Wagenlenker und erklärt ihm die Notwendigkeit des Kampfes. Dieses «Lied» ist Teil des indischen Epos *Mahabarata* und dürfte wohl das meistgelesene Erbauungsbuch des Hinduismus sein. Seine schriftliche Abfassung erfolgte etwa in der Zeit vom 2. vorchristlichen bis zum 3. nachchristlichen Jahrhundert.

So sprach Ardschuna zu dem Herrn der Herzen.
«Ich will nicht kämpfen!», seufzte er und schwieg.
Doch freundlich lächelnd nahte Krischna sich,
Und dort, im Angesicht der beiden Heere,
Sprach zu dem so Verzagten er, wie folgt:

KRISCHNA:
Du trauerst, wo kein Grund zur Trauer ist,
Und deinen Worten fehlt's an wahrer Weisheit.
Die Weisen trauern nicht um das was lebt,
Noch um den Tod. Nie gab es eine Zeit,
In der ich nicht war, oder du; auch Jene,
Der Erde Herrscher, waren stets; noch wird
Die Zeit in Zukunft kommen, wenn nur einer
Aufhören wird zu sein, der wahrhaft ist.

Was wirklich ist, lebt ewig. Wie im Körper
Auf Kindheit Jugend und dann Alter folgt,
So folgt Entstehung und Vergehung stets

für die Gefäße, die der Geist bewohnt.
Das was unsterblich ist im Menschenherzen
Wird wieder neu in Leibern offenbar.
Die Weisen wissen es und trauern nicht.
Dein Sinnesleben ist's allein, das dich
Mit Stofflichem verbindet, Kälte, Hitze
Und Lust und Schmerzen dich empfinden lässt.
Kurz ist's und wechselnd; trag' es mit Geduld.
Die in sich selbst erstarkte Menschenseele,
Die über diese Dinge sich erhebt,
In Freud' und Leid sich gleich und ruhig bleibt,
Besteht in Ewigkeit. Was wahrhaft ist,
Bleibt wirklich stets, und was nicht wirklich ist,
Kann nie in Wahrheit sein; doch zwischen Sein
Und Schein zu unterscheiden, das vermag
Die Weisheit dessen, der die Wahrheit kennt.

So wisse denn: Unsterblich ist der Geist,
Der alles Lebens Kraft und Ursach' ist.
Der kann nicht untergehen, niemand kann
Des Daseins Grund, das Ewige vernichten.
Die flücht'gen Schattenleiber nur, die wir
Des Geistes Tempel nennen, die vom Geist
Bewohnt und überschattet werden, sterben.
Lass sie denn sterben, Prinz! und kämpfe mutig.

Wer sagt: «Ich hab' getötet», oder glaubt,
Dass man ihn töten könne, urteilt falsch.
Sein wahres Selbst erkennt er nicht, das nie
Getötet werden kann und auch nicht tötet.
Nie wird's geboren; niemals endet es.
Anfang und Ende und Veränd'rung sind
Nur Träume, die das Zeitliche betreffen.
Formen vergehen, doch der Geist besteht.

Und wer das Wesen aller Dinge kennt,
Das unerschaffen, unvergänglich ist,
Der weiß auch, dass das Wesentliche nicht
Vernichtet wird, wenn auch die Form vergeht.[161]

Man vergleiche einfach das eben Gelesene mit einigen Zitaten aus dem Kapitel über den Materialismus! Was würde hier ein de la Mettrie sagen! Wir erinnern uns (siehe S. 79):

> «Der menschliche Körper ist eine Maschine … Von zwei Ärzten ist nebenbei bemerkt meiner Ansicht nach immer derjenige der bessere und vertrauenswürdigere, der in der Physik und Mechanik des menschlichen Körpers bewandert ist und die Seele und alle Besorgnisse, die dieses Hirngespinst den Narren und Nichtwissern einflößt, beiseite lässt und sich nur um die reinen Naturwissenschaften bekümmert.»

Wir stehen hier vor krassesten Gegensätzen, und es ist nicht ganz einfach, beide Ansichten als im Prinzip zutiefst berechtigt gelten zu lassen. Gräbt sich der Materialist wie ein Krebs immer tiefer in den Sand der Erde hinein, so steigt der Spiritualist immer höher die Leiter des Geistes hinauf. Die Gefahren liegen auf der Hand: Erdsucht dort und Erdflucht hier. Es ist bekannt, dass die alten Kulturen in hohem Maße spirituell orientiert waren. Der Umschwung hin zu einer mehr materialistischen Weltauffassung setzte bereits im alten Rom ein. Das ist mit ein Grund dafür, dass die noch stark spirituelle Gnosis, die – nach älteren Ansätzen – vor allem im 2. Jahrhundert die werdende christliche Kirche ergriff, von den Kirchenvätern erbittert bekämpft wurde. Sie erlebten in ihr einen einseitigen Spiritualismus, vor allem im Doketismus, der die konkrete Menschwerdung Christi und seine Auferstehung nicht als Tatsachen anerkennen konnte. Der Vorwurf eines einseitigen Spiritualismus traf in gewissem Sinne auch die spätere Katharer-Bewegung; auch in ihr sah die Kirchenleitung eine Gefahr für das Christentum. Bekanntlich zerstörte im Hochmittelalter der Entsetzen erregende Kreuzzug gegen die Katharer unzählige Menschenleben und eine blühende Kultur. Undenkbar war damals im christlichen Lager das Wort Toleranz.

Interessant ist es auch, dass in der Gnosis, die sich durch viele Kanäle, wenn auch vielfach abgewandelt, fortgepflanzt hat, eine Einteilung der Menschen nach der Höhe ihrer *geistigen Schau* vorkommt. Hier stehen die «Pneumatiker» an erster Stelle, dann folgen die «Psychiker», die sich nur zum Glauben aufzuschwingen vermögen. Das Schlusslicht bilden die «Hyliker», die in der Hyle – der Materie – befangen bleiben. Heute ist in weitesten Menschenkreisen genau das Umgekehrte der Fall: Die Saat de la Mettries ist üppig aufgegangen! Dennoch erscheinen seit den späten sechziger Jahren immer mehr Bücher spirituellen Inhalts. Auch Filmemacher haben in den letzten Jahren beispielsweise das Thema «Engel» verschiedentlich aufgegriffen. Schauen wir diese Zusammenhänge etwas näher an.

Dionysius Areopagita, von der Dokumentenforschung vielfach Pseudo-Dionysius genannt, hat dem Abendland eine neunfache Gliederung der Engelordnungen übermittelt.[162] Durch die Ergebnisse der Geistesforschung Rudolf Steiners konnte diese Tradition bestätigt, wesentlich erweitert und sozusagen aktualisiert werden.[163] Die geistigen Hierarchien – von den Engeln aufwärts über die Erzengel, Archai, Exusiai, Dynameis und Kyriotetes bis hin zu den Thronen, Cherubim und Seraphim, die vor dem Angesicht Gottes stehen – sind gleichsam ein periodisches System spiritueller Elemente in die «Leichte» hin, so wie das mendelejeffsche System der Elemente zunehmend in die Schwere führt. Sie wirken aber bis in die Tiefen der Stofflichkeit, wobei jede Hierarchie sich in Liebe der jeweils höheren öffnet. Wir haben es mit verschiedenen Würden und Rängen zu tun und mit einem Entwicklungsplan, wonach niedere Ordnungen in die jeweils höheren hineinwachsen können. Die kirchliche Hierarchie, so wie wir sie in der katholischen Kirche vorfinden, sollte ein Abbild der Engelordnungen sein.[164] Die Engelchöre sind in drei Gruppen geteilt. Was die oberste Triade aussendet, was sie von Gott an Geistigem empfangen hat, das nimmt die unter ihr stehende Hierarchie auf und gibt es weiter bis zur untersten Triade, die unmittelbar in Weltepochen, Völker und einzelne Menschen gestaltend eingreift. Zwar sind diese Geistwesen individuell und voneinander unterschieden, jedoch waltet über allem das «Eine». In unvorstellbarer Liebe verwirklichen sie den Plan der Schöpfung – und zwar zusammen mit der noch etwas störrischen zehnten Hierarchie: mit der Menschheit. Das Problem der Freiheit haben sie insofern nicht, als sie nichts anderes wollen, als Gottes Willen zu erfüllen.

Zu den geistigen Hierarchien gehört auch das Reich der Widersachermächte, der «abgefallenen Engel», sodass der Spiritualismus eigentlich unendliche Welten ergreift – auch die Sphären, in denen Menschenseelen vor der Geburt und nach dem Tode verweilen, in einem Prozess ständiger Verwandlungen. Goethe, der gerade in seinem *Faust* viele Geistwesen auftreten lässt, wusste von Gottes weitblickendem Erziehungsplan, wonach auch die Menschheit zu höheren Sprossen der Jakobsleiter berufen ist. So sagte er am 11. März 1832, kurz vor seinem Tode, zu Eckermann:

> «Gott hat sich nach den bekannten imaginierten sechs Schöpfungstagen keineswegs zur Ruhe begeben, vielmehr ist er noch fortwährend wirksam wie am ersten. Diese

plumpe Welt aus einfachen Elementen zusammensetzen und sie jahraus, jahrein in den Strahlen der Sonne rollen zu lassen, hätte ihm sicher wenig Spaß gemacht, wenn er nicht den Plan gehabt hätte, sich auf dieser materiellen Unterlage eine Pflanzschule für eine Welt von Geistern zu gründen. So ist er nun fortwährend in höheren Naturen wirksam, um die geringeren heranzuziehen.»

Dionysius selber offenbart sich in der Art, wie er die Geistwesen «zählt» und auf das «Eine» hinweist, auch als Mathematist. Die folgende Ausführung über das «Vollkommene und das Eine», könnte auch im Kapitel über den Mathematismus einen würdigen Platz einnehmen:

«So viel also hierüber! Lasst uns aber nun, wenn es beliebt, direkt zum Schlusse, dem *wichtigsten Punkte* in unserer Darlegung, übergehen! Denn die göttliche Offenbarung sagt einerseits von dem Urheber des Weltganzen alles und alles zumal genommen aus und feiert ihn andererseits als das *Eine.* Vollkommen nun ist das Göttliche nicht bloß, insofern es vollkommen an sich ist und für sich von sich selbst eingestaltig bestimmt wird und in jeder Hinsicht ganz und gar das Vollkommenste ist, sondern auch insofern, als es gemäß seiner alles übertreffenden Vollkommenheit übervollkommen ist. Es umgrenzt alle Unbegrenztheit, ist über jede Grenze hin ausgebreitet und wird von keinem Wesen umfasst oder festgehalten, sondern erstreckt sich in seinen unversiegbaren Zuerteilungen und unendlichen Einwirkungen auf alles und über alles hin. Vollkommen aber wird es genannt, sowohl weil es keines Wachstums fähig und immerdar vollkommen ist, als auch deswegen, weil es keine Verminderung erleidet, da es alles ehevor in sich enthält und überwallt in der einen unerschöpflichen und zugleich übervollen und nie abnehmenden Spendung, vermöge deren sie alles Vollkommene vollkommen macht und mit der eigenen Vollkommenheit erfüllt.

Das ‹Eine› aber wird Gott genannt, weil er gemäß des überragenden Vorzugs der *einen* Einheit auf einartige Weise alles ist und weil er, ohne aus dem Einen herauszutreten, die Ursache von allem ist. Denn nichts von allen Dingen ist ohne Anteil an dem Einen, sondern gleichwie jede Zahl an der Einheit Anteil hat und von *einer* Zweizahl und *einer* Zehnzahl und von *einem* Halben, *einem* Drittel, *einem* Zehntel gesprochen wird, so hat das Weltganze und jedes Teilchen desselben Anteil an dem Einen, und alles ist nur dadurch im Sein, dass das Eine ist. Aber es ist das Eine, welches die Ursache von allem ist.»[165]

Der Spiritualismus ist der eigentliche Atem der Religion und ihre höchste Ausprägung. Dabei tritt er nicht immer in Reinkultur auf. Wie jede andere Weltanschauung ist er auch nicht nur – wie am obigen Beispiel sichtbar – mit anderen sozusagen verschwägert, sondern auch mit allerlei Elementen gemischt, die seine ihm innewohnende kristalline Klarheit trüben können: materialistische Jenseitsvisionen zum Beispiel oder auch der immer noch sehr verbreitete Spiritismus. Laute oder mit Augen sichtbare «Geistererscheinungen» gehören in den Bereich des Materialismus hinein, der ebenfalls viel tiefer und komplexer ist, als so genannte hartgesottene Materialisten aus ihrer Schulweisheit zu wissen meinen. Auch wenn Außen- und Innenwelt beziehungsweise irdische und geistige Welt oft nur durch einen sehr dünnen Schleier voneinander getrennt sind, darf man doch die Konturen beider Welten nicht unsachlich verwischen. Wohl wirken in einem holistischen Weltbild spirituelle und materielle Wesen und Kräfte in rätselhafter Übereinstimmung mit-

und ineinander, aber – vom Menschen her gesehen – ist Materie *zunächst* Materie, mit allen ihren phänomenalistisch-sensualistisch-materialistischen Komponenten, und Weltgeist ist Weltgeist und als solcher nur pneumatistisch und spiritualistisch erfahrbar. An den in den letzten Jahren immer bekannter gewordenen so genannten Nah-Tod-Erfahrungen sehen wir zum Beispiel in der Regel einen starken materialistischen Einschlag. Nicht, dass diese Erlebnisse unecht wären oder dass sie ein Menschenleben nicht ins Positive wenden würden! Nur: spirituelle Erlebnisse im reinen Sinne sind sie nicht. Sie sind aber bedeutende Grenzerfahrungen. Stelle ich mir die geistige Welt beispielsweise mit muskulösen Engeln vor, dann ist hier einer bedenklichen Verfälschung der Wahrheit Tür und Tor geöffnet.[166] – Die folgende Schilderung von Betty J. Eadie zeigt deutlich diese Vergröberung des Geistes. In ihrem Buch über eine «außergewöhnliche Nah-Tod-Erfahrung», beschreibt sie unter anderem bestimmte Engelwesen:

> «Diese Engel sind riesig und haben Männergestalt; sie sind sehr muskulös, mit einer wunderbaren Haltung. Es sind herrliche spirituelle Wesenheiten. Sie zu sehen genügte, um zu wissen, dass jeder Kampf gegen sie sinnlos wäre. Sie waren wie Krieger gekleidet, mit Helm und Rüstung, und in ihren Bewegungen waren sie schneller und behänder als andere Engel.»[167]

Muss man hier nicht an die «Masters of the Universe», an die muskulösen und gepanzerten Plastikpuppen einer gewissen Unterhaltungs- und Spielzeugindustrie denken?

Eine Erklärung für dieses Phänomen lässt sich in der Tatsache finden, dass diese Menschen wohl eine gewaltsame Trennung ihres Geistig-Seelischen vom Körperlichen erleben, dass sie aber mit einem dünnen Faden damit verbunden bleiben. Ihr Wesenskern weilt in dieser Zeit de facto in der geistigen Welt. Aber in den mitgenommenen geistig-seelischen Bewusstseinskräften schwingt noch ihr Haften an der sinnlich-materiellen Welt mit. Dadurch vergröbern sich die Wahrnehmungen, die sie in der geistigen Welt machen. Daher sind in der Regel solche Berichte zwar echt, aber gleichzeitig irreführend. Sie bekommen außerdem einen tragischen Zug, weil unzählige Leser solche Berichte geradezu verschlingen. Das wirklich Übersinnliche ist eben über-sinnlich und kann nur rein pneumatistisch-spiritualistisch sachgemäß wahrgenommen werden. Dadurch, dass es unräumlich und überzeitlich ist, stellt es verständlicherweise, schon vom Begriff her, ganz andere Anforderungen an unser Bewusstsein als die uns so vertraute dreidimensionale Welt. Die räumlichen Entfernungen fallen vollends ab, und der Zeitfluss ist in eine höhere Einheit aufgehoben, in der Vergangenheit, Gegenwart und Zukunft zusammenfließen. Es sind dies Tatsachen, die jeder bestätigen kann, der über solche Erfahrungen verfügt. Es ist schwer, den Charakter dieser höheren Dimension wiederzugeben, ohne in eine abstrakte Begriffsakrobatik zu verfallen. Innenräume, menschlich-kosmische Innenräume tun sich zunächst auf, mit Wesenheiten und Geschehnissen, die bar jeglicher sinnlich-äußerlichen Gestalt sind und in die der Schauende hineinwächst, sich gleichsam in sie hineinverwandelt. Wie bereits angedeutet, handelt es sich um einen Prozess schöpferischer Durchdringung und Bewusstseinserweiterung, durch den der Schauende – der Meditant – am Bewusstsein höherer Wesen teilhat. Schon die ersten Schritte in diese völlig neuen Lichtdimensionen verlangen eine gründliche Verwandlung unseres Alltagsbewusstseins: «Dort» gibt es keine muskulösen Engel, wie Helden aus einem «Krieg der Sterne», geschweige denn «Weltraumbeobachtungsstationen», worüber man in anderen Berichten lesen kann.[168] Natürlich muss der übersinnlich Wahrnehmende seine Erfahrungen in Bilder und Worte unserer Sprache übersetzen, um verstanden zu werden, und in einem gewissen Sinne trifft das auch für manche Nah-Tod-Erfahrungen zu. Wenn es sich um bildhafte Schilderungen handelt, müssen diese zuerst sachgemäß interpretiert werden. Das gilt umso mehr für die stark vergröbernden Bilder der hier erwähnten Erlebnisse. Wenn man sie einfach so nimmt – und das dürfte heute meistens der Fall sein –, bewirken sie eine absolute Irreführung. Eine zentrale Aufgabe des Spiritualismus besteht gerade darin, ein Bewusstsein dafür zu wecken, dass die nachtodliche, die spirituelle Welt nicht so aussehen kann wie die Welt, die uns physisch-sinnlich umgibt. Eine nicht minder wichtige Aufgabe liegt in der Interpretation beziehungsweise Prüfung dieser Bilder auf ihren Wahrheitsgehalt. Was soll man sonst über folgende Erfahrung denken, die auf der einen Seite als durchaus echt einzustufen ist und andererseits *in ihrer Wiedergabe* eindeutig die materialistische Bewusstseinsstruktur des Erzählers widerspiegelt? Dadurch wird das Erlebnis erschütternd wahr und unwahr zugleich.

Dannion Brinkley war durch den Hörer seines Telefons von einem Blitzschlag getroffen und gewaltsam weggeschleudert worden. Kurz danach wurde er für klinisch tot erklärt. Ähnlich wie andere Menschen in vergleichbarer Lage erlebte er ein Lichtwesen, mit dem er sich aufwärts zu bewegen begann und durch

> «‹Energiefelder› flog, ‹die wie Lichtprismen aussahen. Durch den Dunst konnte ich Berge in einem tiefen Samtblau sehen … am Berghang gab es Lichter … Ich betrachtete die himmlische Landschaft unter mir und fragte mich, auf welche Weise ich mich bewegte. Wir schwebten genau

so, wie ich mir das Schweben der Engel vorgestellt hatte: einfach vom Boden abheben und fliegen ... Wie Vögel ohne Flügel glitten wir in eine Stadt mit vielen Kathedralen ... ganz aus einer kristallinen Substanz erbaut, die von innen heraus in einem kraftvollen Licht erstrahlten ... Ich wusste, dass ich an einem Ort des Lernens war.»[169]

Auch hier sehen wir ziemlich erdgebundene Vorstellungen auftauchen, wobei der stark materialistische Charakter dieser Erfahrungswelt besonders in dem Kapitel «Die Kassetten des Lernens» hervortritt. Brinkley erlebt eine Art Bühne, auf der

«dreizehn Wesen ... Schulter an Schulter über die ganze Breite der Bühne standen ... Nach menschlichen Begriffen war es so, wie wenn jedes von ihnen ein anderes Tierkreiszeichen darstellen würde ... spirituell gingen diese Wesen weit über die Tierkreiszeichen hinaus ... Jetzt wusste ich mit größerer Gewissheit als jemals zuvor, dass dies ein Ort des Lernens war. Ich würde in Wissen eingetaucht und in einer Weise unterrichtet werden, wie ich nie zuvor unterrichtet wurde ... Die Wesen traten eines nach dem anderen auf mich zu. Als sie sich näherten, kam eine Kassette in der Größe eines Videobandes aus ihrer Brust und bewegte sich schnell direkt auf mein Gesicht zu. Beim ersten Mal zuckte ich zurück, weil ich glaubte, dass ich getroffen werden würde. Aber kurz vor meinem Gesicht öffnete sich die Kassette und zeigte eine Art winziges Fernsehbild eines Weltereignisses, das künftig eintreten sollte.
Während ich dies beobachtete, wurde ich in das Bild hineingezogen, sodass ich an dem Ereignis teilnehmen konnte. Dies geschah zwölfmal, und zwölfmal war ich unmittelbarer Zeuge vieler Ereignisse, die die Welt künftig erschüttern sollten.»[170]

Wir erleben hier eine Art surrealistische Welt: eine «geistige» Dimension mit Bergen und städtebaulichen Einrichtungen und eine *sinnlich* anmutende Gegend, in der man einfach so fliegen kann. Bei allem Respekt, den man selbstverständlich dem Berichterstatter zollen muss: wir sind hier nicht weit von Superman-Illusionen!

Der in der Phase der Exkarnation erlebte Tatbestand ist der, dass Engelwesenheiten über ein Bewusstsein verfügen, dem unsere zeitlich gebundene Reflexion einfach fremd ist und das gewaltige Zeiträume sozusagen wie gleichzeitig erleben kann. Ihnen sind die Werdekräfte unseres Kosmos bekannt. Wie ein Gärtner die Blüte der sich entwickelnden Pflanze kennt, so höhere Wesen die Ergebnisse unserer Gedanken, Gefühle und Taten. Brinkley wurde demnach erwürdigt, einen Blick in historische Werdekräfte zu werfen. Diese Wesen fliegen nicht räumlich wie jene weltberühmte Karikatur, die wir *Superman* nennen, sondern sind einfach jeweils sofort «dort», wo sich ihr Bewusstsein hinbewegt. Je gotterfüllter ihr Wesen ist, desto näher sind sie der umfassenden Gottheit. Das gilt auch für den Menschen im nachtodlichen Leben. Sind die Bewusstseinsformen, die er über die Todesschwelle in die geistige Welt hineinträgt, voll *einseitigem Materialismus,* so werden seine Schwingen wenig Kraft entfalten können. In der Tat braucht die Menschenseele oft lange, um sich von diesem Habitus ihres Bewusstseins zu befreien und erkenntnismäßig nach und nach in die geistigen Welten hineinzuwachsen. Denn «dort» ist eben Erkenntnis ein Sich-Fortbewegen und Handeln im Geiste. Agnostizismus oder einfach Ablehnung jeglicher geistiger Wirklichkeit während des Erdenlebens führen uns logischerweise in eine Region des Geistigen, wo zunächst nur bleierne Finsternis herrscht. Was unsere Gegenwart anbelangt, kann man ohne Pathos behaupten, dass hier dringender Handlungsbedarf in Richtung einer spirituellen Lebensanschauung angesagt ist.

Die Spiritualismus-Materialismus-Polarität dürfte jetzt besonders sichtbar geworden sein. Geburt ist die Einkörperung – Fleischwerdung – des präexistenten Geistes, der Anfang einer Weiterentwicklung dank der «Festigkeit» der Erde. Im Gegenzug muss dafür gesorgt werden, dass durch die Existenz in der Materie die Präsenz des Geistes in Mensch und Welt nicht allzu sehr überlagert wird. Dies ist eine dringende Aufgabe auch für eine zeitgemäße Pädagogik.[171]

Unser Gefühl für die eigene Individualität verdanken wir ja dem Körper in seiner Abgeschlossenheit. «Jemand» wird im Englischen sogar *somebody* genannt und «niemand» *nobody*» – und *body* heißt ja Körper! Die Integrität unserer Gesamtkonstitution – geistig-seelisch-leiblich – ist das Widerlager unserer eigentlichen Individuation. Hier leistet das rein materialistische Erleben der Welt einen unverzichtbaren Dienst. Ebenso unverzichtbar ist für eine *Erweiterung* der Individualität die sachgemäße Einbeziehung spiritueller Erkenntnisse. Der Materialismus hat mit Geburtsprozessen zu tun und der Spiritualismus mit Todesprozessen. Eintauchen in die Materie und Sich-Finden im Geiste – diese Verbindung kann eigentlich erst der echte *Realismus* vollziehen kann, wie wir noch sehen werden. Novalis hat in seinen Sprüchen, die an Dichte und Aussagekraft nichts zu wünschen übrig lassen und über die es sich zu meditieren lohnt, Bedeutendes über diese Zusammenhänge hinterlassen. Die Grenzen zum Pneumatismus sind auch hier selbstverständlich fließend:

> «Die Menschheit ist gleichsam der höhere Sinn unseres Planeten, das Auge, was er gen Himmel hebt, der Nerv, der dieses Glied mit der oberen Welt verknüpft.»

> «Geisterlehre. Die Geisterwelt ist uns in der Tat schon aufgeschlossen – sie ist immer *offenbar.* – Würden wir plötzlich so elastisch, als es nötig wäre, so sähen wir uns mitten unter ihr …»[172]

> «Das willkürlichste Vorurteil ist, dass dem Menschen das Vermögen, außer sich zu sein, mit Bewusstsein jenseits der Sinne zu sein, versagt sei. Der Mensch vermag in jedem Augenblicke ein übersinnliches Wesen zu sein. Ohne dies wäre er nicht Weltbürger, er wäre ein Tier.»[173]

> «Wenn ein Geist stirbt, wird er Mensch. Wenn der Mensch stirbt, wird er Geist.»[174]

Aber Novalis wusste auch, dass das «Sterbliche» im Menschen, wozu auch sein materialistisches Bewusstsein gehört, sich nicht so leicht, sagen wir, umpolen lässt. So lesen wir gegen Ende seines Fragment gebliebenen Romans *Heinrich von Ofterdingen* Worte, die auch für die psychistische Ich-Erfahrung gelten, insbesondere jedoch für ein spiritualistisches Erleben des Kosmos, als des Teiles der Welt, der auch zu uns gehört:

> «Das Sterbliche dröhnt in seinen Grundfesten, aber das Unsterbliche fängt heller zu leuchten an und erkennt sich selbst.»

Auch das komplexe Thema «Reinkarnation» hängt mit dem Spiritualismus zusammen. Im Sinne des Reinkarnationsgedankens aus westlicher Sicht findet die Evolution der Menschheit in einem fortschreitenden Rhythmus von Inkarnation und Exkarnation statt. Der Same der Pflanze, der in die Erde dringt, ist vergleichbar der Geburt des ewigen Wesenskernes in einen materiellen Körper, während dessen Weiterentwicklung der progressiven Blatt- und Blütenbildung gleicht. Dem Tod des Menschen entspricht das Verwelken und Verwesen der Blüte. In der neuen Samenbildung lebt bei der Pflanze das Ergebnis aller früheren Stadien und Pflanzengenerationen und im entkörperten Wesenskern des Menschen das Ergebnis dieser und aller früheren Erdeninkarnationen. Es ist im Sinne Goethes jene «geprägte Form, die lebend sich entwickelt», die von keiner «Zeit und keiner Macht zerstückelt» wird, wovon im Spiritualismus *auch* die Rede ist. Noch zutreffender ist das Bild der Metamorphose der Raupe in den Falter durch den Puppenzustand. Der spiritualistisch denkende Mensch sieht, wie sich in Pflanze, Schmetterling und Mensch eine ähnliche Gesetzmäßigkeit ausdrückt.

Damit rundet sich auch dieses Kapitel langsam ab. Wir sind von der biblischen Jakobsleiter ausgegangen und haben von den zwei Pfeilern spiritualistischer Welterfahrung gesprochen: von der absoluten Geistigkeit als Seins-Qualität gegenüber einem durchweg materiellen Kosmos mit seiner grundlegenden Kohäsion beziehungsweise Festigkeit; und von den abgestuften, hierarchisch ineinanderwirkenden Engelordnungen. Wir haben dann kurz auf die Gefahren der Einseitigkeit beider Ansichten hingewiesen: Erdflucht und Erdsucht, und dabei vorwegnehmend auf die ausgleichende Weltanschauung des Realismus hingedeutet.

Zum Abschluss soll uns der große Dante Alighieri, der tiefsinnige Gelehrte und Dichter der *Göttlichen Komödie*, einen Blick in seine Schau des Paradieses gewähren. Auch er, wie viele andere vor und nach ihm, fußt auf den Schriften des Dionysius. Dante hat die Kreise der Hölle durchschritten und hat den Läuterungsberg bestiegen. Schließlich führt ihn Beatrice, die früh Verstorbene und von ihm innig Geliebte, in die höchsten Himmelskreise. In dem überräumlichen Sternenraum erblickt er einen unsagbar hellen Punkt, um den «ein Reif von Feuer» kreist, «rascher als die rascheste Bewegung, die sich um das Weltall schwingt». Dieser Punkt ist Gott, dessen Licht aus dem Feuerhimmel durch unendliche Ferne in den Kristallhimmel flutet.

Der Reif wurde umkränzt von einem zweiten,
und der vom dritten, und der dritt vom vierten,
vom fünften dieser, und der fünft vom sechsten;
der siebte schwang sich drüber schon so weit
im Kreis, dass Iris' Bogen, auch ergänzt
zum vollen Rund, ihn nicht mehr fassen könnte.
So auch der acht und neunte, und ein jeder
ging umso langsamer, je weiter er
der Reihe nach entfernt vom ersten war.
Und der dem Feuerpunkt am nächsten kreiste,
war auch der flammenreinste von den Reifen –
weil er wohl tiefer in die Wahrheit blickt.

Als meine Herrin in so starker Spannung
mich schweben sah, sprach sie: «Es hängt der Himmel
samt der Natur von jenem Pünktlein ab.
Schau dort den Ring, der ihm am nächsten kreist,
und merk dir, dass er so behände läuft,
weil er von Liebesglut gestachelt wird …

Im Raume sind die Sphären weit und eng,
je nach dem Mehr und Weniger an Kraft,
das sich durch ihre Zonen hin verbreitet.
Mehr Güte will auch größres Heil erzeugen,
mehr Heil will auch in größrem Körper wohnen,
sofern der Körper ebenmäßig ist.
Darum entspricht die Sphäre hier, die mit sich
im Schwung das ganze Weltall reißt, dem Ringe,

der heißer liebt und tiefre Wahrheit schaut.
Wenn du daher die Geisteskraft, und nicht
die äußere Gestalt zum Maße nimmst
für die als Ring von dir geschauten Wesen,
dann siehst du wunderbar zusammenspielen
das Groß und Klein der Himmelssphären mit
dem Stark und Schwächer ihrer Engelsgeister.»
Wie uns die Luft im ganzen Umkreis rein
und strahlend wird, wenn sich der Nordwind mildert
und nicht mehr aus der prallen Backe bläst,
wie sich der Nebeldunst zerstreut, und wie
der vorher noch getrübte Himmel lächelt
mit allen Reizen seines weiten Reiches,
so wurd es hell in mir, als meine Herrin
mit ihrer klaren Antwort half: und sichtbar
als wie ein Stern am Himmel stand die Wahrheit.

Als ihre Worte nun zu Ende waren,
begann ein Funkensprühen an den Ringen,
wie wenn ein glühend Eisen Funken sprüht.
Und jeder Funke glühte wie die Ringe,
wodurch die Funkenzahl nach Tausenden
das Doppelspiel des Schachbretts übersteigt.
Von Chor zu Chor vernahm ich ihr Hosianna
zum festen Punkte hin, der sie versammelt,
und so in ihrer Bahn sie ewig hält.

Sie sah das zweifelvolle Denken wohl
in meinem Geist und sprach: «Die ersten Ringe
bezeichnen ‹Seraphim› und ‹Cherubim›.
Sie folgen ihrer Fessel so behände,
weil sie dem Punkte möglichst gleichen wollen,
und möglich wird's durch ihre hohe Schau.
Die Lieben, die im nächsten Umlauf wandeln,

sie heißen ‹Throne› vor des Herrn Gesicht.
Mit ihnen schließt die erste Hierarchie.
Und alle, musst du wissen, schöpfen Wonne,
so tief als ihre Einsicht in die Wahrheit,
da jeder Geist den Frieden sucht, hinabdringt.
Hieraus erkennt man, wie die Seligkeit
sich auf die Tätigkeit des *Schauens* gründet
und nicht der Liebe, die erst nachher kommt.
Das Schauen wird bemessen nach Verdienst,
aus Gnade und aus reinem Willen strömend.
So ist's ein stufenweises Weiterschreiten. –
Die nächste Dreiheit, die in ewigem Frühling
hier keimt und blüht und nie entblättert wird
vom Aries der winterlichen Nächte,
sie rauscht ihr unaufhörliches Hosianna
in drei melodischen Geflechten; dreifach
klingt es zusammen aus drei Jubelchören.
Die heiligen Wesen dieser Hierarchie
sind ‹Herrschaften› zuerst, sind ‹Kräfte› dann,
und in der dritten Ordnung sind es ‹Mächte›.
Dann in den vorletzten zweiten Ringen kreisen
die ‹Fürstentümer› und die ‹Ersten Engel›.
Im letzten spielen festlich *alle* Scharen.
Nach oben schauen und nach unten binden
sie alle derart, dass zu Gott sie alle
gezogen werden und einander ziehen. –
Um die Betrachtung dieser Ordnungen
bemühte Dionysius sich so heiß,
dass er, wie ich, sie euch bezeichnen kann.»[175]

Die allgemeine Relation – Monadismus

Das Wort Relation, oder auch relativ, ist ein wunderbares und vielschichtiges Wort. Aus dem Lateinischen *relatio* abgeleitet, was so viel wie Bericht, Berichterstattung heißt, hat es im Laufe der Jahrhunderte einen merklichen Bedeutungswandel durchgemacht. *Relativ*, vom Spätlateinischen *relativus* – sich beziehend, bezüglich –, gelangte dann im 20. Jahrhundert zu einem Weltruhm, der gewiss die alten Römer ins Staunen versetzt hätte, hätten sie eine solche Entwicklung nur geahnt.

In der Soziologie und Psychologie, in Logik und Mathematik erfreut sich das Paar Relation / relativ einer großen Sinn-Vielfalt. In jeder Disziplin erhält es eine andere Färbung. Im Sinne eines Oberbegriffes, einem Denk-Archetypus gleich, finden wir es in der aristotelischen Kategorientafel wieder. *Relation* heißt eine der faszinierendsten Kategorien aus der Denkwerkstatt des Stagiriten. Einsteins spezielle und allgemeine Relativitätstheorie mit ihren grundlegenden Spekulationen zu Raum, Zeit, Masse und Gravitation ist ein äußerst bedeutsames Paradigma des 20. Jahrhunderts und hat eine wahre Revolution in der Physik, aber auch auf weltanschaulicher Ebene verursacht. Die Relativitätstheorie Einsteins und die Quantentheorie Max Plancks stellen ein leuchtendes Zwillingspaar am Himmel mathematistischer Physik dar. Aber die Relation – *pros ti* im Griechischen –, so wie sie von Aristoteles erlebt wurde, weist weit über mathematisch-mathematistische Rechenergebnisse hinaus, die ebenfalls Entwicklungen ausgesetzt sind. So konnten beispielsweise beide Ausprägungen der Relativitätstheorie mit ihren Folgerungen aufgrund der Einführung der *Zeit* als vierter Dimension und des «gekrümmten Raumes» erreicht werden. Einstein war auch zu der Ansicht gekommen, das Weltall sei «endlich aber unbegrenzt». Es würde den Rahmen unserer Arbeit sprengen, *inhaltlich* auf die Relativitätstheorie einzugehen;[176] was uns hier in erster Linie interessiert – und deshalb wurden obige Beispiele ausgewählt –, ist die Tatsache, dass auch Grundaussagen Einsteins – relativiert werden! So lesen wir beispielsweise in der Januar-Ausgabe 2001 der Zeitschrift *Bild der Wissenschaft* Folgendes: «Messungen der kosmischen Hintergrundstrahlung lassen vermuten, dass das Universum unendlich und ‹flach› ist, also großräumig keine Krümmung hat.»[177] Wie auch immer: Relation oder relativ wollen wir jetzt nicht in einschränkendem Sinne gebrauchen, sondern in ihrer ursprünglichen Aussage: Aufeinander-Bezogensein zweier oder mehrerer Entitäten – eine Sichtweise, die auf alle Weltanschauungen angewandt werden kann. Alle Teile des Universums – nicht nur die Teilchen – stehen in mannigfaltigster Beziehung zueinander. In der Menschenwelt ist Beziehung der soziologische Atem schlechthin: Familienbeziehungen, Liebesbeziehungen mit ihren «Beziehungskisten», Arbeitsbeziehungen, feste Beziehungen, lockere, kleine, große Beziehungen, schlechte, feindliche Beziehungen und religiöse Beziehungen zwischen Mensch und Geistwelt. Die Reihe könnte lange fortgesetzt werden. Und worauf gründet sich eine Beziehung? Auf die jeweiligen Eigenschaften der zueinander in Beziehung tretenden Wesen; Eigenschaften, die – bezogen auf den Menschen – mit Erbstrom, Temperament, Charakter, Aussehen, Bildung und Idealen zu tun haben. Anders formuliert: mit dem jeweiligen *Weltinhalt*, der in individueller Weise in jedem Exemplar der Gattung Mensch lebt und sich von Stunde zu Stunde, von Jahr zu Jahr fortwährend verändert, ergänzt und vervollkommnet. So ist jedes Wesen – bezogen auf den ganzen Kosmos – mit Eigenschaften vielfältiger Art ausgestattet und tritt mit verschiedensten anderen Wesen in vielerlei Beziehungen. Sehe ich zunächst von vereinheitlichenden Tendenzen ab und schaue die Welt, sagen wir, unter dem Aspekt des Individualismus oder Pluralismus an, so bin ich Monadist.

Der Monadismus befindet sich in Opposition zu dem Mathematismus und ist dessen primäre weltanschauliche Ergänzung. Die *Monas* ist zunächst die Einheit und gleichzeitig auch die Abgrenzung zu anderen Monaden. Die Einheit des Mathematismus ist eine quantitative Feststellung. Die Monade ist eine qualitative Erfahrung am Gegenüber.

Die Bezeichnung stammt vom großen Mathematiker und Philosophen, Physiker, Historiker und Diplomaten Gottfried Wilhelm Leibniz. Seine Monadologie geht vom einfachsten Wesen bis zur Urmonade Gott:

> «Jede Monade bildet im Verein mit einem ihr eigentümlichen Körper eine lebendige Substanz. Demnach gibt es nicht nur überall Leben, das an Glieder oder Organe gebunden ist, sondern sogar unendlich viele Grade unter den Monaden, da die einen mehr oder weniger über die anderen herrschen. Besitzt nun die Monade zweckvoll beschaffene Organe, kraft deren es hervortretende und sich abhebende Unterschiede in den Eindrücken, die sie empfangen, und folglich in den diese wiedergebenden Perzeptionen gibt (wie so zum Beispiel mittels der Gestalt der Augensäfte die Lichtstrahlen konzentriert werden und mit größerer Kraft wirken), so kann das bis zur *Empfindung* führen, das heißt bis zu einer von Gedächtnis begleiteten Perzeption, von der ein gewisses Echo lange Zeit zurückbleibt, um sich

> bei Gelegenheit vernehmen zu lassen. Ein solches Lebewesen nennt man *Tier,* wie seine Monade *Seele* genannt wird. Wenn diese Seele nun bis zur *Vernunft* erhoben wird, so ist sie etwas Erhabeneres, und man zählt sie zu den *Geistern.*»[178]

Für Leibniz gibt es in der Welt nichts wahrhaft Wirkliches als die Monaden und ihre Vorstellungen. Gerhard Kropp gibt in seiner *Geschichte der Philosophie* eine ausgezeichnete knappe Darstellung dieser zentralen Idee Leibnizscher Anschauung:

> «Dass die Monaden vorstellende Kräfte sind, bedeutet für Leibniz, dass sie in sich die Vielheit des Weltganzen enthalten: jede Monade ist ein Universum im Kleinen, ein lebendiger Spiegel des Alls, der die Bilder der Dinge aus eigenen Keimen entwickelt. Alle Monaden stellen dasselbe Universum nur unter verschiedenen Gesichtspunkten dar, und zwar zeigt sich die Verschiedenheit im Klarheitsgrad der Vorstellung; während die klare Vorstellung der vollen, ungehemmten Tätigkeit entspricht, offenbart die unklare ein Leiden. Nur klare und deutliche Vorstellungen hat allein Gott. Er ist die oberste Monade und als solche reine Tätigkeit, während jede andere Monade, je nach dem Grad ihrer Hemmung, in ihrer Aktivität behindert wird.
>
> Leibniz hat drei Klassen von Monaden besonders hervorgehoben: Die ‹nackten› Monaden gelangen nie über unbewusste Vorstellungen hinaus und liegen sozusagen immer im Schlummer. Klare, jedoch undeutliche Vorstellungen haben zweitens die Seelen; ihre Vorstellungen sind bereits vom Bewusstsein getragene und vom Gedächtnis begleitete Empfindungen. Klare *und* deutliche Vorstellungen hat drittens allein der Geist; er besitzt Bewusstsein seiner selbst und hat die Fähigkeit, das Allgemeine zu erkennen.

> Leibniz lehrt, dass jede höhere Stufe die niedrigeren in sich schließt. Das Streben, von einer Vorstellung zur anderen überzugehen, wird im Unbewussten als Trieb, im Bewusstsein als Wille bezeichnet. Zwar handeln alle Monaden spontan, aus sich heraus, aber nur die denkenden Monaden sind frei: Freiheit besteht darin, dass ohne Zwang von außen allein nach dem Gesetze des eigenen vernünftigen Wesens gehandelt wird.
> Wie kommt es, dass die voneinander unabhängigen Monaden im Endeffekt doch Vorstellungen entwickeln, die miteinander verträglich sind? Das liegt an der ‹prästabilierten Harmonie›: Gott hat das Universum so geschaffen, dass die einzelnen Monaden nur solche Vorstellungen entwickeln können, die in ihrer Gesamtheit das All darstellen. Der Zusammenklang des Ganzen ist vorherbestimmt.»[179]

Wir erkennen die Grundgebärde des Mathematismus wieder, aber gesättigt mit der Wirklichkeit des Lebens. Die Ordnungen der seelisch-geistigen Einzelwesen mit ihren verschieden abgestuften Bewusstseinsgraden, Vorstellungsweisen und Impulskräften werden durch die Beziehungen geregelt, in welchen sie zueinander stehen: Mein Umkreis gehört zu mir. Es wäre eine Abstraktion, wenn wir uns ein Bild von einem Menschen machen würden, ohne seinen gesamten Freundes- und Schicksalskreis mitzuberücksichtigen. Mit Recht sagt Nicolai Hartmann:

> «Die Individualität identifiziert sich nicht nur mit sich selbst zur eigenen inneren Ganzheit, sondern auch mit einem gewissen Ausschnitt der Welt, mit dem sie sich im Strom des Geschehens schicksalsverbunden fühlt oder auch sich aktiv dem Strebensziel nach verbindet. Was in diesen Kreis hineinspielt, empfindet sie als etwas, was ihr selbst geschieht, ist betroffen davon wie vom eigenen

> Schicksal. Dieser *Lebenskreis der Person, ihr Bannkreis oder wenn man so will, ihr magischer Kreis ist ein fundamentaler Grundzug der Personalität, als Realkategorie realitätsgestaltend, weltformend weit über die eigentlich bewusste Aktivität der Person hinaus,* das greifbare, offen zutage liegende Wunder ihres Wesens. Der Schlüssel zum Verständnis dieses Bannkreises liegt in den transzendentalen Akten der Person. In ihnen überschreitet sie die Bewusstseinsinnerlichkeit, zieht Fäden lebendiger *Verbundenheit,* tritt in ein *Verhältnis* zur Welt, durch das ein Stück der Welt ihr als das ihrige zugehört, sie selbst aber ihm ebenso zugehört.»[180]

Mit diesen Formulierungen tastet sich Hartmann an ein Gebiet heran, das, unter dem Aspekt der Zwischenbeziehungen betrachtet, wohl den Kern des Monadismus ausmacht: das Karmagesetz, wonach Menschenbeziehungen, freilich vielfach umgewandelt durch den jeweiligen Zeitgeist, sich durch wiederholte Erdenleben ziehen. In jeder Menschenindividualität, welche durch die Geburt den Boden der Erde betritt, kraftet sozusagen ein potenzieller Komplex von Beziehungen, Abneigungen und Neigungen, die ihre Ursache in einer bestimmten oder in einigen früheren Inkarnationen haben. Sie zu erkennen, zu ordnen und neu zu gestalten gehört im Sinne des Monadismus zu einer der dringendsten und zugleich schwierigsten Aufgaben der Gegenwart. Monadismus bedeutet auch Kommunikation.

Der Monadismus hat somit unterschiedliche Intensitätsgrade: Er kann mir in einer tiefen Intuition den Blick für das wahre, individuelle Wesen des vor mir stehenden Menschen und für die Qualität der in einer bestimmten Konstellation waltenden Schicksalsgesetze öffnen – von der Ahnung zur Schauung, könnte man sagen. Er hat eine gewisse Verwandtschaft mit dem Phänomenalismus.

Wie viel reicher würde die pädagogische und überhaupt die erzieherische Praxis durch einen geschulten monadistischen Blick! Nicht ein «Seher» muss der Erzieher sein, aber er sollte eine Empfindung für Eigenart, Begabung und Schicksalssituation eines Kindes haben. Im Prinzip kann man sagen, dass jeder, der in der Arbeitswelt in einer führenden Position steht, eine sachlich-nüchterne, monadistisch geartete Wahrnehmungsfähigkeit für sein Gegenüber haben sollte. Stattdessen wird in der Regel, vor allem in unseren Schulen, alles über den gleichen Kamm geschoren. Am schwersten haben es hier die einseitig entwickelten Mathematisten – denn in jedem gesunden Mathematismus ist in der Regel eine gute Portion Monadismus vorhanden. Der Einseitige sagt: eine Regel für alle! oder: ein Prüfungssystem für alle! oder auch: man soll alle Kinder gleich behandeln! Der Monadist weiß zwar, dass Gerechtigkeit walten muss. Er weiß aber auch, dass das Leben in Wirklichkeit aus lauter Ausnahmefällen besteht. Ja, eigentlich ist jeder Mensch in gewissem Sinne ein Ausnahmefall. Viele menschlichen Tragödien ließen sich vermeiden, wenn Erzieher und Führungsschichten etwas mehr in dieser Richtung tun würden! Treffend hat es einmal der große Musiker Pablo Casals ausgesprochen. Im Zusammenhang mit der Ermordung J. F. Kennedys, den er persönlich kannte und schätzte, sagt er:

> «Manchmal schaue ich mich um und habe das Gefühl einer tiefen Bestürzung. In all der Verwirrung, die in der heutigen Welt ausgebrochen ist, sehe ich mangelnde Ehrfurcht vor den wahren Werten des Lebens. Überall um uns ist Schönheit, aber wie viele sind blind für sie. Sie sehen die Wunder dieser Erde und scheinen nichts zu erblicken. Die Menschen sind in hektischer Bewegung, aber wohin die Reise führt, bedenken sie kaum. Sie suchen Erregung um

jeden Preis, als ob sie hoffnungslos verloren wären. Die natürlichen, ruhigen und einfachen Dinge dieses Lebens machen ihnen wenig Freude.
Jede Sekunde, die wir in diesem Universum verbringen, ist neu und einzigartig. Dieser Augenblick war zuvor nicht und wird nie wiederkehren. Und was bringen wir unseren Kindern in der Schule bei? Dass zwei mal zwei vier ist und Paris die Hauptstadt Frankreichs. Wann wird man sie lehren, was sie selbst sind? Jedem dieser Kinder sollte man sagen: ‹Weißt du auch, was du bist? Du bist ein Wunder! Du bist einmalig! Auf der ganzen Welt gibt es kein zweites Kind, das genauso ist wie du. Und Millionen von Jahren sind vergangen, ohne dass es je ein Kind gegeben hätte wie dich. Schau deinen Körper an, welch ein Wunder! Deine Beine, deine Arme, deine geschickten Finger, deinen Gang. Aus dir kann ein Shakespeare werden, ein Michelangelo, ein Beethoven. Es gibt nichts, was du nicht werden könntest. Jawohl, du bist ein Wunder. Und wenn du erwachsen sein wirst, kannst du dann einem anderen wehe tun, der, wie du selbst, auch ein Wunder ist? Nein, ihr müsst euch lieben. Ihr müsst arbeiten – alle müssen wir arbeiten –, damit diese Welt ihrer Kinder würdig wird.›
Welch außerordentlicher Umschwünge und Fortschritte bin ich in meinem langen Leben Zeuge geworden! Großartige Fortschritte in Naturwissenschaft, Industrie, Raumfahrt. Und doch peinigen Hunger, Rassenunterdrückung und Tyrannei nach wie vor die Welt. Weiterhin benehmen wir uns wie Barbaren. Wie die Wilden fürchten wir uns vor unseren Nachbarn auf dieser Erde, bewaffnen uns gegen sie, und sie bewaffnen sich gegen uns. Ich beklage es, dass ich in einer Zeit leben musste, da es Gesetz war, seinen Nächsten zu töten. Wann endlich werden wir uns an die Tatsache gewöhnen, dass wir menschliche Wesen sind?

> Heimatliebe ist natürlich. Aber warum lässt man die Liebe an der Grenze aufhören? Wir sind eine einzige Familie – jeder von uns hat Pflichten seinen Brüdern gegenüber. Wir sind alle Blätter eines Baumes, und dieser Baum ist die Menschheit.»[181]

Casals rührt hier gleichsam an die Seele des Monadismus: die Liebe. In der Tat hat der Monadismus auf der einen Seite mit dem stärksten Individualismus zu tun – hier schwingt der Psychismus mit – und auf der anderen Seite, auf der wunden Seite zwischenmenschlicher Beziehungen, mit einer größtmöglichen Offenheit und Aufnahmebereitschaft. Wie anders als durch echtes, gefühlsmäßiges Interesse Menschen und Welterscheinungen gegenüber soll das Wachstum der eigenen Monas vonstatten gehen? Schon Leonardo da Vinci sagte, dass man nur das erkennen kann, was man liebt. Und Philosophie heißt nichts anderes als Liebe zur Weisheit. Auch das Vertrauen gehört zur Kategorie Relation und zu einem umfassenden Monadismus. Im Sinne des Paulus, dessen Theologie eindeutig auf dem Fundament der Relation baut, kann man sagen: In der Liebe lebt Vertrauen, in dem Glauben – der ohne Liebe undenkbar ist – das Urvertrauen zu Gott, und in der Hoffnung drückt sich das Grundvertrauen aus, dass die Zukunft, wie auch immer sie aussehen mag, ihren tieferen Sinn hat.

Leibniz selber wusste von einer in Gott ruhenden, sinnvollen Harmonie, wie wir bereits gelesen haben. Damit berührt er das Gebiet des Rationalismus, was auch darin zum Ausdruck kommt, dass er durch seine Theodizee eine Rechtfertigung Gottes versuchte hinsichtlich des von ihm zugelassenen Übels in der Welt. Es wundert auch nicht, dass Leibniz um Frieden zwischen den Konfessionen bemüht war. In einem 1673 verfassten, Fragment gebliebenen Dialog auf Latein – er war gerade 27 Jahre alt – erzählt er von einer kleinen Reisegesellschaft[182] und u.a. von einem Gespräch zwischen einem Katholiken und einem Calvinisten über Glaubensfragen. Er selber tritt dort als Schiedsrichter auf und fühlt sich «vom Eifer der Parteien frei». Es wird weiter angedeutet, dass alle Beteiligten eine einigende Formel für die religiösen Gegensätze suchen. Ein weiteres in jenen Monaten konzipiertes Werk sollte zur Wiedervereinigung der Kirchen führen.

Die Weltanschauung des Monadismus ist also auf der einen Seite eine formale, wie der Mathematismus auch, indem sie von einem harmonischen System von «Einheiten» ausgeht, ob es sich um Naturreiche oder Sterne handelt. Andererseits ist sie inhaltlich ganz offen, indem sie beispielsweise nicht die eigene Meinung, die eigene Schlussfolgerung oder die eigene Lösung eines Problems in den Vordergrund stellt, sondern eine offene, aufnehmende Gebärde zeigt. Bildlich ausgedrückt könnte man den punktuellen Gestus des Mathematismus mit der Spitze einer Lanze vergleichen und die Offenheit, Achtung und Liebe, das Interesse des reinen Monadismus mit einer Schale. Inter-esse heißt ja so viel wie: dazwischen sein, also Beziehung schaffend!

Der Relativismus selber als philosophische Haltung und in gewissem Sinne als Vorläufer einer Theorie der Relativität ist sehr alt. In seinem bereits zu Rate gezogenen Buch *Abendländische Wandlung*, einem noch weitgehend gültigen Abriss moderner Forschung aus verschiedenen Disziplinen, bezeichnet Jean Gebser den Begriff Relativität als «uralt». Der Eleate Zenon habe «in einer wenn auch primitiven Form diese Theorie Einsteins vorausgenommen».[183] In der einschlägigen Literatur findet man immer wieder auch den Hinweis, dass Aristoteles den Zenon ob seiner Denkkunst den Erfinder der Dialektik genannt hat. Aber auch Platon hat ihn bereits sehr hoch geschätzt. In Anaxagoras dagegen finden wir deutliche Ansätze von Monadismus. Er sprach u.a. von einer Fülle geistleiblicher Urwesen, welche die in sich mannigfaltig abgestuften geistigen «Ursamen» oder Lebenskeime aller Dinge und Wesen sind.

> «Der alldurchdringende Weltenverstand ordnet diese ideellen Urwesen zu einem harmonischen Ganzen oder Kosmos. Diese unteilbaren (individuellen) Urwesen könnte man ebenso Geistkeime wie Seelenatome nennen; denn das Wort ‹Atom› bezeichnet ebenfalls die unteilbare Einheit eines Wesens, wie das Wort Individuum. Darum sind auch die so viel zitierten Atome des Demokrit bei genauem Zusehen keineswegs reinstoffliche Urbestandteile, sondern von durchaus ätherisch-elementarischer, ja sogar seelenhafter Natur.»[184]

Aber es war Leibniz, der mit seiner Monadenlehre einen kaum zu überschätzenden Einfluss auf viele Denker der nachfolgenden Jahrhunderte ausüben sollte. Auch Goethe bildet hier keine Ausnahme. Gerne übernimmt er den Begriff der Monade, der für ihn schon erlebte Wirklichkeit war. Richard Friedenthal, der eine interessante, wenn auch nicht gerade kongeniale Biografie Goethes verfasst hat, führt u.a. Folgendes aus, indem er an ein Gespräch Goethes mit Eckermann anknüpft:

> «Und zu Eckermann sagt er: ‹Die Überzeugung unserer Fortdauer entspringt mir aus dem Begriff der Tätigkeit; denn wenn ich bis an mein Ende rastlos wirke, so ist die Natur verpflichtet, mir eine andere Form des Daseins anzuweisen, wenn die jetzige meinen Geist nicht ferner auszuhalten vermag.› Man kann es nicht stolzer und vermessener ausdrücken.

Als eine fortwirkende Krafteinheit sieht er sich, als eine unzerstörbare. Er benutzt dafür den philosophischen Ausdruck *Entelechie,* der von Aristoteles stammt und den er für sich umbildet, denn auch in seinen Begriffen herrscht das Gesetz der Metamorphose. Das *telos,* das Ziel, ist ihm das Wesentliche an diesem Wort, ein unendliches Ziel, zu dem die einmal geprägte Form hinstrebt. Von Leibniz nimmt er den Begriff der *Monade;* darunter versteht er ‹die Hartnäckigkeit des Individuums, und dass der Mensch abschüttelt, was ihm nicht gemäß ist›. Diese hartnäckig sich bewahrende Einheit ist unsterblich: ‹Ich zweifele nicht an unserer Fortdauer, denn die Natur kann die Entelechie nicht entbehren; aber wir sind nicht auf gleiche Weise unsterblich, und um sich künftig als große Entelechie zu manifestieren, muss man auch eine sein.›»[185]

Bei diesen Sätzen kann man *auch* die Lesart des Psychismus anwenden.

Der Monadismus Goethes kommt uns in vielen seiner Äußerungen klar entgegen, zum Beispiel am Begräbnistage Wielands, am 25. Januar 1813, im Gespräch mit dem Schriftsteller und Pädagogen Johann Daniel Falk, das dieser später aufgezeichnet hat (Falks Erinnerungen und Gespräche mit Goethe erschienen posthum):

«Ich würde mich so wenig wundern, dass ich es sogar meinen Ansichten völlig gemäß finden müsste, wenn ich einst diesen Wieland als einer Weltmonade, als einem Stern erster Größe, nach Jahrtausenden wieder begegnete und sähe und Zeuge davon wäre, wie er mit seinem lieblichen Lichte alles … erquickte und aufheiterte …, wie denn überhaupt, sobald man die Ewigkeit dieses Weltzustandes denkt, sich für Monaden durchaus keine andere Bestimmung annehmen lässt, als dass sie ewig auch ihrerseits an den Freuden der Götter als selig mitschaffende Kräfte teilnehmen. Das Werden der Schöpfung ist ihnen anvertraut. Gerufen oder ungerufen, sie kommen von selbst auf allen Wegen, von allen Bergen, aus allen Sternen; wer mag sie aufhalten? Ich bin gewiss, wie Sie mich hier sehen, schon tausendmal dagewesen und hoffe wohl noch tausendmal wiederzukommen.»

Und dann erinnern wir uns an die bereits zitierte Stelle (siehe S. 12) über Goethes Auffassung von Toleranz, die wir Eckermanns Gesprächen entnommen haben:

> «Es ist eine große Torheit, zu verlangen, dass die Menschen zu uns harmonieren sollen. Ich habe es nie getan. Ich habe einen Menschen immer nur als ein für sich bestehendes Individuum angesehen, das ich zu erforschen und das ich in seiner Eigentümlichkeit kennen zu lernen trachtete, wovon ich aber durchaus keine weitere Sympathie verlange. Dadurch habe ich es nun dahin gebracht, mit jedem Menschen umgehen zu können, und dadurch allein entsteht die Kenntnis mannigfaltiger Charaktere sowie die nötige Gewandtheit im Leben. Denn gerade bei widerstrebenden Naturen muss man sich zusammennehmen, um mit ihnen durchzukommen, und dadurch werden alle die verschiedenen Seiten in uns angeregt und zur Entwickelung und Ausbildung gebracht, sodass man sich denn bald jedem Vis-à-vis gewachsen fühlt. So sollen Sie es auch machen. Sie haben dazu mehr Anlage, als Sie selber glauben; und das hilft nun einmal nichts, Sie müssen in die große Welt hinein, Sie mögen sich stellen, wie Sie wollen.»

Bevor wir auf die Gebiete von Kunst und religiöser Toleranz etwas näher eingehen, sei eine eindrucksvolle Schilderung eines monadistischen Erlebens, gepaart mit der wachen Sinnesoffenheit des Phänomenalismus, angeführt. Es ist die Schilderung, die Rudolf Steiner in seiner Autobiografie von der Begegnung mit dem österreichischen Dichter Fercher von Steinwand gibt.

«Ich hatte gerungen mit dem Rätsel der wiederholten Erdenleben des Menschen. Manche Anschauung in dieser Richtung war mir aufgegangen, wenn ich Menschen nahe getreten war, die in dem Habitus ihres Lebens, in dem Gepräge ihrer Persönlichkeit unschwer die Spuren eines Wesensinhaltes offenbaren, den man nicht in dem suchen darf, was sie durch die Geburt ererbt und seit dieser erfahren haben. Aber in dem Mienenspiel, in jeder Gebärde Fercher zeigte sich mir die Seelenwesenheit, die nur gebildet sein konnte in der Zeit vom Anfange der christlichen Entwickelung, da noch griechisches Heidentum nachwirkte in dieser Entwickelung. Eine solche Anschauung gewinnt man nicht, wenn man über die zunächst sich aufdrängenden Äußerungen einer Persönlichkeit sinnt; man fühlt sie erregt durch die solche Äußerungen scheinbar begleitenden, in Wirklichkeit aber sie unbegrenzt vertiefenden, in die Intuition eintretenden Züge der Individualität. Man gewinnt sie auch nicht, wenn man sie sucht, während man mit der Persönlichkeit zusammen ist, sondern erst dann, wenn der starke Eindruck nachwirkt und wie eine belebte Erinnerung wird, in der das im äußeren Leben Wesentliche sich auslöscht und das sonst ‹Unwesentliche› beginnt eine ganz deutliche Sprache zu reden. Wer Menschen ‹beobachtet›, um ihre vorangegangenen Erdenleben zu enträtseln, der kommt ganz gewiss nicht zum Ziele. Solche Beobachtung muss man wie eine Beleidigung empfinden, die man den Beobachteten zufügt; dann erst kann man hoffen, dass wie durch eine von der geistigen Außenwelt kommende

Schicksalsfügung sich das Langvergangene des Menschen in dem Gegenwärtigen enthüllt.

Gerade in der hier dargestellten Zeit meines Lebens errang ich mir die bestimmten Anschauungen über die wiederholten Erdenleben des Menschen. Vorher lagen sie mir zwar nicht ferne; aber sie rundeten sich nicht aus den unbestimmten Zügen heraus zu scharfen Eindrücken.»[186]

Dieses Zeugnis ist für unsere Betrachtungen in zweierlei Hinsicht von Bedeutung, zumal Steiner in seinem wissenschaftlichen Werk außerordentlich sparsam mit der Schilderung eigener Geist-Erfahrungen umgeht. Das besondere Ethos der respektvollen Achtsamkeit wird hier sichtbar, ebenso die meditative Verinnerlichung nach der erfolgten Begegnung. Wenn es auch nicht das Ziel von Begegnungen sein darf, ein ähnliches Erlebnis haben zu wollen, so würden doch die achtungsvolle Begegnung und die darauffolgende Verinnerlichung in jedem Fall unsere soziale Kompetenz steigern, ob in der Schule, der Partnerschaft[187] oder in der Arbeitswelt, unabhängig davon, ob sich daraus tiefere Einblicke ergeben oder nicht. Steiners ganze Anthropologie, die er deshalb Anthroposophie nennt, weil darin im Akt der Selbst- und Welterkenntnis stufenweise das erscheint, was weisheitsvoll die Welt «im Innersten zusammenhält», ist vom Grundansatz her streng monadistisch ausgerichtet. Sein philosophisches Hauptwerk, *Die Philosophie der Freiheit*, ist zwar u.a. auf einer streng psychistischen Erfahrung aufgebaut, wie sein Untertitel «Seelische Beobachtungsresultate nach naturwissenschaftlicher Methode» verrät. Aber sein ethischer Individualismus gipfelt in Sätzen, die gerade im Zusammenhang mit einer sich langsam entwickelnden multikulturellen Gesellschaft von großer Aktualität sind. Steiner hat zuvor davon gesprochen, dass der Mensch frei ist, «insofern er in jedem Augenblick seines Lebens sich selbst zu folgen in der Lage ist».[188] Dann heißt es:

«Die Handlung aus Freiheit schließt die sittlichen Gesetze nicht etwa aus, sondern ein; sie erweist sich nur als höherstehend gegenüber derjenigen, die nur von diesen Gesetzen diktiert ist. Warum sollte meine Handlung denn weniger dem Gesamtwohle dienen, wenn ich sie aus Liebe getan habe, als dann, wenn ich sie *nur* aus dem Grunde vollbracht habe, weil dem Gesamtwohle zu dienen ich als Pflicht empfinde? Der bloße Pflichtbegriff schließt die *Freiheit* aus, weil er das Individuelle nicht anerkennen will, sondern Unterwerfung des letztern unter eine allgemeine Norm fordert. Die Freiheit des Handelns ist nur denkbar vom Standpunkte des ethischen Individualismus aus.
Wie ist aber ein Zusammenleben der Menschen möglich, wenn jeder nur bestrebt ist, seine Individualität zur Geltung zu bringen? Damit ist ein Einwand des falsch verstandenen Moralismus gekennzeichnet. Dieser glaubt, eine Gemeinschaft von Menschen sei nur möglich, wenn sie alle vereinigt sind durch eine gemeinsam festgelegte sittliche Ordnung. Dieser Moralismus versteht eben die Einigkeit der Ideenwelt nicht. Er begreift nicht, dass die Ideenwelt, die in mir tätig ist, keine andere ist als die in einem Mitmenschen. Diese Einheit ist allerdings bloß ein Ergebnis der Welterfahrung. Allein sie *muss* ein solches sein. Denn wäre sie durch irgendetwas anderes als durch Beobachtung zu erkennen, so wäre in ihrem Bereich nicht individuelles Erleben, sondern allgemeine Norm geltend. Individualität ist nur möglich, wenn jedes individuelle Wesen vom andern nur durch individuelle Beobachtung weiß. Der Unterschied zwischen mir und meinem Mitmenschen liegt durchaus nicht darin, dass wir in zwei ganz verschiedenen

> Geisteswelten leben, sondern dass er aus der uns gemeinsamen Ideenwelt andere Intuitionen empfängt als ich. Er will *seine* Intuitionen ausleben, ich die *meinigen.* Wenn wir beide wirklich aus der Idee schöpfen und keinen äußeren (physischen oder geistigen) Antrieben folgen, so können wir uns nur in dem gleichen Streben, in denselben Intentionen begegnen. Ein sittliches Missverstehen, ein Aufeinanderprallen ist bei sittlich *freien* Menschen ausgeschlossen. Nur der sittlich Unfreie, der dem Naturtrieb oder einem angenommenen Pflichtgebot folgt, stößt den Nebenmenschen zurück, wenn er nicht dem gleichen Instinkt und dem gleichen Gebot folgt. *Leben* in der Liebe zum Handeln und *Lebenlassen* im Verständnisse des fremden Wollens ist die Grundmaxime der *freien Menschen.*»

Das sind Grundlagen einer weitherzigen Toleranz auf allen Lebensgebieten.

Beim Lesen der folgenden Ausführungen möge man sich in Erinnerung rufen, was diesbezüglich im Kapitel über den Mathematismus bereits ausgeführt wurde.

> «Es wird viele geben, die da sagen: der Begriff des *freien* Menschen, den du da entwirfst, ist eine Schimäre, ist nirgends verwirklicht; wir haben es aber mit wirklichen Menschen zu tun, und bei denen ist auf Sittlichkeit nur zu hoffen, wenn sie einem Sittengebote gehorchen, wenn sie ihre sittliche Mission als Pflicht auffassen und nicht frei ihren Neigungen und ihrer Liebe folgen. – Ich bezweifle das keineswegs. Nur ein Blinder könnte es. Aber dann hinweg mit aller Heuchelei der Sittlichkeit, wenn dieses *letzte* Einsicht sein sollte. Saget dann einfach: die menschliche Natur muss zu ihren Handlungen *gezwungen* werden, solange sie nicht *frei* ist. Ob man die Unfreiheit durch physi-

sche Mittel oder durch Sittengesetze bezwingt, ob der Mensch unfrei ist, weil er seinem maßlosen Geschlechtstrieb folgt oder darum, weil er in den Fesseln konventioneller Sittlichkeit eingeschnürt ist, ist für einen gewissen Gesichtspunkt ganz gleichgültig. Man behaupte aber nur nicht, dass ein solcher Mensch mit Recht eine Handlung die *seinige* nennt, da er doch von einer fremden Gewalt dazu getrieben ist. Aber mitten aus der Zwangsordnung heraus erheben sich die Menschen, die *freien Geister*, die sich selbst finden in dem Wust von Sitte, Gesetzeszwang, Religionsübung und so weiter. *Frei* sind sie, insofern sie nur sich folgen, *unfrei*, insofern sie sich unterwerfen. Wer von uns kann sagen, dass er in all seinen Handlungen wirklich frei ist? Aber in jedem von uns wohnt eine tiefere Wesenheit, in der sich der freie Mensch ausspricht.»

Erst auf diesem Hintergrund wird auch Steiners grundsätzlich pluralistische Einstellung in Fragen der Kunstästhetik verständlich. Wir zitieren nochmals den betreffenden Passus (siehe S. 145):

«So wie jedes wahre Kunstwerk ein individueller, persönlicher Ausfluss eines einzelnen Menschen ist, so kann jede Kritik auch nur die ganz individuelle Wiedergabe der Empfindungen und Vorstellungen sein, die in der Seele der betrachtenden Einzelpersönlichkeit aufsteigen, während sie sich dem Genusse des Kunstwerks hingibt. Ich kann niemals sagen, ob ein Gedicht objektiv gut oder schlecht ist, denn es gibt keine Norm des Guten oder Schlechten.»

Anders formuliert: Der konkrete, individuelle Mensch allein – weder Norm noch Mode – wird Quell der Kunsterkenntnis.

Die zwei Pole aller Kunst sind Schaffen und Erleben. In

den Kategorien unserer Weltanschauungen ausgedrückt ergibt sich folgendes Bild, womit wir das bisher über Kunst Ausgeführte fortsetzen wollen.

Es hat sich bisher gezeigt, dass praktisch jede Weltanschauung in mehr oder weniger relevanter Form mit der Dreiheit von Wissenschaft, Kunst und Religion zu tun hat.[189] Verschiedene Beispiele wurden angeführt, wobei alles in diesem Buch Entwickelte für den Leser selbstverständlich nur eine Anregung sein kann, den eigenen Weg zu vertiefen oder zu ergänzen. Wenn man den Reigen der Künste anschaut, sowohl die Künste, die sich im Raum entfalten, als auch die sprachlich-musikalischen, finden wir selbstverständlich im Menschen selber den einigen Quell all dieser Offenbarungen. Insofern ist jede Kunst eine anthropologische Angelegenheit. Man könnte auch sagen, dass das Urphänomen alles künstlerischen Schaffens in der Sprache zu sehen ist. So wie Gedanken, Empfindungen und Impulse mittels des Wortes aus unsichtbaren und unhörbaren Tiefen des Menschen aufsteigen und Klang und Gestalt annehmen, so setzt der Künstler sein Inneres in sichtbare oder hörbare Gestaltungen um. Während Sprache und Gesang, aber auch Tanz oder Eurythmie, durch die Organisation des Menschen in Erscheinung treten, benützt der bildende Künstler ein bestimmtes Material, das ihm die Welt zur Verfügung stellt, um ihm jene Formen aufzuprägen, die in seinem Schaffen zur Offenbarung drängen. Beim gelungenen Kunstwerk stellt man dann fest, dass die bloß subjektive Sphäre des Künstlers gleichsam verwandelt und erhöht erscheint: Ein Stück «Stoff» – ob Stimme, Körper oder Materie – ist verwandelt. Ein Drittes, Neues entsteht. Das Wesen tritt in Erscheinung.

Ist dann jedes Werk ein Kunstwerk? Im Sinne Steiners erlaube ich mir zu sagen: Das soll jeder für sich entscheiden! Dann kommt es auf die Dialogbereitschaft an – ganz im Sinne des Monadismus. Man kann und darf gewiss ein Werk ablehnen, denn wie überall in der Welt sind auch in der Kunst Licht und Schatten nah beieinander. Nur das Urteil darüber darf keine normative Kraft haben. Im Sinne des Monadismus heißt das: Bilde, kraft deines mathematisierenden Denkens, durch Beobachtung und Analyse dein ästhetisches Urteil. Lehnst du das Werk ab, vergiss nicht dabei den Menschen zu akzeptieren. Und wenn du sogar mit ihm ins Gespräch kommst – auch ins Streitgespräch –, kann es schon passieren, dass du dein Urteil über dieses und jenes Werk revidieren musst. Denn ein Gespräch kann Augen und Ohren öffnen!

Im Grunde genommen gilt das über die Kunst Gesagte auch für die Toleranz in religiösen Fragen, wo die Kluft zwischen notwendiger mathematistischer Erkenntnis-Sicherheit und notwendiger monadistischer Offenheit eine sehr große sein kann. Radikal-Fundamentalismus und scheinheilige Gleichgültigkeit sind hier die großen Schatten zweier Erkenntnissonnen. Eine positive Strömung in diesen Fragen ist die besonders in den letzten zehn Jahren bekannt und aktiv gewordene pluralistische Theologie. Wir sehen sie mitten im monadistischen Strombett. In einigen ihrer Vertreter bezieht sie eine ganz bestimmte Position gegenüber dem Christentum, die wir im letzten Kapitel dieses Buches etwas näher betrachten werden. Der Bayerische Rundfunk strahlte im Rahmen seiner Fernsehreihe «Stationen» am 14. Februar 2001 die Sendung «Wie gefährlich ist die pluralistische Theologie?» aus. Mit einem Zitat aus dem mir zugesandten Skript soll dieses Kapitel zum Abschluss kommen.

Während der Sendung wurden verschiedene Theologen befragt. Francis X. D'Sa aus Pune in Indien ist Jesuitenpater und wurde während eines Besuches in München angesprochen. Auf die Frage, ob es eine Verständigung zwischen der

Gottesvorstellung der Christen und der hinduistischen Welt der Götter geben könne, antwortete er: «Ich glaube, wir können nicht die Symbolsprache einer Religion gebrauchen, um die Symbolsprache einer anderen Religion zu verstehen. Wir können nur im Dialog einander verstehen. Erst wenn ich weiß, wie die anderen mich verstehen, dann kann ich so sprechen, dass sie mich nicht missverstehen.» Dann sagte die Sprecherin: «Für Francis X. D'Sa steht am Ende der Begegnung aller Weltreligionen nicht eine große Einheitsreligion, eher kann er sich die Einheit in der Vielfalt vorstellen.»[190]

«Ich bin Dynamit» – Dynamismus

Stellen wir uns eine Art Brille vor, ein Empfänger-Gerät etwa nach dem Muster eines Infrarotdetektors, den man in die bereits erwähnte Kirlian-Technik integriert hat, mit dem Unterschied nur, dass dadurch sämtliche Formen von Energie oder Kraft wahrgenommen werden. Wir gingen dann durch die Welt und sähen überall nur – Energie.

Vom einfachsten Glühwürmchen durch die Naturreiche und das Menschenreich bis hinauf zur Gottheit würden wir ein abgestuftes Reich von Kräften und Potenzen erleben: mechanische Energie, Kernenergie, Wärmeenergie, chemische und elektrische Energie, Wasserenergie, Strahlungsenergie, Biomassen und Muskelkraft und vieles andere mehr; sodann Vitalenergie, Seelenstärke und Geisteskraft.

Das ist das Beobachtungs- und Erlebnisfeld des Dynamismus, der in den letzten Jahrhunderten, besonders seit der Erfindung des die erste industrielle Revolution einleitenden mechanischen Webstuhls, einen Siegeszug ohnegleichen feiert. Auch ohne eine solche Brille zu tragen, denken heute unzählige Menschen – nicht nur in der Wirtschaft – in Kraftkategorien: Elan, Macht, Schwingungsebenen, Kraftfelder, Leistungsstärke, Erdstrahlen, Kilojoule, Potenz, Vitalität, um nur einiges zu nennen. Dazu kommen Erzeugnisse wie Kraftkorn-Brötchen, Power-Diät und Turbo-Müsli! Und auch der so genannte «Jugendwahn» gehört dazu. Man muss nicht unbedingt philosophisch geschult sein, um einen zünftigen Dynamisten zu geben! Jeder weiß: Wenn ein Stein auf die Erde fällt, wirkt die Schwerkraft, und in einem Magneten die magnetische Kraft. Und fast eine Selbstverständlichkeit ist es, dass das Sonnenlicht Zarathustras und Echnatons zur technisch verwertbaren Sonnenenergie wird. Ein Widerspruch? Keineswegs. Es sind nur zwei Sichtweisen *eines* umfassenden Phänomens.

Die Wissenschaft der zwölf Weltanschauungen – dieses Dodekaeder der Weisheit und des Lebens – zeigt eben überall das Berechtigte und im Prinzip Gleichwertige einer jeden Weltansicht als *Teil des Ganzen*. Sie handhabt zwar auch die längst bewährten analytischen und syllogistischen Werkzeuge, diese sind aber in das ganze Gefüge der Zwölfheit integriert und beruhen nicht auf etwaigen reduktionistischen oder agnostischen Prämissen. Diese Wissenschaft charakterisiert und bestimmt die Stellung des Einzelnen vom Ganzen her, und das Einzelne sucht seine Stellung im Lebendig-Ganzen. Das ist kein flacher Pluralismus, wohl aber eine intensive Erkenntnistätigkeit, die auch nach der Reinheit und Transparenz einer Farbe im Zusammenhang des ganzen Farbkreises fragt. Wir möchten das Ethos solcher Erkenntnis und ihre kognitive Technik als eine Art *Ars magna* gegenwärtiger und zukünftiger Sinn- und Wahrheitssuche bezeichnen.

Der Dynamist sieht durchaus richtig. Sein Erfahrungsbereich umfasst nicht nur Welterkenntnis, sondern auch besondere Tiefen der Selbsterfahrung. Seine Introspektion ergreift weniger die bewussten oder gefühlsmäßigen Komponenten im Feld komplexer Ich-Erfahrung, sondern vielmehr das in den Tiefen des Willens rumorende Kraftpotenzial. Die Nachbarschaft zum Psychismus wird hier besonders deutlich. Es handelt sich jedoch nicht um die, sagen wir, kompakte Erfahrung des eigenen Wesenskernes, sondern um die Entdeckung einer zu allem fähigen vitalen Energie. Dabei wird das eigene Ich insofern transzendiert, als der Mensch in

Tiefen hinabsteigt – in chthonische Tiefen der Seele –, die sich gewissermaßen der Herrschaft des Ich entziehen. Chthonische Gottheiten, also Gottheiten der Erdentiefe, waren bei den Griechen und Römern gefürchtet. Eine Ahnung dieser auch im Menschen wirkenden Gewalten kann man aus einem Gedicht Nietzsches bekommen:

Ecce Homo

Ja! Ich weiß, woher ich stamme!
Ungesättigt gleich der Flamme
Glühe und verzehr ich mich.
Licht wird alles, was ich fasse,
Kohle alles, was ich lasse:
Flamme bin ich sicherlich!

Bleiben wir eine Weile bei dieser Innenseite des Dynamismus. Philosophisch-weltanschaulich erfährt er mannigfache Varianten. Ganz dynamistisch schilderte einmal José Ortega y Gasset, worin eine starke Persönlichkeit besteht:

> «Eine starke Persönlichkeit welcher Art auch immer – moralisch, wissenschaftlich, künstlerisch, erotisch – ist auf keine Weise möglich ohne einen reichlichen Vorrat an der in den Untergründen unseres Inneren aufgehäuften vitalen Energie.»[191]

Lässt man diesen prägnanten Satz auf der weltanschaulichen Zunge zergehen – Dynamismus! –, so erlebt man sehr deutlich seine Oppositions-Stellung zur gegenüberliegenden Weltanschauung, nämlich zum Rationalismus. Ist der eine irrational, so dieser rational-vernünftig. Ist der eine im Prinzip chaotisch und ungeordnet, so dieser geformt und geordnet. Hält der Rationalist Ausschau nach den sternenklaren Harmonien des Kosmos, so sieht der Dynamist Vulkane auf der Erde und explodierende Sternenmassen im All: Apollon und Dionysos stehen sich gegenüber. Nietzsche hat diesen Gottheiten und den durch sie repräsentierten Erlebnisarten in seiner *Geburt der Tragödie* ein wirkliches Denkmal gesetzt. Er selber war in seinem Leben diesen Extremen mit voller Wucht ausgesetzt. Mit Recht schreibt Ivo Frenzel: «Denn Nietzsches Leben war im Ganzen ein unruhevoller Gang, ein Weg zwischen extremen Stimmungen, ein Hinundhergerissensein zwischen zwei Polen, zwischen einer Haltung voll rauschhafter Beglückung und einer solchen, deren Merkmale … rationale Distanz … gegenüber Menschen und Dingen waren.»[192] Der geniale Dichter-Philosoph geriet mehr und mehr in den Sog eines einseitigen, menschen- und gottfeindlichen, vernichtenden Dynamismus. «Ich bin Dynamit», schrieb er einmal. Das Tragische in diesem Leben ist besonders darin zu sehen, dass beide Anlagen zwar in jedem Menschen um friedliche Koexistenz ringen, sie aber in Nietzsche nicht zum Ausgleich kommen konnten. Wer denkt hier nicht an Fausts Worte, als er in der «Nacht» um Welt- und Selbsterkenntnis ringt:

> Zwei Seelen wohnen, ach! in meiner Brust,
> Die eine will sich von der andern trennen:
> Die eine hält in derber Liebeslust
> Sich an die Welt mit klammernden Organen;
> Die andre hebt gewaltsam sich vom Dust
> Zu den Gefilden hoher Ahnen.

Während es Goethe, der bei weitem kein einfacher Mensch war, gelang, beide «Rosse» – so könnte man im Anschluss an Platon die einander widerstrebenden Seelenkräfte auch nennen – zu einer lebenslangen schöpferischen Leistung zu führen, endete Nietzsche in völliger Umnachtung. Die Abgründe, die *in jedem Menschen* vorhanden sind, brachen bei ihm auf. Ja, es gibt sie immer und immer wieder, die menschliche Destruktivität. Kriege und gegenwärtige Kämpfe und Auseinandersetzungen führen es uns täglich vor Augen. In den Worten Fausts klingt stark das an die Welt fesselnde erotische Vermögen an, ein nicht immer gewaltfreier, ambivalenter Aspekt dynamistischer Wirklichkeit; Goethe selbst war sich außerdem wohl bewusst, dass es kein Verbrechen gibt, wozu er nicht die Anlage in sich hätte. Anders formuliert und im Sinne dessen, was wir im Kapitel über den Rationalismus in Anknüpfung an Platon bereits ausgeführt haben: Sowohl die Idee des Guten als auch die Idee des Bösen sind wirkende, aktive Weltenmächte. Beiden wohnt eine ungeheure Kraft inne, und ihre Meisterung im Sinne eines ethischen Individualismus ist vielleicht die am schwersten lösbare Aufgabe einer Zivilisation, in der menschenunwürdige Sexualität und Verbrechen eine noch nie zuvor gekannte Präsenz beziehungsweise Bild-Akzeptanz erlangt haben: *Sex and Crime* im Bild ist die Seelennahrung unzähliger Menschen geworden. Sie gehören zu den dunkelsten Seiten des Dynamismus: Rausch und Gewalt liegen außerordentlich nah beieinander. Aber sie gehören auch in den Bereich einer «in den Untergründen unseres Innern aufgehäuften vitalen Energie».

Lassen wir jetzt Nietzsche in seiner *Geburt der Tragödie* zu Wort kommen und wenden wir uns dann weiteren Aspekten dieser besonders aktuellen Weltanschauung zu. Wie schon verschiedentlich erwähnt, erfahren Weltanschauungen im Laufe der Geschichte Zeiten großer öffentlicher Entfaltung und Zeiten relativer Stille. Unter dem Aspekt der Wahrheits- und Sinnsuche soll nochmals betont werden, dass alle zwölf zur vollen Ausprägung unseres Mensch-Seins gehören: Es sind Herakles-Arbeiten einer zum vollen Selbst- und Weltbewusstsein erwachenden Menschheit. Ein Geist wie Nietzsche, voller Scharfsinn und Sensibilität, ist im Kampf gegen den Kerberos, der die Pforte zur Hölle bewacht, wie ein Held der klassischen Tragödie untergegangen. Hier, in knappen Zügen, seine Auffassung von Apollon und Dionysos:

«Diese freudige Notwendigkeit der Traumerfahrung ist gleichfalls von den Griechen in ihrem Apollo ausgedrückt worden: Apollo, als der Gott aller bildnerischen Kräfte, ist zugleich der wahrsagende Gott. Er, der seiner Wurzel nach der ‹Scheinende›, die Lichtgottheit ist, beherrscht auch den schönen Schein der inneren Fantasie-Welt. Die höhere Wahrheit, die Vollkommenheit dieser Zustände im Gegensatz zu der lückenhaft verständlichen Tageswirklichkeit, sodann das tiefe Bewusstsein von der in Schlaf und Traum heilenden und helfenden Natur ist zugleich das symbolische Analogon der wahrsagenden Fähigkeit und überhaupt der Künste, durch die das Leben möglich und lebenswert gemacht wird. Aber auch jene zarte Linie, die das Traumbild nicht überschreiten darf, um nicht pathologisch zu wirken, widrigenfalls der Schein als plumpe Wirklichkeit uns betrügen würde – darf nicht im Bilde des Apollo fehlen: jene maßvolle Begrenzung, jene Freiheit von den wilderen Regungen, jene weisheitsvolle Ruhe des Bildnergottes. Sein Auge muss ‹sonnenhaft›, gemäß seinem Ursprunge sein; auch wenn es zürnt und unmutig blickt, liegt die Weihe des schönen Scheines auf ihm.»

Dann ist die Rede von einem irrationalen Moment, einem Irrewerden an den Erkenntnisformen der Erscheinung, das als Grausen bezeichnet wird:

«Wenn wir zu diesem Grausen die wonnevolle Verzückung hinzunehmen, die bei demselben Zerbrechen des principii individuationis aus dem innersten Grunde des Menschen, ja der Natur emporsteigt, so tun wir einen Blick in das Wesen des Dionysischen, das uns am nächsten noch durch die Analogie des Rausches gebracht wird. Entweder durch den Einfluss des narkotischen Getränkes, von dem alle ursprünglichen Menschen und Völker in Hymnen sprechen, oder bei dem gewaltigen, die ganze Natur lustvoll durchdringenden Nahen des Frühlings erwachen jene dionysischen Regungen, in deren Steigerung das Subjektive zu völliger Selbstvergessenheit hinschwindet.»[193]

Nietzsche benutzt dann das Gegensatzpaar apollinisch-dionysisch als Okular, um Kunstformen zu charakterisieren, die in der griechischen Kultur eine erste Blüte entfaltet haben. Wir sind der Meinung, dass diese Mächte universeller Natur sind. In der Sprache C. G. Jungs würde man sie psychistisch als Archetypen bezeichnen, und der Spiritualismus sieht in ihnen Bilder für geistige Wesen.

Rationalismus und Dynamismus begleiten unsere Kulturen seit langer Zeit bis in die gegenwärtigen Tage, wobei der «vitale Pol» heute wie ein Götze angebetet wird. Fitness-Fieber, Rekordsucht, Anabolika, Energy drinks und Viagra sind die Ingredienzien eines Rituals der Vitalität und einer ewigen Jugend, die man auch mit Haarefärben, Facelifting, Fettabsaugen und einer medizinisch fragwürdigen Implantat-Chirurgie zu erkaufen hofft. Das alles ist nicht moralisch gemeint; es ist nur eine auf dem Boden des Dynamismus deutlich feststellbare Tatsache.

Andererseits ist diese rätselhafte, von Ortega y Gasset erwähnte «in den Untergründen unseres Innern aufgehäufte vitale Energie» eine Kraft, die sich in vielen Formen kulturfördernd äußern kann: Der vollmenschliche Eros ist ebenso ein Ausdruck davon wie die künstlerische, die moralische, die religiöse und die wissenschaftliche Schaffenskraft, wie überhaupt alles Produktive im Menschen.

Es gibt aber auch eine andere Energie. Im Kosmos finden wir sie wieder. Vom göttlichen Feuerlogos des Heraklit und des Evangelisten Johannes[194] bis zu den morphogenetischen Feldern Rupert Sheldrakes, eines Biologen unserer Tage, führt – vereinfacht ausdrückt[195] – eine direkte Linie. Es geht bei Sheldrake um die formschaffenden *Kräfte* im gesamten Naturgeschehen. In seinem 1984 in erster Auflage erschienenen Buch *Das schöpferische Universum – die Theorie des morphogenetischen Feldes*[196] äußert Sheldrake Gedanken, die sehr gut in den Kontext unserer Arbeit aufgenommen werden können, wobei nicht gesagt sein soll, dass sie deckungsgleich mit den auf Seite 189 f. erwähnten ätherischen Lebensbildekräften sind:

> «Der orthodoxe Ansatz der Biologie ist heute durch die mechanistische Theorie des Lebens gegeben: Lebende Organismen werden als physikochemische Maschinen gesehen, und sämtliche Lebensphänomene glaubt man in Begriffen der Physik und Chemie ausdrücken zu können. Dieses mechanistische Paradigma ist keineswegs neu, es ist in der Tat seit mehr als einem Jahrhundert bestimmend. Der wesentlichste Grund dafür, warum ihm die meisten Biologen treu bleiben, ist seine Funktionsfähigkeit. Es liefert ein Denkmodell, und in diesem Rahmen können Fragen über die physikochemischen Mechanismen von Lebensprozessen gestellt und beantwortet werden.
> Für diesen Ansatz sprechen auch spektakuläre Erfolge wie die Entschlüsselung des DNS-Codes. Dennoch haben Kritiker gute Gründe vorgebracht, die es zweifelhaft erscheinen lassen, dass alle Lebensphänomene, darunter auch das menschliche Verhalten, auf ausschließlich mechanistische Weise gedeutet werden können. Doch selbst wenn man eine strikte Begrenzung des mechanistischen Ansatzes nicht nur

in praktischer, sondern auch in grundsätzlicher Hinsicht zuließe, könnte man ihn nicht einfach aufgeben. Er ist zur Zeit der einzige für die experimentelle Biologie verfügbare Ansatz, und zweifellos wird man ihm folgen, bis sich eine positive Alternative findet.»[197]

Sheldrake spricht dann von den Möglichkeiten einer Revision der mechanistischen Theorie und schreibt, gleichsam programmatisch:

«Die organizismische oder holistische Philosophie vermittelt eine möglicherweise noch radikalere Revision der mechanistischen Theorie. Diese Philosophie leugnet, dass sich alles im Universum gewissermaßen von Grund auf in der Sprache der Eigenschaften von Atomen oder gar aller hypothetischen ‹letzten Bausteine› der Materie erklären lässt. vielmehr erkennt sie die Existenz hierarchisch organisierter Systeme an, die auf allen Ebenen unterschiedlicher Komplexität Eigenschaften aufweisen und die nicht vollständig begriffen werden können, wenn man sie voneinander isoliert betrachtet. Auf jeder Stufe ist das Ganze mehr als die Summe seiner Teile. Man kann sich diese Ganzheiten als Organismen vorstellen, wobei dieser Begriff in einem bewusst weit gefassten Sinne verstanden wird, um nicht allein Tiere, Pflanzen, Organe, Gewebe und Zellen einzuschließen, sondern auch Kristalle, Moleküle, Atome und subatomare Teilchen. Diese Philosophie zielt letztlich auf einen Wechsel vom Paradigma der Maschine zum Paradigma des Organismus in den biologischen *und* den physikalischen Wissenschaften. In A. N. Whiteheads bekanntem Satz heißt es: ‹Biologie ist das Studium der größeren Organismen, Physik das Studium der kleineren Organismen.›»[198]

An einer späteren Stelle dieses bemerkenswerten Buches fasst er einige seiner Forschungsergebnisse zusammen:

> «Neben den Arten energetischer Verursachung, die in der Physik bekannt sind, und der Verursachung, die sich auf die Strukturen bekannter physikalischer Felder zurückführen lassen, ist ein weiterer Typ von Verursachung verantwortlich für die Formen aller materiellen morphischen Einheiten (subatomare Teilchen, Atome, Moleküle, Kristalle, quasi-kristalline Aggregate, Organellen, Zellen, Gewebe, Organe, Organismen). Form in dem hier verstandenen Sinne beinhaltet nicht nur die Gestalt der nach außen sichtbaren Oberfläche der morphischen Einheit, sondern auch deren innere Struktur. Diese Verursachung, die wir *formbildende Verursachung* nennen, überträgt auf die Veränderungen, die von energetischer Verursachung bewirkt werden, eine räumliche Ordnung. Die Verursachung selbst ist nicht energetischer Natur, auch können wir sie nicht auf die Form einer Verursachung zurückführen, wie sie von bekannten physikalischen Feldern herrührt.»[199]

Um zum Verständnis einer «formbildenden Verursachung», die selber nicht energetischer Natur ist, zu gelangen, ist es notwendig, das Wunder des Sprechens heranzuziehen. Diese menschlichste aller Verständigungsmöglichkeiten, über die schon im vorigen Kapitel einiges gesagt wurde, soll nun noch von einer anderen Seite etwas näher ins Auge gefasst und *im Zusammenhang* mit dem angeschaut werden, was in diesem Buch sich bereits an Weltanschauungen herauskristallisiert hat.

Verfolgen wir kurz die Entstehung des situativen Sprechens, und zwar ganz schlicht und phänomenologisch-psychistisch.

Ein auszusprechender Inhalt, eine bestimmte Intuition

taucht im Feld des Bewusstseins auf. Es ist zunächst eine durch das eigene Ich gefärbte, innerlich erfasste Bewusstseinsform, gleichsam eine *Formpotenz.* Dieses immaterielle Ur-Konzept ist von einer bestimmten Gefühls- und Willensintensität durchdrungen und wird mittels der Sprachorganisation eine hörbare, physikalisch messbare und tontechnisch festlegbare Realität. Ein Wort oder eine Wortfolge ist somit geboren; ein *über-sinnliches* Element ist *sinnlich* geworden. Eine geistige Bewusstseins-Potenz wird «Fleisch» und wohnt unter uns. Es war Impuls, das heißt *Leben;* das Leben war dann Bewusstseins-*Licht*, und für einen Augenblick erleuchtet dieses Licht eine vielleicht ausweglose, dunkle zwischenmenschliche Situation.

So klar und selbstverständlich dieser Vorgang erscheint, so tief sind die Gedanken, die daraus geschöpft werden können. Denn diese Fleischwerdung eines rein im Bewusstsein erfassten Inhalts ist – gewissermaßen als Miniatur-Geschehen – die tägliche Wiederholung dessen, was, nach dem Evangelisten Johannes, sich im Urbeginne des Weltwerdens zugetragen hat. In seinem Sinne ist Alles aus dem tönenden, schaffenden Weltenwort entstanden, und Nichts ist entstanden außer durch die kosmische Wort-Kraft: durch den Logos, der zugleich Gedanke ist. Jedes Wort wurde, von höherem Willen getragen und durchdrungen, Wesenheit. Aus dem Geist verdichtete sich sinnliche Substanz.

Der Mensch selbst, als ein mit Geist, Seele und Leib begabtes Wesen, ist nach diesem archetypischen Prozess gebildet. Bei jeder Geburt stehen wir im Grunde genommen der Verseelung und Verleiblichung eines ganz bestimmten «Inhaltes» gegenüber, der in den dargereichten Erbstrom schon bei der Empfängnis formend eintaucht, um sich immer adäquater *aussprechen* zu können. Das Heranwachsen eines Kindes ist in diesem Sinn eine fortwährende Selbstmitteilung.

Wort, Welt und Mensch haben dieselbe Signatur. Mit dem Wahrnehmen der Urpflanze, die in sich die noch ungeborene Kraftform jedes Pflanzengebildes trägt, begann Goethe, in diesen schöpferischen Bereich erkenntnismäßig einzudringen. Die Natur zeigt uns, wie das gesprochene Wort, zunächst nur das Gewordene: eine gesetzmäßig aufgebaute, sinnlich wahrnehmbare Welt.

So betrachtet, erscheint auch der Mensch als Produkt äußerer Evolutionsverhältnisse. Lernt er jedoch, durch eine zeitgemäße Ausbildung seiner «verkannten, unbekannten» geistigen Wahrnehmungsorgane – ganz im Sinne des Pneumatismus – jenes «Lied», das nach Eichendorff in allen Dingen schläft, zu entzaubern, so gerät das Erstarrte wieder in Bewegung: Schöpferische Kräfte erscheinen durch die transparent gewordene Natur, und die Welt «hebt an zu singen». Eine poetische Metapher? Nein: eine jederzeit erreichbare und immer wieder von Menschen gemachte Erfahrung! Menschenwort und Weltenwort – als Kraft gesehen – gehören zum Dynamismus. Als *Formendes* sind sie auch in den Bereichen von Idealismus, Rationalismus und Mathematismus beheimatet und als *Geformtes* im Materialismus, Sensualismus und Phänomenalismus. Im tiefsten Grund des Psychismus erfahren wir den göttlichen Schöpfer (siehe S. 173), unter Umständen als «Ich im ICH» oder auch als den *In-Begriff* der Weltseele, die wir im Pneumatismus zunehmend *ahnen.* Im Spiritualismus-Monadismus steigert sich diese Erfahrung in eine personalistische, das heißt sie ist nicht allgemein-pantheistisch, sondern mit dem Charakter der Person versehen. In einer seiner Zahmen Xenien mokiert sich Goethe, der diese wichtige Position mit Entschiedenheit vertrat, darüber, dass «der Professor» wohl eine Person sei, Gott aber keine sein soll:

Was soll mir euer Hohn
Über das All und Eine?
Der Professor ist eine Person,
Gott ist keine.

Wenn wir den Aspekt der Kraft hier besonders herausstellen, kommen wir nicht umhin, nochmals auf die unausschöpfliche Dimension der göttlichen Trinität hinzuweisen. Die vielen Triaden, die wir in einigen Religionen vorfinden – von Osiris, Isis, Horus in Ägypten über Brahma, Shiva, Vishnu in Indien bis hin zu den keltischen Triaden, um nur drei Beispiele zu nennen – sind zwar hermeneutisch nicht der christlichen Dreifaltigkeit gleichzusetzen, zeigen aber alle das Bestreben, in triadischer Form dem großen «Welträtsel» gerecht zu werden. Auch der aus Leib, Seele und Geist bestehende, also trichotomische Mensch, den wir bei Paulus finden (zum Beispiel 1. Thess. 5,23), wurde als Abbild der Gottheit zu diesem Rätsel gehörig empfunden. Ein bestimmter Aspekt der Dreifaltigkeit kann uns bei der Frage nach der kosmischen Ur-Energie weiterhelfen, denn diese ist selber im gewissen Sinn dreigliedrig. Die Ur-Kraft, die am Anfang war, ist ja zunächst verborgen, unoffenbar – wie bei uns Menschen das Unausgesprochene. Es ist alles noch reine Potenz. Das ist der «Vater». Der Logos-Christus bricht nun gewissermaßen das gewaltige Schweigen Gottes und wird sein Wort: Die Schöpfung beginnt. Die Reiche der Natur sind gleichsam geronnene Sätze: Buchstaben, Silben und Worte Gottes. Der Kosmos offenbart sich der Menschheit als Phänomen, sinnliche Erfahrbarkeit und als «Materie»: Im *Bewusstsein* der beseelten Wesen, bis zum Menschen hin, kommt der «Geist» zum Ausdruck. Also: *Sein, Werden* und *Bewusstsein.* Im Kapitel über den Mathematismus haben wir davon gesprochen (siehe S. 198), dass sich die Einheit Gottes in die wirkende Dreiheit von Vater, Sohn und Heiligem Geist teilt und diese Drei-Einheit historisch wie überzeitlich wirkt. Wir nannten den Vater die Seins-Grundlage, den Logos-Sohn die Gottesmacht, welche die Schöpfung anregt und von innen her bis in die tiefsten Herzenstiefen des Menschen die Welt durchdringt, und den Heiligen Geist das Bewusstsein sowohl des Irdischen als auch des Göttlichen in Mensch und Kosmos. Wir haben also Seins-Kraft im Vater, Werde-Kraft im Sohn und Bewusstseinskraft im Geist. Im Werden entfaltet sich wieder eine Dreiheit, in Begriffen der klassischen Physik: potenzielles Werden im Vater, kinetisches Werden durch den Logos und Aktualität des Werdens durch den Geist. Schließlich gibt es Bewusstsein im Vater, Bewusstsein im Sohn und – man verzeihe die Tautologie – Bewusstsein im Geist.

Aber Sein, Werden und Bewusstsein sind wiederum eine Einheit in der Einigkeit Gottes, die sich ja im Menschen als seinem Ebenbilde evolutionär widerspiegelt. Die so genannten «Abschiedsreden» im Johannes-Evangelium sind eine einzigartige Meditation über die hier nur kurz angerissenen Zusammenhänge. Es ist wichtig, hier ein wenig zu verweilen, zumal manches in diesem Kapitel Ausgeführte bereits das Ufer des *Realismus* erreicht, worauf wir später eingehen wollen.

«Da sprach Thomas zu ihm: Herr, wir wissen nicht, wohin du gehst. Wie sollen wir den Weg kennen? Jesus antwortete: Ich Bin der Weg und die Wahrheit und das Leben. Keiner findet den Weg zum Vater außer durch mich. Wenn ihr mich erkannt hättet, so kenntet ihr auch meinen Vater. Von jetzt an erkennt ihr ihn, denn ihr habt ihn gesehen.
Da sprach Philippus zu ihm: Herr, zeige uns den Vater, das ist alles, was wir brauchen. Jesus antwortete: So lange bin

ich nun schon bei euch, und du hast mich nicht erkannt, Philippus? Wer mich gesehen hat, der hat den Vater auch gesehen. Wie kannst du da noch sagen: Zeige uns den Vater? Glaubst du nicht, dass Ich im Vater bin und dass der Vater ist in mir? Die Worte, die ich zu euch spreche, spreche ich nicht von mir aus. Der Vater, der in mir lebt, vollbringt durch mich seine Werke. Glaubet mir, dass mein Ich im Vater und der Vater in meinem Ich lebt. Könnt ihr mir nicht vertrauen, so vertrauet doch auf diese Werke. Ja, ich sage euch: Wer mein Ich in sich aufnimmt, der wird die Werke auch zu tun vermögen, die ich tue, und er wird größere tun, denn ich gehe zum Vater …
Wenn ihr mich in Wahrheit liebt, so nehmet meine Weltenziele in euren Willen auf. und ich will den Vater bitten, und er wird euch einen anderen Beistand, den Spender des Geistesmutes, senden, der bei euch sein wird für diese ganze Weltenzeit, den Geist der Wahrheit und Erkenntnis. Ihn können nicht alle Menschen aufnehmen. Sie sehen ihn nicht und erkennen ihn nicht. Ihr aber erkennt ihn, denn er waltet als euer höheres Wesen über euch und wird in euer Inneres einziehen. Ich will euch nicht als Waisen zurücklassen. Ich komme zu euch. Noch eine kurze Zeit, so sieht die Welt mich nicht mehr; ihr aber seht mich. Ich lebe, und ihr sollt teilhaben an diesem Leben. An jenem Tage werdet ihr erkennen, dass ich im Vater bin und ihr in mir und ich in euch. Wer meine Weltenziele kennt und in seinen Willen aufnimmt, der ist es, der mich in Wahrheit liebt. Und wer mich liebt, der wird geliebt werden von meinem Vater, und ich werde ihn lieben und mich ihm offenbaren …
Jetzt aber gehe ich hin zu dem, der mich gesandt hat; und keiner von euch fragt mich: Wohin gehst du? Jetzt, da ich solches zu euch gesagt habe, zieht Traurigkeit in eure Her-

zen ein. Aber ich sage euch die Wahrheit: Es ist zu eurem Heil, dass ich hingehe. Denn ginge ich nicht hin, so käme der Beistand, der Spender des Geistesmutes, nicht zu euch. Wenn ich nun hingehe, werde ich ihn zu euch senden.
… es kommt die Stunde, da ich nicht mehr in Bildworten zu euch sprechen werde. Dann werde ich offen und unmittelbar zu euch von dem Vater sprechen. An jenem Tage werdet ihr in meinem Namen bitten. Ich sage nicht, dass ich für euch den Vater bitten werde. Denn der Vater selbst liebt euch, weil ihr mich geliebt und weil ihr geglaubt habt, dass ich vom Vater komme. Ich bin aus dem Vater hervorgegangen und in die irdische Welt gekommen. Und nun verlasse ich die Welt der Sinne wieder und gehe zum Vater …
Als er das gesagt hatte, erhob Jesus seine Augen zur Schau des Geistes und sprach: Väterlicher Weltengrund, die Stunde ist gekommen; offenbare deines Sohnes Wesen, damit dein Sohn dein Wesen offenbare. Du hast ihn zur schaffenden Kraft gemacht in allen irdischen Menschenleibern, damit er allen, die durch dich zu ihm kamen, das wahre Leben verleihe. Das aber ist das wahre Leben, dass sie dich erkennen als den wahrhaft einigen Weltengrund und Jesus Christus als den, den du zu ihnen gesandt hast. Ich habe auf der Erde dein Wesen geoffenbart und das Werk vollendet, das du mir zu tun auferlegt hast. Und nun, väterlicher Weltengrund, lasse du mein Wesen offenbar werden in dem Lichte, das mich bei dir umstrahlte, ehe die Welt noch bestand.
Ich habe dienen Namen zur Erscheinung gebracht für die Menschen, die durch dich aus der Welt zu mir kamen. Dein waren sie, und du gabst sie mir, und sie haben dein Wort in ihrem Inneren bewahrt. So haben sie erkannt, dass alles, was du mir gegeben hast, aus dir ist; denn alle Wor-

> teskraft, die du mir gegeben hast, habe ich zu ihnen gebracht. Sie haben sich damit erfüllt und haben wirklich erkannt, dass ich von dir komme, und sind zu dem Glauben gekommen, dass ich von dir gesandt bin.» (Joh. 14,5 – 17,8)

Vom Psychismus über Pneumatismus, Spiritualismus und Monadismus bis hin zum Dynamismus spannt sich der Bogen, der diese Worte umfasst! Wir ahnen: Die zwölf Weltanschauungen sind Ausdruck des schaffenden Logos.

Eine besondere Seite des Dynamismus wird uns hier offenbar: der Tod. Der Gang des Christus zum Vater ist der Gang in den Tod. Und er weiß: Aus dem Tod wird neues Leben. Für sinnliche Augen bedeutet Tod, Verwesung, Ent-werdung. Kosmisch gesehen bedeutet jedoch der Tod nichts anderes als Rückkehr der «kinetischen» Energie in den Zustand der Potenzialität. Der dynamistische Kreislauf der Schöpfung ist also gewissermaßen: Ursprung und Rückkehr. Dazwischen schafft der Logos im Bunde mit dem Geist immer wieder und immer neu ein Feuer, das immer wieder nach Maßen verbrennt und nach Maßen verlöscht, um es mit Heraklit zu sagen. Erst unter diesem Aspekt wird verständlich, was Goethe in seinem Aufsatz über die Natur sagt:

> «Leben ist ihre schönste Erfindung, und der Tod ist ihr Kunstgriff viel Leben zu haben … Sie ist ganz, und doch immer unvollendet. So wie sies treibt, kann sies immer treiben. Jedem erscheint sie in einer eigenen Gestalt. Sie verbirgt sich in tausend Namen und Termen und ist immer dieselbe. Sie hat mich hereingestellt, sie wird mich auch herausführen. Ich vertraue mich ihr.»

In Bezug auf die Sprache müsste man sagen: Jedes Wort entsteht und vergeht, muss immer neu aus dem Schweigen geboren werden und ist dem Tode geweiht. In diesem Rhythmus von Werden und Vergehen entdecken wir ein weiteres Grundprinzip der Schöpfung und auch einen bedeutenden Aspekt des Dynamismus. Diese Tatsachen werden auch von bedeutenden Wissenschaftlern der Gegenwart festgestellt. Hans-Peter Dürr, durch viele Jahre hindurch Direktor des Werner-Heisenberg-Instituts am Max-Planck-Institut für Physik und Astrophysik in München, Träger des Alternativen Nobelpreises und unter anderem in der Umweltbewegung engagiert, kam bei seinen Forschungen zu außerordentlich bemerkenswerten Erkenntnissen. Er betrachtet das tradierte materialistische Weltbild als nicht mehr zeitgemäß. In der folgenden Darstellung finden wir Motive, die auch in unserer Arbeit immer wieder zur Sprache gekommen sind. Sie sind auch eine schöne Ergänzung des auf Seite 71 f. dieser Schrift Dargestellen:

> «Die Natur ist stofflich, materiell. Wir können sie zerlegen, ohne dass sie ihre materiellen Eigenschaften verliert. Wir sprechen von kleinsten Teilchen, die sich nicht weiter zerbrechen lassen, Atome, die gewissermaßen unendlich hart sind. Sie sollen die Eigenschaft haben, dass sie im Laufe der Zeit immer mit sich selbst identisch bleiben. Durch die zeitliche Kontinuität der Materie wird so eine Kontinuität der Welt gewährleistet. Die beobachtbaren Veränderungen in der Welt geschehen durch Umordnung dieser kleinsten Teilchen. Wir haben also die Sichtweise: der Stoff, die Materie ist primär, sie bleibt gleich; die Form, die Gestalt ist dagegen sekundär, sie entsteht durch die Beziehungsstruktur von Stoff, durch die Wechselwirkung der Materie und ändert sich ständig im Ablauf der Zeit.
> Die moderne Auffassung ist ganz anders. Sie kommt zur Erkenntnis, dass die Welt im allerkleinsten nicht einfach ein verkleinertes Abbild unserer Lebenswelt ist, dass sie

nicht die Struktur einer russischen Matryoschka-Puppe hat, die beim Zerlegen im Wesentlichen immer wieder auf Gleiches oder Ähnliches stößt. Ein Atom ist sozusagen kein kleiner Apfel, kein Objekt wie ein winziges Sandkorn, auch kein kleines Planetensystem. Nein, nichts dergleichen: Wenn wir die Materie immer weiter auseinandernehmen, bleibt am Ende nichts mehr übrig, was uns an Materie erinnert. Am Schluss ist kein Stoff mehr, nur noch Form, Gestalt, Symmetrie, Beziehung. Materie ist nicht aus Materie zusammengesetzt!

Was bedeutet das? Wir haben eine Umkehrung: Das Primäre ist Beziehung, der Stoff das Sekundäre. Materie ist ein Phänomen, das erst bei einer gewissen vergröberten Betrachtung erscheint. Stoff ist geronnene Form. Vielleicht könnten wir auch sagen: Am Grunde bleibt nur etwas, was mehr dem Geistigen ähnelt – ganzheitlich, offen, lebendig: Potenzialität. Materie ist die Schlacke dieses Geistigen – zerlegbar, abgeschlossen, determiniert: Realität. In der Potenzialität gibt es keine ein-eindeutigen Ursache-Wirkungs-Beziehungen. Die Zukunft ist im Wesentlichen offen. Es lassen sich für das, was ‹verschlackt›, was real passiert, nur noch Wahrscheinlichkeiten angeben. Es gibt keine Teilchen, die unzerstörbar sind, die mit sich selbst identisch bleiben, sondern wir haben ein ‹feuriges Brodeln›, ein ständiges Entstehen und Vergehen. In jedem Augenblick wird die Welt neu geschaffen, aber im Angesicht, im ‹Erwartungsfeld›, der abtretenden Welt. Die alte Potenzialität in ihrer Ganzheit gebiert die neue und prägt neue Realisierungen, ohne sie jedoch eindeutig festzulegen. In diesem andauernden Schöpfungsprozess wird ständig ganz Neues, Noch-nie-Dagewesenes geschaffen. Alles ist daran beteiligt. Das Zusammenspiel folgt bestimmten Regeln – physikalisch wird es beschrieben durch eine Überlagerung komplexwertiger Wellen, die sich verstärken und schwächen können. Es ist ein Plussummen-Spiel, wo Kooperation zur Verstärkung führt und das interessanterweise auch eine teleologische Ausrichtung (Hamiltonsches Prinzip der kleinsten Wirkung) imitieren kann. Der zeitliche Prozess ist nicht einfach Entwicklung und Entfaltung, ein ‹Auswickeln› von schon Bestehendem, von immer-währender Materie, die sich nur eine neue Form gibt. Es ist echte Kreation: Verwandlung von Potenzialität in Realität.

Das mag eine schlechte Nachricht für diejenigen bedeuten, die die Natur manipulieren und letztlich ‹in den Griff› bekommen wollen. Denn wir können gar nicht genau wissen, was unter vorgegebenen Umständen in Zukunft passieren wird. Und dies – wohlgemerkt – nicht aus noch mangelnder Kenntnis, sondern als Folge der Sowohl/Als-auch-Struktur der Potenzialität, die mehr die lose Verknüpfungsstruktur freier Gedanken hat.

Das ist aber eine gute Nachricht für alle diejenigen, die den Menschen als einen Teil derselben einen großen Wirklichkeit betrachten und erleben, ohne bei dieser Einbindung in das Eine den Menschen und die übrige lebende Kreatur dabei zu leblosen Maschinenteilen reduzieren zu müssen. Die Mitwelt kann von keinem mehr absolut verlässlich manipuliert werden, aber jeder, jede und jedes kann in gewissem Grade an einer Gestaltung der Zukunft kreativ mitwirken.»[200]

«Verwandlung von Potenzialität in Realität»! damit schließen sich die in diesem Kapitel über die kosmische Seite des Dynamismus geäußerten Aspekte zu einem tragfähigen Bild zusammen.

Es wurden vorhin, im Anschluss an Platon, die Ideen des Guten und des Bösen erwähnt, und zwar im Zusammenhang mit der menschlichen Destruktivität, die als ein Aspekt des Dynamismus bezeichnet wurde. Denn eigentlich kann nur beim Menschen vom Bösen gesprochen werden. Entstehen und Vergehen, Bilden und Umbilden – Tod und neues Leben – sind selbstverständlich im großen Haushalt des Kosmos fördernde Mächte. Der Herbst oder der Monat November mit seinen kalten Schauern sind gewiss nicht «böse». Die Kraft des Vaters ist ja das, was Platon das Ur-Gute nennt! Selbst Christus weist die Anrede «guter Meister» von sich ab: «Als er seinen Weg weiter zog, überholte ihn einer in eiligem Lauf, kniete vor ihm nieder und fragte ihn: Guter Meister, was muss ich tun, um das zeitlose Leben zu erlangen? Jesus sprach zu ihm: Warum nennst du mich gut? Keiner ist gut außer dem einigen Gott.» (Mk. 10,17) Das Problem entsteht also, wenn der Mensch einseitig Zerstörung bewirkt – Gewalt zieht immer Gewalt an – oder wenn er einseitig *nur* «Leben», das heißt Freude, Aufbau und ewige Harmonie will beziehungsweise einen ewig dauernden, wie auch immer gearteten «dionysischen» Rausch oder zumindest eine dauernde Hochstimmung. Denn dass auch die «wonnevolle Verzückung» als hedonistische Grundhaltung – ob durch Sexualität, Rauschdrogen oder Alkohol – auf die Dauer einen existenziellen «Kater» hinterlässt, ist hinlänglich bekannt. Die gesunde menschliche Natur ist auf die Gleichgewichtslage all ihrer Kräfte und Prozesse angewiesen; ein Abweichen davon führt in die Krankheit. Abbau und Aufbau sind einfach Lebensgesetze!

Wie kann man also den Kerberos im eigenen Innern überwinden oder sogar zähmen? Die griechische Mythologie gibt hier eine wunderbare Antwort: Orpheus bezwang den

Kerberos durch die seelenverwandelnde *Kraft* der Kunst. Dass sie Kreativität bei Kindern und Erwachsenen fördert, ist mittlerweile bekannt; auch dass sie therapeutisch wirken kann. Im Kunsterleben und noch mehr im Kunstschaffen werden Tiefenkräfte im Menschen aktiviert, die ihm in allem, was er unternimmt oder auch unterlässt, einen schöpferischen Zug verleihen. Es heißt dann auch sozial handeln statt behandelt zu werden, initiativ denken und empfinden statt ewig Gestriger zu bleiben! Ein progressives Moment durchzieht dann zunehmend den Alltag. Der kreative Mensch sollte eigentlich Ziel aller Bildung sein; denn innere Kreativität ist der beste Weg zur Sinnfindung in einer von unterschiedlichsten Widersprüchen zerrissenen Umwelt. «No future» als Grundstimmung der eigenen Biografie macht einer echten Lebenskunst Platz. Ludwig Wittgenstein sagte einmal, dass der Sinn der Welt außerhalb ihrer liegen müsse. Wenn man diesen Satz im Leben anwenden will, so kann man nur aussteigen. Der künstlerisch tätige Mensch widerspricht grundsätzlich dieser Anschauung. So wie er beispielsweise einem unbehauenen Stein eine Form oder aber einem leeren Blatt Farbe oder Inhalt – das heißt: eine *Bestimmung* – gibt, so schafft er *Sinn* in seine Schöpfungen hinein. Der wahre Lebenskünstler kann selbst dem spröden Material des Lebens – seinem Schicksal – einen Sinn geben, so wie der Künstler seinem Stoff. Insofern ist Kunst auch Ausdruck des schaffenden Logos.

Ähnliches kann durch eine lebensvolle Religiosität, unter Umständen intensiviert durch einen spirituellen Kultus, bewirkt werden. Da öffnen sich dem Menschen Tore zu einem Leben, von dessen Existenz er früher nur blasse Vorstellungen hatte. Das Ewige im Menschen erhält eine Speisung, die nicht vergeht. Gleichgültig, ob ich mehr ein Denker bin oder ein Gemütsmensch oder ein Tatenschneller, diese spirituelle

Lebensdynamik ist allen, im Sinne unseres Farbenkreises «reinen», religiösen Formen inhärent. Es gibt freilich auch destruktive Kulte, wie beispielsweise die so genannten «Schwarzen Messen» und Ähnliches.

Ein schönes Beispiel dieser konkret-geistigen Ernährung in Bezug auf die *Kräfte* des Erkennens, des Fühlens und des Handelns finden wir wiederum im Johannes-Evangelium, wobei diese Einteilung *nur* eine Akzentuierung bedeutet: Bei dieser Lebenskraft schwingt der ganze Mensch mit. Zunächst ein, schon zitiertes, Wort aus dem hohepriesterlichen Gebet, das Christus an den Vater richtet:

> «Das aber ist das wahre Leben, dass sie dich erkennen als den wahrhaft einigen Weltengrund und Jesus Christus als den, den du zu ihnen gesandt hast.» (Joh. 17, 2f.)
> «Und sie fragten weiter: An welchem Zeichen, das du tust, können wir dein eigentliches Wesen sehen und Vertrauen zu dir fassen? Welches ist dein Wirken? Unsere Väter haben in der Wüste das Manna gegessen, wie es in der Schrift heißt: ‹Brot aus dem Himmel gab er ihnen zu essen.› Jesus antwortete ihnen: Ja, ich sage euch: Nicht Moses hat euch das Brot aus dem Himmel gegeben, sondern mein Vater ist es, der euch das geistwirkliche Brot aus dem Himmel gibt. Das ist das Brot Gottes, das vom Himmel herniedersteigt und der Welt das wahre Leben gibt. Da sprachen sie: Herr gib uns dieses Brot zu jeder Zeit.
> Jesus antwortete: Ich bin das Brot des Lebens. Denn der zu mir kommt, wird nicht mehr hungern, und wer sein Vertrauen in mich setzt, den wird nicht mehr dürsten.» (Joh. 6, 30–36)

Die Erkennenden und Vertrauenden, die den Willen Gottes verwirklichen, erwartet eine Kräftigung ihrer ganzen Natur, denn dieses «Leben», wovon in den Evangelien immer wieder die Rede ist, ist das Element einer wirklichen, kraftvollen, von Begeisterung getragenen kosmischen Jugend, die jeder, wie auch immer seine Lebensuhr gestellt sein mag, hier und jetzt erreichen kann: «Mittlerweile forderten seine Jünger ihn auf: Meister, iss! Aber er antwortete ihnen: Ich habe eine Speise, um davon zu zehren, die ihr nicht kennt. Da sprachen die Jünger untereinander: Hat ihm denn jemand etwas zu essen gebracht? Jesus antwortete: Meine Speise ist es, aus dem Willen dessen zu wirken, der mich gesandt hat, und sein Werk zu vollenden.» (Joh. 4, 31 – 34) – «Da sprach Jesus zu ihr [Martha]: Ich bin die Auferstehung und das Leben. Wer sich glaubend mit meiner Kraft erfüllt, wird leben, auch wenn er stirbt; und wer mich als sein Leben in sich aufnimmt, ist von der Macht des Todes befreit im ganzen irdischen Zeitenkreis.» (Joh. 11, 25f.) Auch das gehört zum Dynamismus in seiner kosmisch-menschlichen Dynamik.

Somit fasst der Dynamismus als Oberbegriff alle vorkommenden Kräfte zusammen: Kernphysik und Ernährung, die morphogenetischen Felder und die Ätherkräfte, Eros und Thanatos, Kunst und Religion …

Die Weltenwaage – Realismus

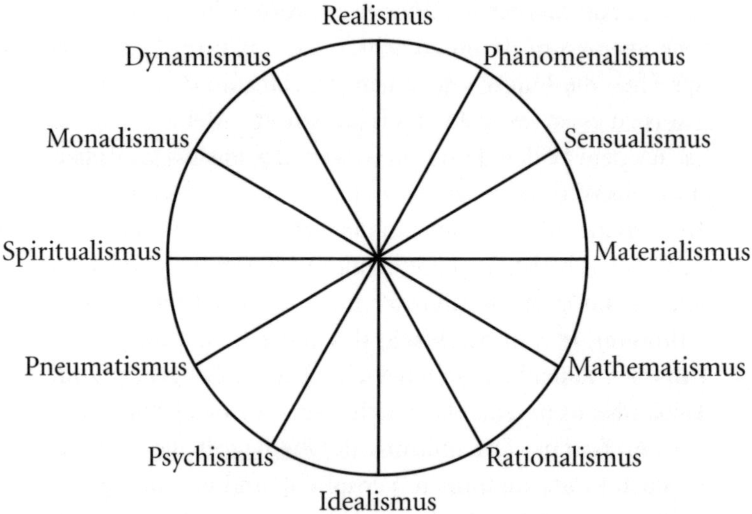

Wenn wir diese Zeichnung mit einer Uhr vergleichen, so befinden wir uns in zwölfter Stunde. Wir erreichen also langsam das Ende unserer Betrachtungen über das, was wir ganz am Anfang zwölf verschiedene Verständnistore zu Mensch und Welt genannt haben. Wir haben sie auch als *das* Lesevermögen bezeichnet, womit jeder, der es will, schrittweise in die Geheimnisse von Mensch und Kosmos eindringen kann. Diese «Geheimnisse» erweisen sich andererseits als schöpferisch-konstitutive Prinzipien von Welt und Mensch. Sie sind nicht nur berechtigte Weltanschauungen, sondern – im reinen einheitlich-vielfältigen Farbkreis – auch absolut gleichwertig. Wir haben sie später auch die Wahrheitsoffenbarung von Welt und Mensch genannt. Um nicht in den Verdacht zu kommen, einer wie auch immer gearteten Hybris zu huldigen, wurde die volle Wahrheit einem Ozean verglichen, in dessen Strandnähe wir schwimmen. Wir können ihn in seiner Breite und Tiefe zwar nicht überall mit unserem Bewusstsein umspannen, aber wir sind schon im Wasser und vermögen durch weiteres Lernen auch weiter zu schwimmen. Es war auch wichtig zu bemerken, dass man das große Wagnis auch von anderen Stränden als dem unseren antreten kann. Wie verschiedentlich erwähnt, besteht das große Problem nicht primär in der scheinbaren Unversöhnlichkeit dieser Welt-*an-sich*-ten, sondern in der Einseitigkeit, in der sie auftreten können. Die intensive Erkenntnistätigkeit, die in der Wissenschaft der zwölf Weltanschauungen erforderlich ist, bezieht sich zuerst auf die notwendige Erfassung von deren Urbildern oder Oberbegriffen, um dann zu ihrer vielschichtig-gegenseitigen Verflochtenheit und Interdependenz fortzuschreiten. Sie fragt nach der Reinheit und Transparenz einer Weltanschauungs-Farbe. Sie verfügt, wie bereits erwähnt (s. Seite 239), auch über die üblichen, längst bewährten analytischen beziehungsweise syllogistischen Werkzeuge, deren Prämissen aber nicht in reduktionistischen oder agnostischen Vorurteilen gründen. Vom Ganzen aus charakterisiert und bestimmt diese Erkenntnisart die Stellung des Einzelnen im Lebendig-Ganzen. Keinem seichten Pluralismus wird also das Wort geredet, wohl ist aber diese Wissenschaft in ihrer ethischen Grundstruktur, in ihrer im Individualismus gründenden Akzeptanz und prinzipiellen Bejahung anderer Ansichten eine *Kunst,* die nur in der absoluten Freiheit atmen kann. Wir haben sie auch ein Dodekaeder der Weisheit und des Lebens genannt.

Wenn wir den ganzen Weg überblicken, den wir bisher zurückgelegt haben, kann uns auffallen, dass einige Weltanschauungen mehr die Außenseite von Welt und Mensch im

Blickfeld haben, andere mehr deren Innenseite. Der *Phänomenalismus* ist die objektive Offenbarung oder das Er-scheinen des «innersten lebendigen Wesens» in der Form «einer fremden wahrhaften Wirklichkeit», um es mit Herman Lotze zu sagen. Der *Sensualismus* verlässt zunächst diese objektivere Ebene und geht vornehmlich im sinnlichen Erleben auf; er hält sich nur an die Sinneseindrücke. Insofern nimmt er gewissermaßen eine Mittelstellung zwischen dem Phänomenalismus und dem *Materialismus* ein, dessen Grundaussage lautet: Alle Naturvorgänge sind auf stoffliche Vorgänge zurückzuführen.

Die Weltanschauungen der vornehmlich denkenden Betrachtung sind *Mathematismus, Rationalismus und Idealismus.* Der Mathematist untersucht die mathematisch-geometrische Struktur von Welt und Mensch, besitzt aber auch das Werkzeug klarster Erkenntnis. Er versucht, alles auf einen gemeinsamen Nenner zu reduzieren: einen Gott oder eine Urkraft oder eine Weltformel. Sein Zauberwort aber ist: *Einheit in der Vielfalt.* Damit verbindet sich der Mathematismus mit dem *Monadismus* als echtem Pluralismus. Und wenn der Pneumatist im ahnenden Anschauen einer allgemeinen Weltseele seine Erfüllung findet, so ist die Grenze, die ihn von seinem sensualistischen Ergänzungspol trennt, eine denkbar dünne. Damit sind zwei Weltanschauungen berührt, die mehr die Innenseite von Welt und Mensch berücksichtigen. Von dieser Seite her kommt auch der *Spiritualismus* und stellt sich mit seinem Wort: Alles ist Geist! in krasseste Opposition zum Materialismus. Die Wissenschaft unserer Zwölfheit sagt hier: Materie und Geist sind *zwei* Seiten der *einen* Wirklichkeit: Hier haben wir schon die Kernaussage des *Realismus!*

Aber gehen wir zunächst weiter: Der *Psychismus* als Introspektion schlechthin erreicht den ewigen Urgrund eigener

Individualität. Je tiefer diese Erfahrung ist, desto mehr wird die sich gegenüber befindliche Phänomenalität des Seins *die* Offenbarung eines unserer Ichheit innigst verwandten «lebendigen Wesens». Um hier fortzuschreiten, bedarf es der Augen und Ohren pneumatistisch-spiritualistischer Auffassung und der weiteren Möglichkeiten, die nur der Monadismus öffnet. Sie wirken bis zum *Dynamismus* hin. Der Dynamist steigt noch unter das dionysisch-apollinische Wechselspiel menschlichen Innenlebens hinab, in die unauslotbaren Tiefen des «Vaters». Hier haben wir die eine Seite der kosmischen Trinität: das Unoffenbar-Schweigsame schlechthin. Ihm gegenüber – beim Phänomenalismus – haben wir die vollendete Offenbarung, die Erscheinung, das *gesprochene Wort* der Schöpfung: Der «Geist» ist in die Phänomenalität eingegangen, wird sinnlich anschaulich und gerinnt zu «Materie». Erinnern wir uns an die bereits zitierten Worte des großen Oetinger: «Leiblichkeit ist das Ende der Wege Gottes.» Und bei Paulus lesen wir: «Wisst ihr denn nicht, dass euer Leib ein Tempel des euch innewohnenden heiligen Geistes ist?»(Kor. 6,19) Salomo nennt den Geist sogar den «Werkmeister» Gottes. (Sprüche 8,30) [201]

Ein rätselhafter Kontrast, der kaum größer gedacht werden kann, zeigt sich hier: Kraft wird Form, Innen wird Außen, Wesen wird Erscheinung. Und in der Mitte, gleichsam an der Schaltstelle aller Schöpfung und Evolution, waltet der Logos, die Vernunft, die schaffende Grammatik einer kosmischen Rede, deren Schriftzüge die gewordene Natur ausmacht – genau so, wie es Novalis am Anfang der *Lehrlinge zu Sais* sagt:

> «Mannigfache Wege gehen die Menschen. Wer sie verfolgt und vergleicht, wird wunderliche Figuren entstehen sehn; Figuren, die zu jener großen Chiffernschrift zu gehören scheinen, die man überall, auf Flügeln, Eierschalen, in

Wolken, im Schnee, in Kristallen und in Steinbildungen, auf gefrierenden Wassern, im Innern und Äußern der Gebirge, der Pflanzen, der Tiere, der Menschen, in den Lichtern des Himmels, auf berührten und gestrichenen Scheiben von Pech und Glas, in den Feilspänen um den Magnet her, und sonderbaren Konjunkturen des Zufalls, erblickt. In ihnen ahndet man den Schlüssel dieser Wunderschrift, die Sprachlehre derselben.»

Es ist dieser Logos, der in uns die Sprachfähigkeit veranlagt hat, als fortwährende Miniatur-Schöpfung, wie bereits kurz dargelegt wurde. *Er* ist der höchste Genius des Realismus, einer Weltanschauung, die dort beginnt, wo der Mensch in seiner Begegnung mit der Welt sie so nimmt, wie sie ist, sowohl die Welt der äußeren als auch die der inneren Phänomene. Insofern ruhen *alle Weltanschauungen* wie eine Knospe in jenem Realismus, der sich an das hält, was da ist: Er ist die menschliche Grundanschauung par excellence. Jedem wird sie gleichsam in die Wiege gelegt, als das Rüstzeug, das ihm hilft, sich in der Welt zurechtzufinden – erkenntnismäßig, emotional und in der täglichen Arbeit. Der Realismus ist grundsätzlich nicht wertvoller als die anderen Weltanschauungen. So wie jede Weltansicht über sich hinaus wachsen kann, so auch diese letzte Weltanschauung in ihrer Potenzialität. Sie ist dem Kindes-Sinn zutiefst verwandt. Da trägt sie freilich noch das Kleid der Naivität, die im Laufe des Lebens dem kritischen Habitus des Erwachsenen weichen muss. Und doch geht sie nie ganz verloren, denn ohne sie würden wir uns nie einer neuen – auch weltanschaulichen – Herausforderung frank und frei stellen können: Diese Offenheit ist das wahre Kind im Mann oder in der Frau! Unbefangenheit, Unvoreingenommenheit, Vorurteilslosigkeit sind Blüten am festen Stamm einer neuen Kindheit, die es zu erringen gilt, will man wirklich dem vollen Leben gewachsen sein. Mit dem Evangelium können wir sagen: «Strebet nach der Klugheit der Schlange und der Lauterkeit der Taube.» (Mt. 10,16) Da heißt es auch, dass wir wieder wie Kinder *werden* sollen. Christus sagte das einmal, als er ein Kind herbeirief und es mitten in den Kreis der Jünger stellte. Dann fügte er Worte hinzu, die man nicht tief genug erfassen kann: «Wer sich im Vertrauen auf mich in das Wesen eines solchen Kindes vertieft, der findet in dem Kinde mich.» (Mt. 18, 5f.)

Dies als Einstimmung in die Dimensionen des scheinbar so unscheinbaren Realismus!

In der Philosophie spricht man vom Realismus im Gegensatz zum Idealismus, wobei in der Regel auf die beiden großen Säulen abendländischer Kultur hingewiesen wird: auf Aristoteles und auf Platon. Nachdem in den Kapiteln über Rationalismus und Idealismus schon einiges darüber ausgeführt wurde, wollen wir nun diesen im Prinzip harmonischen Gegensatz etwas näher anschauen. Die Bezeichnung «Realist» für Aristoteles und «Idealist» für Platon hat mit ihrer Einstellung der schöpferischen Welt der Ideen gegenüber zu tun. Wir erkannten in der Anschauung Platons die im Grunde genommen metaphysische Ferne der Ideenwelt. Diese sei das wahrhaft Seiende im Gegensatz zur Wandelbarkeit der Dinge, das aber heißt: zu ihrer – Unwesenhaftigkeit. Hier tritt Aristoteles, der an die zwanzig Jahre der Platonischen Akademie angehört hat, in einen bemerkenswerten Gegensatz zu seinem Lehrer Platon. In seiner *Metaphysik* spürt man fast durchweg sogar einen polemischen Unterton im Zusammenhang mit Platons Anschauung. Für Aristoteles sind die Ideen zwar auch aktive Kräfte, aber sie sind den Einzeldingen immanent, nicht transzendent. Sie bewirken Form im materiellen Stoff. Dieser Stoff, bei Aristoteles *Hyle* genannt, verhält sich zur schaffenden Form wie das Mögliche zum Wirklichen. Erst in der Einheit des Formenden und des rätselhaften unstofflich-urstofflichen Elements «Hyle» entsteht die Wirklichkeit als wesenhafte, konkrete Phänomenalität. Man nennt diese Anschauung *Hylomorphismus.* Beispielhaft dafür steht der Plastiker, der dem weichen, formindifferenten Ton im Laufe des künstlerischen Prozesses seine Idee einprägt und damit das Dritte schafft, die Aktualität der künstlerischen Wirklichkeit, das Kunstwerk als Einheit von Form und Stoff.

Hier ist der kunstästhetische Ansatz des Realismus zu Hause. Das Schöne ist nicht der Abglanz der Idee im Kunstwerk, sondern das Kunstwerk selber ist geformte, *verklärte* Materie; Materie, die Idealitätscharakter angenommen hat. Mit dem Unterschied allerdings, dass die Wirklichkeit der Natur fertig und abgeschlossen ist, während der Mensch dank der ihm innewohnenden Logos-Kraft als Künstler zu einem Fortsetzer des Naturprozesses wird. Goethe, dessen künstlerischer und naturwissenschaftlicher Ansatz im Wesentlichen dem Realismus entspricht, spricht in klaren Worten von dieser Weiterführung: «Wem die Natur ihr offenbares Geheimnis zu enthüllen anfängt, der empfindet eine unwiderstehliche Sehnsucht nach ihrer würdigsten Auslegerin, der Kunst.»[202] Wie im Kapitel über den Phänomenalismus bereits dargelegt, haben wir es hier mit dem *Impressionismus* als künstlerischer Haltung zu tun. Der *Expressionismus* hingegen, ebenfalls im weitesten Sinne verstanden, offenbart eigentlich Innenwelten. Beide hängen, im Sinne Goethes, mit den im Menschen aktiven «geheimen Naturgesetzen» zusammen, die uns ohne die Erscheinung des Schönen «ewig wären verborgen geblieben» (siehe S. 42). Zu dem Aspekt nun, dass das Kunstwerk eine verklärte Wirklichkeit zeigt, gehört auch die Ergänzung durch einen Spiritualismus, der von einem höheren Realismus nicht zu trennen ist. Der siebenundzwanzigjährige Rudolf Steiner hielt im Wiener Goethe-Verein einen Vortrag über «Goethe als Vater einer neuen Ästhetik», in dem er ausführte:

> «Das Schöne ist nicht das Göttliche in einem sinnlich-wirklichen Gewande; nein, es ist das Sinnlich-Wirkliche in einem göttlichen Gewande. Der Künstler bringt das Göttliche nicht dadurch auf die Erde, dass er es in die Welt einfließen lässt, sondern dadurch, dass er die Welt in die Sphäre der Göttlichkeit erhebt. Das Schöne ist Schein, weil es eine Wirklichkeit vor unsere Sinne zaubert, die sich als solche wie eine Idealwelt darstellt. Das Was bedenke, mehr bedenke Wie, denn in dem Wie liegt es, worauf es ankommt.»

Davor hatte er Johann Heinrich Merck zitiert, den kritischen Literatur-Beobachter, der einmal Goethes Schaffen eigentlich im Sinne des hier gemeinten künstlerischen Realismus mit folgenden Worten charakterisiert: «Dein Bestreben, deine unablenkbare Richtung ist, dem Wirklichen eine poetische Gestalt zu geben; die andern suchen das so genannte Poetische, das Imaginative zu verwirklichen.» Und in Bezug auf den Künstler als Fortsetzer der Naturprozesse sagt Steiner zum Schluss:

> «In diesem Sinne genommen, erscheint uns der Künstler als der Fortsetzer des Weltgeistes; jener setzt die Schöpfung da fort, wo dieser sie aus den Händen gibt. Er erscheint uns in inniger Verbrüderung mit dem Weltengeiste und die Kunst als die freie Fortsetzung des Naturprozesses. Damit erhebt sich der Künstler über das gemeine wirkliche Leben, und er erhebt uns, die wir uns in seine Werke vertiefen, mit ihm. Er schafft nicht für die endliche Welt, er wächst über sie hinaus. Goethe lässt diese seine Ansicht in seiner Dichtung ‹Künstlers Apotheose› von der Muse dem Künstler mit den Worten zurufen:

So wirkt mit Macht der edle Mann
Jahrhunderte auf seinesgleichen:
Denn was ein guter Mensch erreichen kann,
Ist nicht im engen Raum des Lebens zu erreichen.
Drum lebt er auch nach seinem Tode fort
Und ist so wirksam, als er lebte;
Die gute Tat, das schöne Wort,
Es strebt unsterblich, wie er sterblich strebte.
So lebst auch du (der Künstler) durch ungemessne Zeit;
Genieße der Unsterblichkeit.»[203]

Kehren wir nach diesen Hinweisen auf die Kunst zum Ausgangspunkt zurück.

Aristoteles prägt den Begriff «Entelechie», um die formende, Gestalt und Bestimmung gebende Kraft zu bezeichnen. Entelechie, «was sein Ziel in sich selbst hat», nennt er auch die Seele des Menschen. Wir sehen hier ein ähnliches Prinzip am Werk wie Goethes «geprägte Form, die lebend sich entwickelt» und die von keiner Zeit und keiner Macht «zerstückelt» wird (siehe S. 168). Es ist also das Unteilbare im Menschen, das *In-dividuum.* Wir halten es für deckungsgleich mit dem in diesem Buch verschiedentlich genannten ICH des Menschen. Dabei ist klar, dass dieser Begriff – diese Realität – einem in seiner Tiefe und Weite noch ziemlich unerforschten Ozean zu vergleichen ist – ebenso wie die Wahrheit. (Diese aristotelische Bestimmung des entelechischen Moments ist auch ein außerordentlich fruchtbarer Gesichtspunkt, um Psychismus und Monadismus noch tiefer zu verstehen.)

Bei Thomas von Aquino wurde der Begriff der Entelechie geradezu *die* Argumentations-Achse, wenn es darum ging, die Unsterblichkeit des individuellen Menschen zu begründen. Er wandte sich damit vor allem gegen den Monopsychismus des arabischen Philosophen Averroës, wonach die Einzelseelen der Menschen nicht aus sich heraus ursprünglich und verschieden sind und auch nicht individuell unsterblich, sondern stofflich-leiblich bedingte Abwandlungen einer einzigen Seelensubstanz. Auch die mit dieser Seelensubstanz verbundene tätige Denkkraft des Menschen sahen die Averroisten als nicht-individuell an. Sehr treffend fasst Martin Grabmann, der profunde Kenner mittelalterlicher Philosophie, das Wesentliche dieser Anschauung des Aquinaten zusammen:

> «Thomas überträgt nun den von ihm ausgebildeten aristotelischen Hylomorphismus auf das psychologische Gebiet, indem er das Verhältnis von Seele und Leib in der folgenden Grundthese ausspricht: ‹Das Prinzip der Denktätigkeit, die vernünftige Seele ist die Wesensform des menschlichen Leibes.› … Thomas gibt seiner Grundthese, dass die vernünftige Seele Wesensform des menschlichen Leibes ist, durch mehrere andere Sätze eine nähere Bestimmung und Beleuchtung. Gegenüber dem Monopsychismus des Averroës erweist er, dass es so viele intellektuelle Prinzipien, so viele substanzielle Formen gibt als menschliche Leiber existieren. … Weil die Seele Wesensform des Leibes ist, deshalb ist sie ganz im ganzen Leibe und ganz in jedem einzelnen Teile des Leibes … In dieser Weise hat Thomas von Aquino die Idee der substanzialen Form auf das Verhältnis von Seele und Leib im Menschen angewendet, konsequent durchgeführt und dadurch die Wesenseinheit des Menschen in einer scharfen Fassung gekennzeichnet.»[204]

Es wurde an früherer Stelle schon auf die Wirkung des Platonismus und des Aristotelismus bis in die Gegenwart hingewiesen. Innerhalb des Christentums war bis etwa zum Tode des Alanus ab Insulis im Jahre 1203 die philosophisch-wissenschaftliche Arbeit – wie auch die theologische – im Wesentlichen platonisch gestimmt. Mit seiner Rezeption als Naturwissenschaftler wurde Aristoteles dann zu einer Autorität, die den immer stärker empfundenen Wunsch nach Empirie, nach diesseitiger Wirklichkeit legitimierte. Leider wurde später, etwa im 17. Jahrhundert, Aristoteles stark dogmatisiert und stand damit der neuzeitlichen Forschung zunächst im Wege. Es ist bekannt, dass beispielsweise Galilei sich intensiv der Widerlegung der aristotelisch-scholastischen Physik gewidmet hat. Und doch sind beide, Aristoteles und Platon, mehr oder weniger offensichtlich, bis in die Gegenwart hinein präsent geblieben. Kein Wunder! Sind doch aristotelischer Realismus und platonischer Idealismus zwei im Sein von Welt und Mensch wurzelnde Weltanschauungen. Es wurde im Laufe der Geschichte viel Scharfsinn darauf verwendet, sie zu verbinden beziehungsweise zu harmonisieren.

Der wissenschaftliche Publizist Jos Verhulst beschreibt in seinem 1994 in deutscher Sprache erschienenen Buch *Der Glanz von Kopenhagen* eindringlich und nachvollziehbar die unterschiedlichen Forschungsansätze der beiden großen Physiker Werner Heisenberg und Niels Bohr. Die folgende Passage aus dieser bedeutenden Arbeit soll das eben Gesagte bekräftigen:

> «Werner Heisenberg, der als Achtzehnjähriger Platons *Timaios* gelesen hatte (auf dem Dach eines Priesterseminars im revolutionären München des Sommers 1919), hat sich vielmehr selbst stets als einen Platoniker angesehen und berief sich bis zum Ende seines Lebens auf das platonische Gedankengut, um die atomistische Wirklichkeitsauffassung zu widerlegen: ‹Ich denke, dass sich die moderne Physik eindeutig für Platon (gegen Demokritos) entschieden hat. Die kleinsten Einheiten der Materie sind in Wirk-

> lichkeit nicht physische Objekte im normalen Sinne; sie sind Formen, Ideen, die man nur in mathematischer Sprache unmissverständlich ausdrücken kann.› …
> Es besteht ohne Zweifel eine gewisse Spannung zwischen dem ‹Platoniker› Heisenberg und dem ‹Aristoteliker› Bohr. Der Kernpunkt ist, dass Heisenberg die Neigung hat, die mathematische ‹Idee› als solche als eine Wirklichkeit aufzufassen, während Bohr mit einer bloß mathematischen Beschreibung nicht zufrieden ist und weiter nach der physikalischen Wirklichkeit sucht, auf die der mathematische Formalismus Bezug hat.»

Dann heißt es weiter, dass es im Jahre 1927 zu manchmal scharfen Auseinandersetzungen zwischen Bohr und Heisenberg kam:

> «… dieser war mit einem mathematischen Formalismus zufrieden, der die Wirklichkeit befriedigend beschrieb, während Bohr zur Formulierung von *physikalischen Begriffen* durchstoßen wollte, die geeignet sein sollten, die neu entdeckten Aspekte der Natur zu erfassen. Aus der Auseinandersetzung des ‹Platonikers› mit dem ‹Aristotelikers› ist die so genannte ‹Kopenhagener Deutung› der Quantenmechanik entstanden, die noch immer als die Standarddeutung gilt. Für die Geschichte der Physik ist es von großer Bedeutung, dass diese Synthese zwischen den beiden Geisteshaltungen 1927 gelungen ist.
> In seiner späteren Lebenszeit griff Heisenberg dann ausdrücklich auf Aristoteles zurück, um die eigentliche Bedeutung der mathematischen Struktur (der quantenmechanischen Wellenfunktion) zu deuten. Diese Wellenfunktion, die wir mit Hilfe der Theorie für ein physikalisches System aufstellen können, beschreibt im Allgemeinen, welcher Fächer von möglichen Phänomenen sich an dem

betrachteten physikalischen System zeigen kann. Zugleich gibt sie die Wahrscheinlichkeit an, mit der jedes mögliche Phänomen sich realisieren kann:

‹… Der Gedanke, dass das Geschehen selbst nicht ganz zwangsläufig bestimmt sei, sondern dass die Möglichkeit oder die 'Tendenz' zu einem Geschehen selbst eine Art von Wirklichkeit besitze – eine gewisse Zwischenschicht von Wirklichkeit, die in der Mitte steht zwischen der massiven Wirklichkeit der Materie und der geistigen Wirklichkeit der Idee oder des Bildes –, dieser Gedanke spielt in der Philosophie des Aristoteles eine entscheidende Rolle.›»[205]

Fügt man noch hinzu, was Franz Herwig Schopper über Platon gesagt hat (siehe S. 149), kann man die Aktualität dieser Zusammenhänge lebhaft empfinden. Nicht nur widersprechen sich diese beiden Weltanschauungen nicht, sie sind auch, wie die anderen zehn, in einem interaktiven Verhältnis zueinander. Das kommt sehr deutlich in Steiners geisteswissenschaftlichem Werk, in der Anthroposophie, zum Ausdruck, die bereits eine zeitgemäße Fortsetzung und Verbindung platonisch-aristotelischer Kultursubstanz darstellt, indem sie auf der einen Seite bis zum Spiritualismus reicht und auf der anderen Seite auch den Materialismus umfasst. Etwas vereinfachend kann man im Hinblick auf das Rad der zwölf Anschauungen sagen, dass vom Idealismus aus, nach links und weiter aufwärts, ein «platonisches» Element waltet. Anders herum, mit dem Blick auf die rechte Hälfte, sehen wir Gebiete, die stark den Aristoteliker in uns ansprechen.

Goethe und Steiner mögen als weitere Zeugen dafür stehen, wie sehr gerade das Verhältnis zwischen Aristoteles und Platon die Geister beschäftigt. In seiner «Geschichte der Farbenlehre» schreibt Goethe:

«Plato verhält sich zu der Welt wie ein seliger Geist, dem es beliebt, einige Zeit auf ihr zu herbergen. Es ist ihm nicht sowohl darum zu tun, sie kennen zu lernen, weil er sie schon voraussetzt, als ihr dasjenige, was er mitbringt und was ihr so Not tut, freundlich mitzuteilen. Er dringt in die Tiefen, mehr um sie mit seinem Wesen auszufüllen, als um sie zu erforschen. Er bewegt sich nach der Höhe, mit Sehnsucht, seines Ursprungs wieder teilhaft zu werden. Alles, was er äußert, bezieht sich auf ein ewig Ganzes, Gutes, Wahres, Schönes, dessen Forderung er in jedem Busen aufzuregen strebt. Was er sich im Einzelnen von irdischem Wissen zueignet, schmilzt, ja man kann sagen, verdampft in seiner Methode, in seinem Vortrag.
Aristoteles hingegen steht zu der Welt wie ein Mann, ein baumeisterlicher. Er ist nun einmal hier und soll hier wirken und schaffen. Er erkundigt sich nach dem Boden, aber nicht weiter, als bis er Grund findet. Von da bis zum Mittelpunkt der Erde ist ihm das Übrige gleichgültig. Er umzieht einen ungeheuren Grundkreis für sein Gebäude, schafft Materialien von allen Seiten her, ordnet sie, schichtet sie auf und steigt so in regelmäßiger Form pyramidenartig in die Höhe, wenn Plato, einem Obelisken, ja einer spitzen Flamme gleich, den Himmel sucht …
Ja wie die Völker, so teilen sich auch Jahrhunderte in die Verehrung des Plato und Aristoteles, bald friedlich, bald in heftigem Widerstreit; und es ist als ein großer Vorzug des unsrigen anzusehen, dass die Hochschätzung beider sich im Gleichgewichte hält, wie schon Raffael in der so genannten *Schule von Athen* beider Männer gedacht und gegeneinander über gestellt hat.»[206]

Und Steiner: «Die Weltansicht des Aristoteles … steht mit der Platos nicht im Gegensatze. Die Verschiedenheit liegt mehr in der Art, wie die beiden Männer von den verschiedenen Seiten der Wirklichkeit (Ideen- und Sinnenwelt) gefesselt werden. Für Plato ist die Sinnenwelt bloß eine Vorstufe, um zur Ideenwelt zu gelangen; die Erstere hat nur insofern Bedeutung, als sie dazu dient, die Zweite zu erreichen. Bei Aristoteles ist das Entgegengesetzte der Fall. Er wollte die Sinnenwelt erklären; diese Erklärung suchte er durch die Ideen. Man kann sagen: sachlich sind die beiden Philosophen der gleichen Ansicht; nur ihr Interesse heftet sich an Entgegengesetztes.»[207]

Wie bereits an früherer Stelle dieses Buches angeführt (siehe S. 165 ff.), entwickelt Steiner den entelechischen Aspekt des Menschen zu einer Wissenschaft von Reinkarnation und Karma auf der einen Seite, und auf der anderen Seite begründet er einen Weg der Erkenntnis zur einheitlichen Wirklichkeit von Welt und Mensch, der sich auf die immanente, geistige Denk-Kraft unserer Entelechie verlässt. Ergänzen wir drei bereits zu Anfang angeführte Stellen aus seiner Autobiografie; sie beziehen sich auf seine *Philosophie der Freiheit*:

«Ich suchte in meinem Buche darzulegen, dass *nicht hinter* der Sinneswelt ein Unbekanntes liegt, sondern *in* ihr die geistige Welt. Und von der menschlichen Ideenwelt suchte ich zu zeigen, dass sie in dieser geistigen Welt ihren Bestand hat. Es ist also dem menschlichen Bewusstsein das Wesenhafte der Sinneswelt nur *so lange* verborgen, als die Seele *nur* durch die Sinne wahrnimmt. Wenn zu den Sinneswahrnehmungen die Ideen hinzuerlebt werden, dann wird die Sinneswelt in ihrer objektiven Wesenhaftigkeit von dem Bewusstsein erlebt. Erkennen ist nicht ein Abbilden eines Wesenhaften, sondern ein Sich-hinein-Leben der Seele in dieses Wesenhafte. *Innerhalb* des Bewusstseins vollzieht sich das Fortschreiten von der noch unwesenhaften Sinnenwelt zu dem Wesenhaften derselben. So ist die Sinnenwelt nur so lange Erscheinung (Phänomen), als das Bewusstsein mit ihr noch nicht fertig geworden ist.»

Dieser Vorgang erfährt dann eine Steigerung, die man durchaus im Zusammenhang mit der Totalität der zwölf Weltanschauungen als Lebens-Ausdruck des ganzen Menschen sehen kann.

> «Ich stellte, um meditativ das rechte Verhältnis zur Welt zu gewinnen, immer wieder vor meine Seele: Da ist die Welt voller Rätsel. Erkenntnis möchte an sie herankommen. Aber sie will zumeist einen Gedankeninhalt als Lösung eines Rätsels aufweisen. Doch die Rätsel, so musste ich mir sagen – lösen sich *nicht durch Gedanken.* Diese bringen die Seele auf den Weg der Lösungen; aber sie enthalten die Lösungen nicht. In der wirklichen Welt *entsteht* ein Rätsel; es ist als Erscheinung da; seine Lösung ersteht ebenso *in der Wirklichkeit.* Es tritt etwas auf, das Wesen oder Vorgang ist; und das die Lösung des andern darstellt.
> So sagte ich mir auch: die ganze Welt, außer dem Menschen, ist ein Rätsel, das eigentliche Welträtsel; und *der Mensch ist selbst die Lösung.*
> Dadurch konnte ich denken: der Mensch vermag in jedem Augenblick etwas über das Welträtsel zu sagen. Was er sagt, kann aber stets nur so viel an Inhalt über die Lösung geben, als er selbst über sich als Mensch erkannt hat.
> So wird auch das Erkennen zu einem Vorgang in der Wirklichkeit. Fragen offenbaren sich in der Welt; Antworten offenbaren sich als Wirklichkeiten; Erkenntnis im Menschen ist dessen Teilnahme an dem, was sich die Wesen und Vorgänge in der geistigen und physischen Welt zu sagen haben.»

Und schließlich Steiners grundlegende Position:

«Es lebte in meinem ganzen Seelenwesen die Begeisterung für dasjenige, was ich später ‹wirklichkeitsgemäße Erkenntnis› nannte. Und namentlich war mir klar, dass der Mensch mit einer solchen ‹wirklichkeitsgemäßen Erkenntnis› nicht in irgendeiner Weltecke stehen könne, während sich außer ihm das Sein und Werden abspielt. Erkenntnis wurde mir dasjenige, was nicht allein zum Menschen, sondern zu dem Sein und Werden der Welt gehört. Wie Wurzel und Stamm eines Baumes nichts Vollendetes sind, wenn sie nicht in die Blüte sich hineinleben, so sind Sein und Werden der Welt nichts wahrhaft Bestehendes, wenn sie nicht zum Inhalt der Erkenntnis weiterleben. Auf diese Einsicht blickend, wiederholte ich bei jeder Gelegenheit, bei der es angebracht war: der Mensch ist nicht das Wesen, das *für sich* den Inhalt der Erkenntnis *schafft*, sondern *er gibt mit seiner Seele den Schauplatz her, auf dem die Welt ihr Dasein und Werden* zum Teil erst erlebt. Gäbe es nicht Erkenntnis, die Welt bliebe unvollendet.»[208]

Die Welt der sinnlichen Erscheinungen und die Welt geistiger Denk-Tätigkeit verschmelzen gewissermaßen und steigern sich nach diesem realistischen, fast alchemistischen Prozess in eine Wirklichkeitsdimension, für die eigentlich noch die passenden Begriffe fehlen. Es ist eine Erhöhung des Sinnlichen auf der einen Seite – wie eine Auflösung – und eine Substanziierung der dazugehörigen Begriffe auf der anderen Seite: ein Vorgang, der dem vorhin geschilderten künstlerischen «Verklärungsprozess» ähnelt. Im Sinne eines höheren Realismus müsste man dieses «Element» als die eigentliche *Grundsubstanz* der Welt bezeichnen.

1907 schreibt Steiner einen Satz, aus dem deutlich hervorgeht, dass er die *Wirklichkeit* weder spiritualistisch allein

noch einseitig materiell definiert: «Denn die ganze Wirklichkeit eines Dinges besteht aus Geist und Stoff.»[209] Realismus – und eine Begegnung beider Hälften des Weltanschauungskreises – finden wir in dieser Aussage. Die Bestätigung der Existenz dieser doppelpolig-einheitlichen Grundsubstanz ist *in der Evidenz der unmittelbaren Erfahrung* zu finden; einer Erfahrung, die vom gewöhnlichen Bewusstsein ausgeht, und zwar dank des in den Tiefen des Menschen latenten, aristotelisch-thomistischen Prinzips der Denktätigkeit als geistiger Schöpferkraft. Das aber ist Logos-Kraft!
Drei Schritte des Realismus haben wir also, jeweils eingebettet in einen ganz bestimmten historisch-kulturellen Kontext. Den ersten Schritt tat Aristoteles. Das entelechische Prinzip in Mensch und Natur, wie er es gedanklich gefasst hat, wird dann – und das ist der zweite Schritt – in der verinnerlichten Seele des Thomas zur Grundlage der Gewissheit, dass jeder einzelne Mensch dank der entelechischen Kraft seiner denkenden Seele unsterblich ist. Hier eine zentrale Stelle aus seiner Schrift gegen die Anhänger des Averroës:

> «Unter allen Irrtümern ist der schmählichste der, der die Intelligenz betrifft, durch die wir doch befähigt sind, Irrtümer zu vermeiden und die Wahrheit zu erkennen. Geraume Zeit schon hat sich diese irrige Anschauung von der Intelligenz bei vielen eingebürgert, und zwar ihren Ursprung nehmend von gewissen Aussprüchen des Averroës, in denen man sich zu behaupten bemüht: ‹Die Intelligenz sei eine von der menschlichen Seele völlig abgetrennte Wesenheit und sie sei eine und dieselbe in allen Menschen.› Wobei man sich besonders darüber wundern muss, dass diese Ansicht von Menschen stammt, die Peripatetiker sein wollen und es lieber auf sich nehmen, mit Averroës auf Abwegen zu gehen, als mit den übrigen Peripatetikern, ja

mit Aristoteles selbst die Wahrheit zu wissen. Denn es geht doch aus dieses selben Aristoteles Worten ganz einwandfrei und deutlich hervor, dass *dieses* seine Ansicht über die Intelligenz der menschlichen Seele gewesen ist, durch die sie Ideen erfasst und Einsichten ausbildet. Nämlich: Erstens, dass sie ein Teil der Seele ist. – Zweitens, dass sie nicht ein Teil des Körpers ist, noch irgendein körperliches Organ besitzt, wie die übrigen Seelenkräfte. – Drittens, dass man sie mit Recht als vom Körper getrennt betrachtet und sie ihm von außen her zukommt, da sie nicht aus der Materie hervorgeht, von der sie völlig unabhängig ist, sondern dass sie aus edlerem Ursprung hervorgeht, wie auch andere die Materie überragende Wesenheiten. – Viertens, dass nichts die Intelligenz hindert, die Materie zu überdauern, zumal eben ihre eigentliche Wirksamkeit völlig unabhängig vom Körper ist usw. …

Aber auch die andere Behauptung: ‹die Intelligenz sei der Zahl nach nur *eine* in allen Menschen› erscheint aus vielfachem Grunde unmöglich. Denn hieraus würde ja erstens folgen, dass *dieser* einzelne Mensch gar nicht etwas anderes wäre als *jener* einzelne Mensch, sondern dass *alle* Menschen nur *ein* Mensch wären und *allen* der Zahl nach nur *eine* Seele innewohne. – Weiterhin würde mit Notwendigkeit folgen, dass für alle Menschen es nur *ein* Verstehen gäbe, nämlich so, dass, wenn *ich* einen Stein begreifend erfasse, *du* ihn ganz gleich zur selben Zeit und in derselben Weise auch begreifen müsstest. Das stimmt aber mit der Erfahrung nicht überein.»[210]

Der dritte Schritt ist der Steiners. Er vollzieht ihn weder wie Aristoteles in einem Zeitalter intellektuellen Aufbruchs, noch wie Thomas in einer scholastisch-innigen Gedankenwelt, sondern inmitten des Jahrhunderts des klassischen Materialismus, unter Berücksichtigung der Welten Fichtes und Haeckels, Hegels und Stirners.

In seinem im Goetheschen Sinn gesteigerten Realismus geht Steiner nun, wie wir vorhin dargelegt haben, über die bloße Erkenntnis einer entelechischen Kraft in der Welt und über eine thomistische Begründung der individuellen Unsterblichkeit hinaus. Er bindet ja das Denken so an die Welt, dass erst die *im Menschen* erzeugten Ideen die Sinneswelt in ihrer *realen* Wesenhaftigkeit erscheinen lassen. Denn beim entelechischen Realismus Steiners geht es zum einen um die Steigerung der menschlichen Erkenntniskraft, und zwar zunächst des Alltagsbewusstseins, hin zu einem Hell-Denken und Hell-Sehen, welche die Grenzen von Raum und Zeit überwinden; vom Mathematismus bis zum Monadismus reicht dieses Erkenntnis-Spektrum. Zum andern begründet er eine Anschauung der «wirklichkeitsgemäßen Erkenntnis», die imstande ist, Phänomenalismus, Sensualismus und Materialismus in einem höheren Lichte zu erleben, nämlich als gesteigerten, erhöhten Hylomorphismus auf einer Ebene, wo der Gegensatz zwischen Geist und Materie völlig verschwindet und beide zusammen als gleichsam neue *Erden-Substanz* wahrgenommen werden: verdichtetes Gedanken-Licht und verflüssigte, Leben gewordene Stofflichkeit in einem. Das ist die oben genannte *Grundsubstanz.*

Das Bewusstsein des Menschen ist wesentlicher Bestandteil dieses Geschehens. Hier müssen wir religiöse Termini benützen, denn die ontologische Schicht dieses Prozesses ist nichts anderes als die Sphäre der Allgegenwart des auferstandenen Christus-Logos sowohl im Menschen als auch in der Natur. Die Worte, mit denen der Auferstandene seine Jünger in die Welt sendet, sind durchaus als Worte des «Logos» zu verstehen: «Nun ist mir alle Schöpfermacht übergeben im Himmel und auf der Erde. Ziehet aus und seid die Lehrer aller Völker und tauft sie im Namen und mit der Kraft des Vaters, des Sohnes und des heiligen Geistes. Und lehrt sie, sich an die Geistesziele zu halten, die ich euch gegeben habe. Und siehe, Ich bin in eurer Mitte alle Tage bis zur Vollendung der Erdenzeit.» (Mt. 28, 18ff.)

Der Logos, die Schöpfermacht der Weltenvernunft, wurde bei der Jordantaufe Mensch in Jesus von Nazareth. Seine formgebende Kraft, seine *Wesensform,* wir können auch sagen: seine Entelechie, entwickelte in der Hyle des Jesus den Keim einer neuen Leiblichkeit, die erst nach dem Tode – durch den «Vater» – sich entfalten sollte. So wie beim Schöpfungsvorgang der Logos das «aussprach», was aus dem unoffenbar-schweigsamen Weltengrund und durch den heiligen Geist als «Werkmeister» Erscheinung wurde (siehe S. 265), so wird jetzt, nach dem Schweigen des Grabes am Karsamstag, eine neue Schöpfung initiiert: der neue «Leib» als Grundstein einer Gottesstadt, wie es Novalis in einem seiner «Geistlichen Lieder» formuliert. Wir haben es hier mit einer Oktave des ursprünglichen Hylomorphismus zu tun. Man kann es auch so formulieren: Der Logos wird Mensch, und der Mensch – der Auferstandene – erscheint als neuer Logos der Schöpfer einer neuen Menschheit und einer neuen Erde, die der Apokalyptiker im Bilde des himmlischen Jerusalem beschreibt. Wir haben also drei Offenbarungen des kosmischen Wortes: die erste Schöpfung, dann das schaffende Wort-Prinzip im Menschen und schließlich der auferstandene Logos-Christus im Menschen und gleichzeitig als «Schöpfermacht» im Himmel *und* auf der Erde. Himmel und Erde in ihm, in seiner erdumspannenden Auferstehungs-Aura: das ist Welten-Realismus. Es ist also die entelechische Kraft Christi, die in uns das Menschliche so zu – vermenschlichen vermag, dass die im Ich ruhende, meistens unbewusste Logos-Kraft in das Alltags-Bewusstsein, es *erhö-*

hend, transsubstanziierend, eindringt. Es ist von dieser «durch den Ostertag besiegelten ewigen Dauer erhöhter menschlicher Zustände» im Zeichen des Rosenkreuzes, wovon Goethe in den «Geheimnissen» spricht:

> Es steht das Kreuz mit Rosen dicht umschlungen.
> Wer hat dem Kreuze Rosen zugesellt?
> Es schwillt der Kranz, um recht von allen Seiten
> Das schroffe Holz mit Weichheit zu begleiten.

Der Auferstandene Logos-Christus, jenes Göttliche, das nach Paulus den Tempel des menschlichen Leibes bewohnt, ist der höchste Genius des Realismus und der Garant einer stetigen Verwandlung der menschlichen Natur: *Er* hat dem Kreuze Rosen zugesellt.

Mitten im Krieg, beim Donner der Geschütze, schreibt ein Mystiker und Naturwissenschaftler – er war Paläontologe – einen Essay über «Das kosmische Leben» und schickt ihm dieses Motto voraus:

> Es gibt eine Kommunion mit Gott
> und es gibt eine Kommunion mit der Erde
> und es gibt eine Kommunion mit Gott durch die Erde.[211]

Es ist der Jesuit Pierre Teilhard de Chardin; er gehört in die Reihe derer, die dieses Mysteriums teilhaftig wurden. Denn jeder Mensch hat seine äußerst individuelle Tür, die ihm schrittweise geöffnet wird. Anders formuliert, in der Sprache der Abschiedsreden Christi und, wie wir meinen, im Sinne eines echten Pluralismus: «In dem Hause meines Vaters sind viele Wohnungen.» (Joh. 14, 1) Und das «Haus» ist Christus selber. Ich meine, dass auch Sadat in der «Zelle 54» (siehe S. 183) angefangen hatte, *seine* Tür zu öffnen, wie Gandhi oder Albert Schweitzer und viele andere aus allen Erdteilen und Konfessionen, die vielleicht nie jemandem davon erzählt haben. Es ist ein Weltenprozess, der sich auf verschiedenen Stufen offenbaren kann, nicht zuletzt durch das echt christliche Sakrament der Eucharistie, in dem Brot und Wein, durch Vermittlung eines geweihten Priesters, zu «Leib» und «Blut» Christi werden. Auch das ist Realismus.

Und Steiner?

Auch er fand seine Tür. Durch den von ihm inaugurierten «Erkenntnisweg, der das Geistige im Menschenwesen zum Geistigen im Weltenall führen möchte» (siehe S. 28), konnte er zeitgemäße Wege ebnen, auf denen jeder, der es will, in die Nähe der eigenen «Wohnung» gelangen kann – wobei nie vergessen werden darf, dass es ein Anderer ist, der die Vollmacht hat, die Tür auch aufzuschließen. Wir werden noch darauf zurückkommen.

Steiners Weg führte ihn von einem platonisch gearteten Idealismus – man erinnere sich an sein «Credo» – zu einem in der unmittelbaren Christus-Erfahrung wurzelnden, erkenntnismäßigen und existenziellen Realismus, der aber von Anfang an in ihm latent war. Gegen Ende des 19. Jahrhunderts ließ ihn sein ethischer und erkenntnistheoretischer Individualismus Sturm gegen jegliches einseitig-jenseitig gerichtete Christentum laufen. In Nietzsche, dem «Kämpfer gegen seine Zeit» – so der Titel eines seiner frühen Werke[212] – empfand er einen Weggenossen. Vermutlich fanden folgende Worte des Zarathustras in Steiner eine absolute Akzeptanz:

> «Bleibt mir der Erde treu, meine Brüder, mit der Macht eurer Tugend! Eure schenkende Liebe und eure Erkenntnis diene dem Sinn der Erde! Also bitte und beschwöre ich euch … Euer Geist und eure Tugend diene dem Sinn der Erde, meine Brüder, und aller Dinge Wert werde neu von euch gesetzt! Darum sollt ihr Kämpfende sein! Darum sollt ihr Schaffende sein!»[213]

Was für Teilhard de Chardin der Donner der Geschütze und das Hämmern der Maschinengewehre war, wurde für Steiner, den Denker der «Wirklichkeitserkenntnis», die Auseinandersetzung mit den materialistischen Denkformen der Zeit. Dazu kam, nach extremen Einsamkeitserlebnissen – das ist meine Überzeugung – der Abgrund eines extremen Individualismus, der sich ihm in der geistigen Rezeption der Gedanken Max Stirners und durch die Freundschaft mit dem Stirner-Herausgeber John Henry Mackay aufgetan hatte. Hier zwei signifikante Aussagen über jene Zeit, bevor er durch *seine* «Tür» eintreten konnte:

> «Ich sah in dem Denken, das aus der Naturerkenntnis folgen kann – aber damals nicht folgte – die Grundlage, auf der die Menschen die Einsicht in die Geistwelt erlangen konnten. Ich betonte deshalb scharf die Erkenntnis der Naturgrundlage, die zur Geist-Erkenntnis führen muss. Für denjenigen, der nicht wie ich erlebend in der Geistwelt steht, bedeutet ein solches Sich-Versenken in eine Denkrichtung eine bloße Gedankenbetätigung. Für den, der die Geist-Welt erlebt, bedeutet sie etwas wesentlich anderes. Er wird in die Nähe von Wesen in der Geist-Welt gebracht, die eine solche Denkrichtung zur allein herrschenden machen wollen. Da ist Einseitigkeit in der Erkenntnis nicht bloß der Anlass zu abstrakter Verirrung; da ist geist-lebendiger Verkehr mit Wesen, was in der Menschenwelt Irrtum ist. Von ahrimanischen Wesenheiten habe ich später gesprochen, wenn ich in diese Richtung weisen wollte. Für sie ist absolute Wahrheit, dass die Welt Maschine sein müsse. Sie leben in einer Welt, die an die sinnenfällige unmittelbar angrenzt.
>
> Mit meinen eigenen Ideen bin ich keinen Augenblick dieser Welt verfallen. Auch nicht im Unbewussten. Denn ich

wachte sorgfältig darüber, dass sich all mein Erkennen im *besonnenen* Bewusstsein vollzog. Umso bewusster war auch mein innerer Kampf gegen die dämonischen Mächte, die nicht aus der Naturerkenntnis Geist-Anschauung, sondern mechanistisch-materialistische Denkart werden lassen wollten.

Der nach geistiger Erkenntnis Suchende muss diese Welten *erleben;* bei ihm genügt nicht ein bloßes theoretisches Denken darüber. Ich musste mir damals meine Geistanschauung in inneren Stürmen retten. Diese Stürme standen hinter meinem äußeren Erleben.»[214]

Und die andere Prüfung: «Das Schicksal hatte nun mein Erlebnis mit J. H. Mackay und mit Stirner so gewendet, dass ich auch da untertauchen musste in eine Gedankenwelt, die mir zur *geistigen Prüfung* wurde. Mein ethischer Individualismus war als reines Innen-Erlebnis des Menschen empfunden. Mir lag ganz fern, als ich ihn ausbildete, ihn zur Grundlage einer politischen Anschauung zu machen. Damals nun, um 1898 herum, sollte meine Seele mit dem rein ethischen Individualismus in eine Art Abgrund gerissen werden. Er sollte aus einem rein-menschlich Innerlichen zu etwas Äußerlichem gemacht werden. Das Esoterische sollte ins Exoterische abgelenkt werden.

Als ich dann, im Beginne des neuen Jahrhunderts, in Schriften wie ‹Die Mystik im Aufgange› und ‹Das Christentum als mystische Tatsache› mein Erleben des Geistigen geben konnte, stand, nach der Prüfung, der ‹ethische Individualismus› wieder an seinem richtigen Orte.»[215]

Im Rückblick auf jene Prüfungszeit schrieb Steiner dann, dass er nur weiterkommen konnte, wenn er sich mit seiner Geist-Anschauung die Entwicklung des Christentums vor die Seele rückte. Dann heißt es:

> «Ich fand das Christentum, das ich suchen musste, nirgends in den Bekenntnissen vorhanden. Ich musste mich, nachdem die Prüfungszeit mich harten Seelenkämpfen ausgesetzt hatte, selber in das Christentum versenken, und zwar in der Welt, in der das Geistige darüber spricht …
> In der Zeit, in der ich die dem Wort-Inhalt nach Späterem so widersprechenden Aussprüche über das Christentum tat, war es auch, dass dessen wahrer Inhalt in mir begann keimhaft vor meiner Seele als innere Erkenntnis-Erscheinung sich zu entfalten. Um die Wende des Jahrhunderts wurde der Keim immer mehr entfaltet. Vor dieser Jahrhundertwende stand die geschilderte Prüfung der Seele. Auf das geistige Gestanden-Haben vor dem Mysterium von Golgatha in innerster ernstester Erkenntnis-Feier kam es bei meiner Seelen-Entwickelung an.»[216]

Die «durch den Ostertag besiegelte ewige Dauer erhöhter menschlicher Zustände» wurde für den Goethe-Forscher und Freiheitsphilosphen Steiner eine *immanente* Tatsache. Fortan kämpfte er nicht, wie Nietzsche es versucht hatte, *gegen* seine Zeit, sondern *für* eine neue Zeit. – In jenen Jahren gewann er auch die umfassende Wahrheit,

> «dass die Wesen und Vorgänge der Welt nicht in Wahrheit erklärt werden, wenn man das Denken zum ‹Erklären› gebraucht; sondern wenn man durch das Denken die Vorgänge in dem Zusammenhange zu schauen vermag, in dem das eine das andere erklärt, in dem eines Rätsel, das andere Lösung wird, und der Mensch selbst das Wort wird für die von ihm wahrgenommene Außenwelt.
> Damit aber war die Wahrheit der Vorstellung erlebt, dass in der Welt und ihrem Wirken *der Logos, die Weisheit, das Wort* waltet.»[217]

Fassen wir jetzt das in diesem Kapitel Ausgeführte kurz zusammen, im Bewusstsein, dass wir bereits die religiöse Dimension des Realismus erreicht haben: als Verklärungs- und, wenn man so will, als innere Auferstehungs-Weltanschauung in der Evidenz existenzieller Erfahrung. Ich muss hier betonen, dass ich in diesem Buch ausschließlich Dinge entwickle, die sich meiner Forschung ergeben haben. Andere mögen zu anderen Schlussfolgerungen gekommen sein. Es ist ohnehin am Leser zu entscheiden, was für ihn plausibel ist oder nicht. Ich fasse diese Arbeit, wie bereits erwähnt, lediglich als Anregung zum Weiter-Suchen und -Forschen auf.

Wir sind also von der realistischen Grundanschauung ausgegangen, die Welt insgesamt so zu nehmen, wie sie ist, aber in der erwartungsvollen Ahnung, dass Außen- *und* Innenwelt mehr in sich bergen, als was Sinnesbeobachtung und Introspektion zunächst bieten. Der Blick des echten Realisten – der nicht mit einem einseitigen Pragmatisten oder Positivisten zu verwechseln ist – gleicht dem Blick des unverdorbenen Kindes, das in seiner Art auf Spurensuche des «Welträtsels» ist. Bei aller notwendigen Kritikfähigkeit in der Mensch- und Welterkenntnis, die der Erwachsene braucht, kann gerade hier der kindlich-unvoreingenommene Blick uns auf der Suche nach der umfassenden Wahrheit sehr weit führen. Dem Christus-Wort, wir sollten wie Kinder *werden* – nicht wie Kinder bleiben –, könnten wir ergänzend hinzufügen: mit dem vollen Gewicht unserer eigenen Entelechie.

Dann haben wir Platon und Aristoteles als Vertreter des Idealismus und Realismus angeschaut und die beiden Strömungen bis in die Auseinandersetzungen zwischen Heisenberg und Bohr verfolgt. Auch die Welt der Kunst wurde gestreift – gemäß dem Realismus –, ebenso der Hylomorphismus des großen Thomas von Aquino.

Im Werk Steiners sahen wir einen dritten Schritt des Aristotelismus, über Aristoteles und Thomas hinaus. Wie seine Autobiografie zeigt, wurde Steiner, wie einst Paulus und viele nach ihm bis in die Gegenwart herein, Zeuge der Präsenz des «Mysteriums von Golgatha». Er fand dadurch *seine* «Tür». Im christologischen Teil seines Werkes berichtet er, was er da gesehen hat. Er betont auch, dass man zwar das Wirken des Vaters als das Göttliche in der Welt, einfach durch ein «gesundes Gefühl», erleben kann. Aber den Christus finden, sagt er, ist «gewissermaßen eine Schicksalssache».[218] Es ist Gnade. Man kann es nicht erzwingen, aber man kann sich auf den Weg machen. Beide, Christus und der Mensch, sind hier völlig frei. Denn der von uns genannte höchste Genius des Realismus ist auch der Genius der Freiheit.

Wir haben auch die Anthroposophie als einen Erkenntnisweg erwähnt. Durch diesen Wegcharakter ist sie nicht eine Weltanschauung derselben Art wie die in diesem Buch genannten, sondern kann den Blick für diesen Farbenkreis der Wahrheit öffnen; denn die zwölf Weltanschauungen sind, als Ausdruck des in Welt und Mensch schaffenden Logos, im Auferstandenen wie in einem Brennpunkt konzentriert; er ist ja «der Weg, die Wahrheit und das Leben». Novalis hat es gewusst. In einem Fragment sagt er: «Sollte es nicht in der Philosophie auch einen Himmel, d.i. einen *unendlichen* Inbegriff von Systempotenzen geben? Unter beständiger Voraussetzung eines unendlichen Centralkörpers – welches kein andrer als der Himmel ist –, in dem wir leben, weben und sind.»[219] – «… in dem wir leben, weben und sind» – das sind Worte, die Paulus an die Athener richtete (Apg. 17,27) und die ursprünglich vom Stoiker Kleanthes stammen – denn Paulus spricht vor philosophisch geschultem Publikum. Damit spannt sich ein weiter Bogen aus der Entstehungszeit des begrifflichen Denkens bis in die Gegenwart und weiter in die

Zukunft hinein; denn die Verwandlung des heute alt gewordenen Denkens durch die Kraft des Logos ist eine der großen Aufgaben der Gegenwart und Zukunft.

Wir kommen nun zum Ende dieses komplexen Kapitels und schließen mit einem Spruch Steiners ab, in dem er ein weiteres Zeugnis seines Realismus ablegt. Gerade wenn wir sein Lebensethos hier vernehmen, können wir verstehen, warum sich Steiners Lebenswerk als eminent praktisch herausgestellt hat: Schulen, Krankenhäuser, landwirtschaftliche Höfe, Medizin, Kosmetik, Impulse für die Kunst und für ein soziales Bankwesen und vieles andere mehr sind daraus hervorgegangen. Auch das sind Ergebnisse eines Realismus, der Wissenschaft, Kunst und Religion gleichermaßen umfasst. Hier ein Credo, das mit dem «Sinn der Erde» rechnet:

Suchet das wirklich praktische materielle Leben,
Aber suchet es so, dass es euch nicht betäubt
  über den Geist, der in ihm wirksam ist.
Suchet den Geist,
Aber suchet ihn nicht in übersinnlicher Wollust,
  aus übersinnlichem Egoismus,
Sondern suchet ihn,
Weil ihr ihn selbstlos im praktischen Leben,
  in der materiellen Welt anwenden wollt.

Wendet an den alten Grundsatz:
«Geist ist niemals ohne Materie, Materie niemals
  ohne Geist» in der Art, dass ihr sagt:
Wir wollen alles Materielle im Lichte des Geistes tun,
Und wir wollen das Licht des Geistes so suchen,
Dass es uns Wärme entwickele für unser praktisches
  Tun.

Der Geist, der von uns in die Materie geführt wird,
Die Materie, die von uns bearbeitet wird bis zu ihrer
Offenbarung,
Durch die sie den Geist aus sich selber heraustreibt;
Die Materie, die von uns den Geist offenbart erhält,
Der Geist, der von uns an die Materie herangetrieben wird,
Die bilden dasjenige lebendige Sein,
Welches die Menschheit zum wirklichen Fortschritt
bringen kann,
Zu demjenigen Fortschritt, der von den Besten
In den tiefsten Untergründen der
Gegenwartsseelen nur ersehnt werden kann.[220]

Humanus, der neue Mensch im dritten Jahrtausend

Das Ende des 20. Jahrhunderts hat Fragen aufkommen lassen, von deren Beantwortung die Gestaltung der Zukunft abhängen wird. Eigentümliche, verunsichernde Kontraste haben sich gezeigt: Fundamentalismus auf der einen Seite, Appelle für Toleranz auf der anderen. Neonationalismen begegnen einer weltweiten Sensibilisierung für die Rechte von Minderheiten. Materialistisch orientierte Lebensführung trifft auf eine weit gefächerte Suche nach spirituellen Werten. Ökologie und Ausbeutung der Natur prallen aufeinander.

Ganz anders ist die Situation heute als in der wilhelminischen Ära zu Anfang des 20. Jahrhunderts; denn damals hatten noch keine Weltkriege gewütet, hatte es noch kein Hiroshima gegeben. Aber auch anders als zur Zeit des zielgerichteten Wiederaufbaus im Schatten des kalten Krieges. Insofern die Ereignisse in der Welt Ausdruck des Menschlichen sind, wirkt ihre potenzielle Dynamik auch in jedem von uns. Die Frage nach dem *Sinn,* die sich heute neu stellt, ist somit die Frage nach der Integrität des Menschen in einer von unterschiedlichsten Konflikten zerrissenen Umwelt. Keine neue Frage, gewiss. Allein, der aktuelle Wert einer Aussage lässt sich nicht nach Alter und Herkunft beurteilen. Sind die millionenfachen Neuerkrankungen an schweren Depressionen oder das Heer der an Rauschmitteln zugrunde gehenden Menschen nicht ein weltweiter Schrei nach Sinn?

Viele fragen sich sogar, ob wir nicht einen neuen Menschen brauchen. In manchen Antworten, die auf diese Frage gegeben werden, entdecken wir Tendenzen, deren Ausrichtung an die Gräuel faschistischer und kommunistischer Regime früherer Jahrzehnte gemahnt. Das ließe sich an etlichen Beispielen nachweisen. Stellvertretend dafür wollen wir einige Stellen aus der eindringlichen und luziden Studie von Jens Heisterkamp «Der biotechnische Mensch – Genetische Utopien und ihre Rechtfertigung durch ‹Bioethik›» zitieren:

> «Niemals zuvor hat sich der Mensch mehr von den Bedingungen seiner Geschöpflichkeit befreit als in unserem Jahrhundert. Er hat seine Ernährung von den Rhythmen der Natur unabhängig gemacht; Maschinen nehmen ihm einen Großteil der täglichen Arbeit ab; er unterwirft sich die Elemente zur Gewinnung unvorstellbarer Energiemengen; er überwindet die Grenzen des Raumes und ist ins All vorgestoßen; durch elektronische Datenverarbeitung vollbringt er Leistungen, die seiner eigenen Intelligenz weit überlegen sind. Und schließlich schickt sich der Mensch, nach unendlich langen Entwicklungszeiten als denkendes Wesen der Evolution entstiegen, nun an, seine eigene Entwicklung und die der Natur selbst in Hand zu nehmen. Der achte Schöpfungstag scheint angebrochen, an dem für den Menschen die Welt neu beginnt …
> Der achte Tag: das ist der Abschluss der alten und der Übergang in eine neue Schöpfung, deren Beherrscher der Mensch sein wird, das Ende geschöpflicher Bedingungen und der Beginn selbstgeschöpflicher Verantwortung. Die Idee des ‹Übermenschen› steht seit dem Ende des 19. Jahrhunderts im Raum, zunächst in reiner Verheißung, noch unbefleckt von den Entstellungen, die sich später zeigen sollten. Welche Inhalte geben wir der neuen Richtung von Schöpfung und Menschentum? …
> In diesem Zusammenhang erscheint das, was sich als Totalitarismus während des 20. Jahrhunderts bereits vielfach

offenbart hat, als eine Perversion und Materialisation der geistigen Entwicklungsperspektiven, die sich dem Menschen mit dem neuen Jahrhundert öffneten, die in der Verkehrung zum Wahn des perfekten Menschen, des ‹Übermenschen› werden. Der Sozialismus leninistischer und stalinistischer Prägung will den perfekten Menschen durch die Einrichtung der klassenlosen Gesellschaft erzwingen. Durch die brutale Beseitigung der realen Unterschiede zwischen den Menschen – man denke an die Zwangsmaßnahmen von Stalin oder Pol Pot – vernichtet er die Menschlichkeit selbst. Im nationalistischen Faschismus herrscht der Wahn vom biologisch perfekten Menschen in einer rassisch homogenen und dadurch überlegenen Gesellschaft. Er fordert die vollständige Unterordnung des Einzelnen zugunsten einer biologisch funktionstüchtigen Gesellschaft. Er führt zu Entrechtung, Verdrängung und schließlich Vernichtung aller, die zu diesem biologischen Funktionalismus untauglich sind …

Klaus Dörner hat im Zusammenhang mit dem Perfektionswahn die Stoßrichtung des Nationalsozialismus überraschend neu erfasst. Für ihn ist es ‹die entscheidende Absicht der Nazis gewesen, der Welt am Beispiel Deutschlands ein einziges Mal zu beweisen, dass eine Gesellschaft, die sich systematisch und absolut jedes sozialen Ballastes entledigt, wirtschaftlich, militärisch und wissenschaftlich unschlagbar sei›.

In dieser Perspektive wird es unausweichlich, den rassistisch-eugenischen Totalitarismus nicht länger als moralischen Ausrutscher, sondern als unausweichliche Konsequenz der industriell-naturwissenschaftlichen Fortschrittslogik zu erkennen. Weil dies so ist, formulierte schon am Vorabend des Ersten Weltkriegs (und damit lange vor der NS-Zeit) der Mediziner und Sozialreformer Forel: ‹Wir bezwecken keineswegs, eine neue menschliche Rasse, einen Übermenschen zu schaffen, sondern nur die defekten Untermenschen allmählich … durch willkürliche Sterilität der Träger schlechter Keime zu beseitigen, und dafür bessere, sozialere, gesündere und glücklichere Menschen zu einer immer größeren Vermehrung zu veranlassen.›»

Nun weist Heisterkamp darauf hin, dass «die Gräuel der NS-Eugenik, insbesondere die Ermordung Behinderter und die abstoßende rassenhygienische Politik im Dritten Reich … jeden Gedanken an künstliche, staatlich oder sonstwie organisierte Eingriffe in die menschliche Fortpflanzung – zumindest in Deutschland – tabuisiert» haben. Im weiteren Verlauf seiner Arbeit erwähnt er die Fragen, die sich aus der Entschlüsselung des gesamten menschlichen Genoms ergeben, und stellt heraus:

«Eugenik ist wieder gesellschaftsfähig. Begünstigt durch die enormen medizinischen Fortschritte in den vergangenen Jahrzehnten, kommt die moderne Eugenik heute zwar nicht mit offenkundig rassistischen Parolen und Verfahren daher wie in den dreißiger Jahren. Doch sind Querverbindungen dieses neo-eugenischen Denkens zur ‹Biopolitik› der neurechten Szene unübersehbar. Die Fixierung auf die Reinheit und Gesundheit des Erbgutes und der zunehmende Nationalismus sind Abkömmlinge des gleichen Ungeistes.»[221]

Hier sind wir mitten in einer Problematik, die eigentlich ein Tanz auf dem Vulkan totaler Manipulation und Entmündigung des Einzelnen ist. Vom Aspekt umfassender Humanität kann man Heisterkamp nur zustimmen, wenn er gegen Ende seines Buches schreibt:

«Wenn der Biotechnologie ein Verdienst zuzuerkennen ist, dann dies, uns wachzurütteln für die Frage nach dem Wesen des Menschen. Ohne eine Erneuerung des Strebens, in dem diese Frage zu beantworten ist, wird die Biotechnologie sich den Leib des Menschen und damit unsere Entwicklungsgrundlage unterwerfen. Noch extremer als bei der Bedrohung unserer Umwelt, des Klimas oder der Ernährung geht es hier um ‹unseren ursprünglichsten Lebensschauplatz› (Herbert Witzenmann). Jeder weitere Schritt hin zum biotechnisch erzeugten ‹Qualitätsmenschen› (die gesunde Erbmasse mit der ‹glücklichen› Persönlichkeit darin) bedeutet eine neue Beschränkung des individuellen Menschseins. Es ist der radikalste Angriff auf unsere Entwicklung zur Freiheit.»[222]

Die Sache ist umso brisanter, wenn man bedenkt – und solche Überlegungen werden mittlerweile recht laut angestellt –, dass möglicherweise die vielen, «die dem neuen (alten) Götzen des ‹verbesserten Menschen› nicht opfern wollen … bald mit Zwangsmaßnahmen zu rechnen haben (zum Beispiel dem teilweisen Entzug des Krankenversicherungsschutzes bei der Verweigerung bestimmter Maßnahmen)».

Der Autor schließt diese bemerkenswerte Schrift mit einem Appell an «Bewusstseinsarbeit und praktisches Handeln» ab. Im Grunde genommen wird hier die Sinnfrage in einen Kontext gestellt, der keinen allzu großen Zeitaufschub duldet.

Mit der Frage nach dem Wesen des Menschen bis hin zur Frage, welche Menschen wir in Zukunft sein *wollen*, befasst sich eine 1999 erschienene Schrift von Andreas Steffens, die er als eine philosophische Jahrhundertbilanz niedergeschrieben hat.

> «Von den Schlachtfeldern der Weltkriege bis in die Forschungslabore der Molekularbiologie unserer Tage erstreckt sich eine Geschichte des Ruins menschlichen Selbstverständnisses – am Ende des 20. Jahrhunderts erweist sich die Ungewissheit des Menschseins als eine seiner wesentlichen Erbschaften.»[223] Steffens plädiert für eine Abkehr bewusstseinsmonistischer Positionen, die er als einen Absolutismus kennzeichnet: «Zu den wenigen ‹Ergebnissen›, die sich am Ende des Jahrhunderts abzeichnen, gehört eine immer stärker gewordene Neigung, auf solchen Absolutismus, wie er im Bann metaphysischer Denktraditionen gedieh, zu verzichten und den für eingetreten gehaltenen Wahrheitsverlust in den Gewinn einer zwanglosen ‹Pluralität› der Denkbarkeiten umzumünzen.»[224]

Eine Formulierung, die im Zusammenhang der zwölf Weltanschauungen viel zu denken gibt! Ein zentrales Kapitel seiner schonungslos-klaren Analyse jüngster Vergangenheit behandelt das Thema Anthropolitik, das heißt unter anderem die Diskriminierung in Bezug auf Rassenzugehörigkeit etc. Darin spricht er auch von der «Sehnsucht des Jahrhunderts, dem neuen Menschen». «Das Jahrhundert begann mit einer Sehnsucht, die es bis an sein Ende nicht verlassen sollte und die über dieses weit hinausreicht, der Sehnsucht, anders zu sein. In seinen Zeugnissen wirkt eine Tendenz, die man sich nicht stark genug vorstellen kann. Ihr Fluchtpunkt liegt darin, auf andere Art Mensch sein zu wollen.»[225] Dann zitiert er Worte von Hermann Bahr am Vorabend des Ersten Weltkrieges:

> «Darum geht es: dass der Mensch sich wiederfinden will. Kann wohl der Mensch dazu bestimmt sein, über irgendeinen Zweck sich selbst zu versäumen?, hat Schiller gefragt. Dem Menschen dies wider seine Natur aufzudrängen, ist

> der unmenschliche Versuch unserer Zeit. Sie macht ihn zum bloßen Instrument, er ist ein Werkzeug seines eigenen Werkes geworden, er hat keinen Sinn mehr ... Wir leben ja nicht mehr, wir werden nur noch gelebt. Wir haben keine Freiheit mehr, wir dürfen uns nicht mehr entscheiden, wir sind dahin, der Mensch ist entseelt, die Natur entmenscht. Eben rühmten wir uns noch ihren Herrn und Meister, da hat ihr Rachen uns verschlungen. Wenn nicht ein Wunder geschieht! Darum geht es: ob durch ein Wunder der entseelte, versunkene, begrabene Mensch wieder auferstehen wird.»[226]

Dieser Notschrei wusste noch nichts vom Zweiten Weltkrieg und von der nationalsozialistischen Anthropolitik, geschweige denn von der heutigen Bioethik. Steffens fokussiert dann seine Aufmerksamkeit auf die dunkleren Jahre des Jahrhunderts und hebt interessanterweise gerade das anthropologische Moment jener Zeit hervor:

> «Die totalitäre Dynamik eines ausnahmslos dirigierten Gemeinschaftslebens folgte einigen deutlichen Grundbestimmungen, deren Substanz eine Anthropologie ist. Der Nationalsozialismus war nicht nur von einigen Ideologen als eine Herrschaft zur Begründung eines neuen Menschen deklariert, sondern vom ersten Tag des Machtbesitzes an dermaßen organisiert, dass er mit dieser Menschenformung in konkreter politischer Aktion auch Ernst machen konnte. Er war eine bewusste Politik der *Menschenformung.*»[227]

Am Schluss seiner Bilanz zitiert Steffens ein Wort Michael Landmanns über die Anthropologie als Selbsterkenntnis und gibt der Philosophie eine Aufgabe, die wir u.a. auch im Bereich der Wissenschaft der zwölf Weltanschauungen entdeckt haben, nicht zuletzt im Hinblick auf die Sinnfrage:

«Die Anthropologie ist das Wissen des Menschen von sich selbst.

Nach der Implosion des auf selbstbestimmtes Handeln gegründeten menschlichen Selbstvertrauens in einer Geschichte sich unabsehbar überbietender Formen der Zerstörung von Menschsein gilt diese Bestimmung nicht mehr. Jedenfalls ist Anthropologie dieses Wissen noch nicht (wieder). Das, was in diesem Jahrhundert an extremen Möglichkeiten, wie sie im Menschsein enthalten sind, erfahren wurde, hat unser Wissen auf eine derart tiefgreifende Art erweitert, dass alles bisherige als verbindliche Auskunft, als tragfähige Erkenntnis aufgehoben ist. Selbst dort, wo es nicht geradezu falsch wurde, hat sein Wert sich verändert.

Es ist zu einem Oberflächenwissen geworden, während es von den Tiefenschichten, aus denen jene alles relativierenden Erfahrungen hervorgegangen sind, noch kaum Kenntnis gibt.

Im Rückblick auf dieses Jahrhundert stellt sich durchaus der Philosophie als ihre wichtigste die Aufgabe, dieses Tiefenwissen vom Menschsein herzustellen und es zu einem Bewusstsein auszuprägen, das auf das Selbstverstehen menschlicher Existenz soweit einzuwirken in der Lage ist, dass es wieder ein Faktor der Genese von Kultur werden kann, die in der Herstellung und Sicherung menschlicher Seinsmöglichkeit besteht.

Unter Kultur ist die Selbsterzeugung der menschlichen Seinsweise zu verstehen. Sie ist nicht naturalistisch begründbar. Zwar gibt es Bedingungen, die bei ihrer Erzeugung beachtet werden müssen, ihr Grenzen setzen oder ihr voranhelfen; aber sie ist von ihnen nicht determiniert: für die Wünsche von Menschen, wie sie Menschen sein wollen, gibt es keine natürliche Grenze, sie existiert nur für die organischen Bedingungen, unter denen sie deren Verwirklichung betreiben. Und im Horizont der Möglichkeiten biotechnischer Eingriffe in die organische Verfassung des Menschseins scheint auch diese Grenze nicht mehr absolut gezogen zu sein.

Natürlich ist diese Aufgabenbestimmung eine hypothetische, derartiges kann keine Philosophie, keine Wissenschaft sich ernsthaft zu *erreichen* vornehmen; aber der eigenen Sache nachgehen, als wäre es erreichbar, das ist möglich und eine Verpflichtung.

Man muss *den* Menschen vergessen, damit einem *die* Menschen nicht unerträglich werden und es für einen selbst zumutbar bleiben kann, ein Mensch zu sein …

Wer schon hätte den Mut, den Menschen geschaffen haben zu wollen, der sich dem Rückblick als Mensch dieses Jahrhunderts präsentiert?

Wir mögen im Rückblick also ziemlich genau wissen, wenigstens ahnen, welche Menschen wir lieber nicht sein wollen; aber wissen wir auch, welche wir gerne wären?»[228]

Aus der Sichtweise unserer Arbeit ergibt sich hier eine durchaus plausible Perspektive; sie hat ihren Mutterboden in der Möglichkeit des Menschen, aus der inneren Souveränität seines Selbstes – so wie es verschiedentlich zur Sprache gekommen ist –, *der* Mensch zu werden, der er werden möchte. Die Perspektive ist in der schrittweisen Einübung in die Anthropologie der zwölf Weltanschauungen zu sehen, und zwar, wie bereits ganz am Anfang fast programmatisch gesagt, als ein Tor zu einem umfassenden *Verständnis* von Mensch und Welt. Wir meinen, dass diese schrittweise zu realisierende Aufgabe oder, im Sinne Steffens, «Aufgabenbestimmung» keine «hypothetische» ist. Sie wird in dem Maße aktuell und real, als ich sie einfach *ergreife:* praktisch und ab heute. Ich mache mir natürlich keine Illusion darüber, dass dieses Ergreifen einfach wie ein Coup de théâtre vonstatten gehen könnte oder dass das in diesem Buch Zubereitete von jedem Magen sofort aufgenommen und verdaut werden könnte. Aber auch Gedanken haben einen Radius und ein Schicksal, die nur das konkrete Leben bestimmen kann; aber nie wird eine Annahme, gleichgültig ob optimistisch oder pessimistisch, sich anheischig machen dürfen, die Schicksalsgöttin zu spielen.

Den «Humanus» in sich kann jeder erwecken, der das *Tor* findet, durch das er zu ihm gelangen kann. Dieses Buch ist lediglich das *Bild* einer groß angelegten Wohnanlage mit ihrer Infrastruktur und ihren städtebaulichen Einrichtungen. Es kann sich jeder daran orientieren, damit er unter Umständen eine Vorstellung davon bekommt, wie die ihm zugedachte Wohnung im «Hause des Vaters» aussehen mag. Da nach meiner Erfahrung das Betreten dieses Hauses seit der Auferstehung des menschgewordenen Logos ein immanentes Ereignis ist, kann uns ein solches Bild bereits unseren «Vorgarten» zeigen. Bei Paulus heißt es: «Denn der Geist erforscht alle Dinge, auch die Tiefen der Gottheit.» (1. Kor. 2,10) Dieses Erforschen ist ein Weg, den jeder gehen kann.

Die Grundgesinnung dieses Buches ist ja im Wesentlichen eine monadistisch-pluralistische, vor allem in seinen sozialen beziehungsweise soziokulturellen Bezügen. Wie verhält sich nun unsere Sicht der zentralen Bedeutung der Oster-Ereignisse in ihrem geschichtlichen Kontext – bis in die Gegenwart hinein – mit der Gleichwertigkeit der zwölf Weltanschauungen beziehungsweise der prinzipiellen Gleichwertigkeit religiöser Anschauungen? Haben wir hier, möglicherweise durch Schwarzarbeit, ein Regierungsviertel neu aufgebaut? Schauen wir also nochmals die Bewegung der pluralistischen Theologie an, die wir am Ende des Kapitels über den

Monadismus kurz gestreift haben. Ich zitiere wieder aus dem mir zugeschickten Skript.

> «*Sprecherin:* Die so genannte pluralistische Theologie gibt den traditionellen Überlegenheitsanspruch des Christentums gegenüber anderen Religionen auf. Für sie gibt es auch andere Wege zu Gott. Rom sieht darin eine Gefahr, die größte Herausforderung seit der Befreiungstheologie.»

Als prominentester Vertreter der pluralistischen Theologie wird der englische Religionsphilosoph John Hick gefragt, welche Bedeutung Jesus Christus in seiner pluralistischen Theologie hat. Ich denke, dass sehr viele Zeitgenossen ähnlich antworten würden:

> «Jesus war eine historische Person. Das ist sicher, daran gibt es keinen vernünftigen Zweifel. Wenn Sie ihn aber mit Gott identifizieren, dann würde ich dafür lieber andere Begriffe verwenden. Ich sehe ihn als ein menschliches Wesen, als menschliches Wesen in mehrfacher Bedeutung, als jemand, der in außerordentlicher Weise offen und aufgeschlossen war für Gott. In diesem Sinn hat sich Gott in sein Leben inkarniert. Wenn irgendwo ein menschliches Wesen in selbstloser Liebe und mit Mitgefühl gegenüber anderen Menschen handelt, sodass Gottes Wille auf der Erde erfüllt wird, dann können Sie sagen, dass sich Gott oder der göttliche Wille dort inkarniert hat in menschliches Leben. Wir sollten darüber nachdenken und die göttliche Inkarnation im Leben Jesu als Bild für die Inkarnation sehen, sodass Jesus das Ideal einer menschlichen Antwort auf Gott realisiert hat. Aber er ist nicht die einzige Person mit dieser Offenheit auf Gott hin in der Geschichte der Menschheit.»

Gegen die wunderbare, aktuelle Ethik, die aus diesen Worten spricht, ist selbstverständlich nichts einzuwenden, und –

pluralistisch gesehen – auch nichts gegen Hicks Anschauung der Identität Christi. Ich möchte gerne eine andere, wenn auch wenig orthodoxe Anschauung dazustellen, und zwar als mögliche Antwort auf die recht ungewöhnliche Frage: Ist das Christentum überhaupt eine Religion im üblichen Sinn?

Novalis äußerte einmal: «Es gibt keine Religion, die nicht Christentum wäre.»[229] Das Erste, was man abstreifen muss, um diesen Satz zu verstehen – den ich auch bejahe –, ist der Charakter der Religion als identisch mit einer bestimmten Konfession aufgrund eines *alle* Gläubigen umfassenden Bekenntnisses. Es gibt sehr viele christliche Gruppierungen, die in gewissem Sinne mit der individuellen Differenzierung der Menschheit – seit der «babylonischen Sprachenverwirrung» – zu tun haben, so wie auch alle anderen religiösen Gruppierungen auf der Welt. Versteht man die eine Hälfte der Evolution der Menschheit – gleich wo der einzelne Mensch sich befinden mag – als einen gewaltigen Individuationsprozess aus Rassen-, Stammes- und Sippenbindungen, so kann man sehen: Am Ende dieser Emanzipation steht das absolute Individuum, einsam in seinem Glauben oder Unglauben, einig mit seiner gewonnenen Anschauung, bereit nur, von *sich* aus sein religiöses Leben zu führen. Wenn Novalis in seinem Aufsatz «Die Christenheit oder Europa» äußert, dass wahrhafte Anarchie das Zeugungselement der Religion sei, so glaube ich, dass es in dem hier angedeuteten Sinne gemeint ist. Hier hört eigentlich jeder Kirchengedanke *im üblichen Sinne* auf, jeder Hoheitsanspruch einer Glaubensgemeinschaft gegenüber anderen und jedes hegemoniale Streben einer auf einem verpflichtenden Bekenntnis fußenden Einheitsreligion mit hierarchischer Struktur. Die einzige Einheit, die es – vom Individuum aus gesehen – geben kann, ist die bereits erwähnte *Einheit in der Vielfalt.*

Vor allem hört damit jeder Machtanspruch auf; denn das

sind alles Schatten, die das große Licht des Mathematismus wirft.

Wenn wir von dieser Seite her das Wesen Christi und *seines* Christentums verstehen wollen, so müssen wir absolute Monadisten werden. Es kommt nicht mehr darauf an, dass ich den anderen überzeuge oder gar bekehre, sondern dass ich beispielsweise in eine dialogische Beziehung zu ihm trete. Denn jeder Mensch ist gewissermaßen ein Unikat der Schöpfung, aus dem ich neue Weltperspektiven erfahren kann – sowohl auf wissenschaftlichem als auch auf künstlerischem oder religiösem Feld. Im Grunde genommen geht das eben Gesagte in Richtung «Ich-und-Du»-Beziehung, wie es Martin Buber formuliert hat. Wir können uns ihm nur anschließen, wenn er in seinem grundlegenden Werk sagt: «Beziehung ist Gegenseitigkeit ... Die Beziehung zum Du ist unmittelbar ... Alles wirkliche Leben ist Begegnung ... Liebe ist Verantwortung eines Ich für ein Du ... Die Schöpfung offenbart ihre Gestaltigkeit in der Begegnung ... Im Anfang ist die Beziehung ... Der Mensch wird am Du zum Ich.»[230] – Monadismus!

Im Monadismus haben wir es ja mit der Kategorie «Relation» zu tun. Nur sie kann eigentlich die wirkliche Grundlage einer werdenden multikulturellen Gesellschaft sein, in welcher das Hinhören mindestens den gleichen Stellenwert wie das Hinsprechen erhalten sollte. Aber das trifft auf jede Beziehung zu: in der Familie, in der Freundschaft, in der Partnerschaft, in der Arbeitswelt – überall. Wenn der Machtanspruch der Überlegenheit und des Überzeugen-Wollens aufhört, dann tritt jener ursprüngliche soziale Urstand auf, wie ihn Christus begründet hat: «Denn wo zwei oder drei in meinem Namen versammelt sind, da bin ich selbst in ihrer Mitte.» (Mt. 18,20)

Was heißt das: in seinem Namen? Es kann nur bedeuten: in seinem Sinn oder gemäß seinem Wesen.

Ein zentraler Aspekt davon ist der, dass der Logos-Christus die *Relation* schlechthin ist. Was heißt aber Relation? Relation oder Beziehung ist das Dazwischen-Sein. In der Sprache Bubers könnte man sagen: «Wer Du spricht, hat kein Etwas zum Gegenstand … Wer Du spricht, hat kein Etwas, hat nichts. Aber er steht in der Beziehung.»[231] Anders formuliert: Wenn hier A steht und daneben B und etwas weiter C, so ist der «leere» Zwischenraum der *Beziehungsraum.*

Christus ist der Beziehungsraum des Kosmos: Man könnte ihn auch ganz anders nennen: Vermittler oder Welten-Grammatiker, der den Buchstaben der Schöpfung ihre *Ordnung* gibt, oder Weltenkünstler, der die Seins-Substanz des Vaters als Logos, als Logik der kosmischen Gesetze, dem «Werkmeister-Geist» zur offenbarenden Gestaltung gibt.

Versuchen wir diese Lesart auf das Evangelium anzuwenden und lösen wir das Wesen dieser «Weltmacht» von den Ansprüchen einer jeglichen irdischen Kirche ab. Es kann sich nur um exemplarische Andeutungen handeln, die der Leser vielfältig ergänzen mag. Das erste Beispiel ist der Anfang des Johannes-Evangelium. Dort heißt es:

> Im Urbeginne war das Wort,
> und das Wort war bei Gott,
> und ein göttliches Wesen war das Wort.
> Dieses war im Urbeginne bei Gott.
> Durch es sind alle Dinge geworden,
> und nichts von allem Entstandenen ist anders
> als durch das Wort geworden.
> In ihm war das Leben,
> und das Leben war das Licht der Menschen.
> Und das Licht scheint in der Finsternis;
> aber die Finsternis hat es nicht aufgenommen.

Der Logos war *bei* Gott. Wir erkennen im griechischen Urtext die aristotelische Kategorie *pros ti* wieder, «das Verhältnis zu etwas». Dann heißt es: *durch* es sind alle Dinge geworden. Das Wort war wie das schaffende *Tor, durch* das das schweigende Sein sich in artikulierte – vernünftig geordnete – Sprache äußerte. Wir sprachen schon von der Schöpfung als geronnene Worte. Dann wird das Leben Licht – ist nicht das *Lebendige* ein vielfältiges Netz harmonisch-unendlicher Beziehungen? Und ist nicht das Licht das Element, das uns erlaubt, mit etwas in Beziehung zu treten? Licht macht sichtbar, drängt sich selber nicht auf, aber beleuchtet alles: Licht ist *Selbstlosigkeit* – wir sehen es nicht, aber es umfasst alles. Man könnte von dieser Perspektive aus auch sagen: Licht ist Liebe.

Es folgen noch drei Zeugnisse aus dem Logos-Evangelium des Johannes: «Und Jesus begann von neuem, zu ihnen zu sprechen: Ich bin das Licht der Welt. Wer mir nachfolgt, wird nicht im Finstern wandeln, sondern das Licht haben, in welchem das Leben ist.» (Joh. 8,12) – «Ich bin die Tür» (Joh. 10,1); und dann jene Stelle, die wir zum Teil schon zitiert haben, aus der seine Vermittler-Rolle besonders sichtbar wird: «Da sprach Thomas zu ihm: Herr, wir wissen nicht, wohin du gehst. Wie sollen wir den Weg kennen? Jesus antwortete: Ich bin der Weg und die Wahrheit und das Leben. Keiner findet den Weg zum Vater außer durch mich.» (Joh. 14,5f.)

Die Reihe der Beispiele könnte lange fortgesetzt werden. Wenn man über die Kategorie Relation in dem eben besprochenen Sinn nachdenkt, entdeckt man das eigentliche Wesen der Religion: eine *Beziehung* zu Gott schaffen. In dem Augenblick, wo wir im Christus-Logos das Urelement der Beziehung zwischen Mensch und Gott entdecken – vorchristlich und nachchristlich –, wird er zum *Impuls* alles Religiösen, als Suche des Menschen zu Gott hin. Insofern verstehen wir das Wort von Novalis, dass es keine Religion gebe, «die nicht Christentum wäre». Nicht die irdischen Kirchen können «Christentum» sein, sondern nur die die Welt umspannende Liebe des Mensch gewordenen Logos ist «Christentum», und als solches lebt er *in jedem Menschen,* gleichgültig zunächst, welcher irdischen Kirchengemeinschaft sich der Mensch anschließen will. Und eine Kirchengemeinschaft, eine *Ecclesia,* eine «Versammlung», wie sie Paulus nannte, ist nur dann christlich zu nennen, wenn sich in ihr das Mysterium der Begegnung abspielt, das aber heißt: wenn die Begegnung Liebe wird. Im christlichen Sinne ist Gott Liebe schlechthin: «Gott ist Liebe, und wer in der Liebe bleibt, der bleibt in Gott, und Gott bleibt in ihm.» (1. Joh. 4,16)

Insofern interessiert es Christus überhaupt nicht, welcher Kirche ein Mensch angehört; er schaut auf den Einzelnen, den er zum Vater führen kann, wenn der Mensch es will. Er ist die wahre Tür zu unserer Wohnung im Hause des Vaters. Sein Tempel ist die Welt, in der wir *alle* leben, seine Gemeinde ist die ganze Menschheit, seine Familie sind alle Naturreiche. *Er* ist eigentlich die wahre pluralistische Religion. Soweit die irdischen oder irdisch organisierte Kirchen, ob im Judentum, Islam, Christentum oder in anderen Religionen, nicht das All der Liebe entdeckt haben und praktizieren – denn auf dieser Ebene sind Wahrheit und Liebe eine einzige Substanz –, sind sie noch nicht vom Atem der Freiheit und der Wahrheit durchströmt. «Ihr werdet die Wahrheit erkennen, und die Wahrheit wird euch zur Freiheit führen.» (Joh. 8,32) Das ist das Christentum des Christus, das in jeder Religion leben kann: Wahrheit, Freiheit und Liebe. Und in diesem Geiste will er jeden einzelnen Menschen, in den er seit der Auferstehung eingezogen ist, aus der «Anarchie», in die ihn der Prozess der Individuation führen musste, in eine neue *Beziehung* zum Menschen, zur Natur und zum unfassenden Gott leiten. Somit gibt es, unter dem Aspekt der Kirchenbildung, drei Schritte: kirchliche Organisationen, die «vor-anarchisch» oder vor-freiheitlich waren und eine menschenführende Rolle zu übernehmen hatten; sodann eine große Emanzipations-Bewegung des Einzelnen bis zur inneren Anarchie hin (die in keiner Weise politisch zu verstehen ist); schließlich die Verwirklichung des dreifachen Evangeliums in Wahrheit, Freiheit und Liebe durch immer mehr Menschen aus allen weltanschaulichen und religiösen Lagern. Dieses Ideal leuchtet als Zukunftsbild für die Menschheit in den Bildern von Urpfingsten, wie wir sie am Anfang der *Apostelgeschichte* aufnehmen können: Es wird die babylonische Sprachenverwirrung aufgehoben, indem jeder seine Sprache spricht und doch von allen verstanden wird und selbst alle Sprachen versteht. Ein Logos-Mysterium der Zukunft, das sich nur langsam verwirklichen kann: eine wirkliche *Ecclesia.*

Das ist der Beziehungs-Aspekt des Christentums, der mit der Allgegenwart Christi zusammenhängt, wie sie uns auch am Schluss des Matthäus-Evangeliums geschildert wird: Er ist *bei* uns bis an der Welt Ende. Wenn man das Ostergeschehen ausblendet – die Gefahr der pluralistischen Theologie, wie sie John Hick vertritt –, dann blendet man die Zukunft der Erde aus. Ist das Christentum also die bessere Religion? Die Frage ist im Kern falsch gestellt. Christus ist keine «Religion»; er ist die *Impulsation* alles Religiösen, alles Dranges nach Gott hin, und einer kosmopolitisch-spirituellen Gemeinschaftsbildung. Allerdings: es gibt nicht nur Gutes auf der Welt. Auch die Macht des Bösen hat in ihrer Art Licht: Es ist aber entweder ein zwingendes, den Menschen verführendes, ihn *blendendes* Licht oder ein – *schiefes* Licht der Lüge und der Täuschung. Es ist an jedem von uns, zu überprüfen, in welchem Licht er lebt *und* auch die Kirchenordnung, der er vielleicht angehört.

Will man sich an der Qualität des Logos-Lichtes schulen, so gibt es kaum ein besseres Schulungsbuch als das Johannes-Evangelium. In der völligen Akzeptanz, die die Liebe erzeugen kann – Liebe hat nichts mit Kritiklosigkeit zu tun –, gibt es einfach nicht mehr die Frage, welche Religion die «bessere» sei; denn dann sagt man sich als Mensch des 21. Jahrhunderts: «*Leben* in der Liebe zum Handeln und *Lebenlassen* im Verständnisse des fremden Wollens ist die Grundmaxime der *freien Menschen.*»[232] Mit anderen Worten: nicht nur tolerieren, sondern anerkennen!

Goethe bezog einmal eine im Kern ähnliche Position, als er davon sprach, dass Toleranz eigentlich nur «eine vorübergehende Gesinnung» sein solle und an ihre Stelle die Anerkennung treten müsse (siehe S. 13). Hier jene Stelle aus Rudolf Meyers Buch, die wir ganz am Anfang schon zitiert haben: «... Toleranz kann auch in eine unfruchtbare Gesinnungsneutralität einmünden, die sich nicht die Mühe macht, auf das jeweils Besondere einer anderen Geisteshaltung einzugehen. Deshalb sagt Goethe: ‹Toleranz sollte eigentlich nur eine vorübergehende Gesinnung sein: sie muss zur Anerkennung führen. Dulden heißt beleidigen.› – Es ist offenkundig, dass mit diesem hohen Ideal auf ein Entwicklungsziel der umfassenden Menschen- und Völkergemeinschaft zugleich hingedeutet wird. In der Gestalt des Humanus, der im Zeichen des Rosenkreuzes die Vertreter aller religiösen und kulturellen Strömungen um sich versammelt und sie zu wahrer Bruderschaft vereinigen kann, sollte diese Gesinnung eines zukünftigen überkonfessionellen Christentums zur Darstellung gebracht werden.»

Ein andermal schrieb Goethe: «... gegen große Vorzüge eines andern gibt es kein Rettungsmittel als die Liebe.»[233]

Was hier über die Kategorie Relation gesagt wurde, kann ein Licht werfen auf das rätselhafte Weggehen des Humanus aus der Gemeinschaft der Zwölf «nach langem Zusammenleben». Goethe selbst nannte als Grund, dass «sein Geist sich in ihnen allen verkörpert, allen angehörig, keines eigenen irdischen Gewandes mehr bedarf».[234] Humanus war reine «Beziehung» geworden, er war als durchchristete Beziehungskraft der Liebe allgegenwärtig. Nur so ist die Bemerkung Goethes zu verstehen, dass das Scheiden des Humanus mit dem Ostergeschehen zusammenhängt und mit dem damals begonnenen Prozess der Durchdringung alles Irdischen mit der den Tod überwindenden Macht der Liebe Christi: «Ereignet sich nun diese ganze Handlung in der Karwoche, ist das Hauptkennzeichen dieser Gesellschaft ein Kreuz, mit Rosen umwunden, so lässt sich leicht voraussehen, dass die durch den Ostertag besiegelte ewige Dauer erhöhter menschlicher Zustände auch hier bei dem Scheiden des Humanus sich tröstlich würde offenbart haben.»

Die Osterereignisse, über Himmelfahrt, Pfingsten bis hin zu dem Augenblick, da Paulus in der Nähe von Damaskus den Auferstandenen als Licht und Wort erlebte, können, wie wir an früherer Stelle dargelegt haben, mit Hilfe von zwei aristotelischen Kategorien, wenn auch erst anfänglich, verstanden werden. Man muss sie nur dynamisch erfassen und auf verschiedenen Seinsebenen erleben. Im *erhöhten* Hylomorphismus der eigentlichen Auferstehung ist es die Kategorie *Substanz* – ousia –, die zum Verständnis angewandt werden kann. Sie ist weder allein Geist, das heißt Form, noch ausschließlich Materie (siehe S. 279 ff.). Diese durchchristete *neue* Grundsubstanz ist der Wolke vergleichbar, die sich einerseits bis zu einem *punktuellen* Niederschlag verdichten und sich andererseits *universell* in die Atmosphäre verdünnen kann. Das ist der Zusammenhang, der in der Himmelfahrtsszene als Aufnahme des Christus in eine Wolke geschildert wird. Der Auferstandene wird sozusagen atmosphärisch-allgegenwärtig: er ist – Beziehungs-Raum geworden.

Relation und Substanz bieten dem vorurteilslosen Denken eine erste wichtige Erkenntnishilfe zu einer der komplexesten Fragen der Geistesgeschichte der Menschheit. Auch im Zusammenhang mit unserer Zwölfheit sind die Kategorien verschiedentlich angesprochen worden. Sigismund von Gleich erwähnt sie wiederholt.[235] Im Grunde genommen sind die zwölf Weltanschauungen eine Weiterentwicklung der in der Antike durch den Genius des Aristoteles mathematistisch festgelegten Kernaussagen über die verschiedenen Arten des Seienden.[236] Und genauso wie die Kategorien Ausdruck des denkenden Menschen sind, so stellen die zwölf Weltansichten im Prinzip den *denkenden, fühlenden* und *wollenden* Menschen als Antwort auf das Welträtsel dar: Sie sind ein Ausdruck seines vollerwachten ICH. In der Realität erscheinen sie in den verschiedensten Abwandlungen und Verbindungen, und ihr Weg zur Wahrheit ist gleichzeitig ein Weg zum Menschen im Menschen: zum Mensch gewordenen Logos in jedem von uns, zu Humanus.

Rudolf Steiner, der meines Wissens als erster auf diese Zwölfheit der Weltanschauungen hingewiesen hat, wusste, dass ein progressives Sich-Einarbeiten in diese Zusammenhänge nicht nur ein Weg zum Kosmos, sondern auch ein besonderer Weg zur Selbsterkenntnis ist, zur Entdeckung unseres umfassenden Selbst. So sagte er einmal in einem Vortrag, in dem er von der Stufe der Imagination ausgeht, einer der höheren Erkenntnisstufen des Menschen:

> «In dem Augenblick, wo man durch jene Schulung in die imaginative Welt eintritt und sein Ich im Bilde sieht, muss man sich auch klar darüber sein, dass man zwölf verschie-

dene Bilder seines Ichs sehen kann. Es gibt zwölf verschiedene Bilder jedes einzelnen Ichs, und erst dann, wenn man von zwölf verschiedenen Standpunkten aus, auf denen man außerhalb seines Ichs gestanden hat, dieses betrachtet hat, hat man sein vollständiges Ich begriffen. Es verhält sich diese Anschauung des Ichs von außerhalb genau so, wie etwas, was sich abspiegelt im Verhältnis der zwölf Sternbilder des Tierkreises zur Sonne. Wie die Sonne durch die zwölf Sternbilder hindurchgeht und in jedem derselben eine andere Kraft hat, und wie sie sozusagen von zwölf verschiedenen Standpunkten aus unsere Erde bescheint, so bescheint sich auch das Menschen-Ich von zwölf verschiedenen Standpunkten aus, wenn es zurückblickt von der höheren Welt. Daher müssen wir sagen: Es ist notwendig beim Aufstieg in die höheren Welten, dass man nicht zufrieden ist mit einem Standpunkt. Dazu muss man sich trainieren, um der Verwirrung auszuweichen. Das kann man nur, wenn man in der physischen Welt sich daran gewöhnt, dass nicht die Betrachtung von einem einzigen Standpunkt aus das einzige Heil des Menschen sei. Es gibt Menschen, die sind Materialisten andere Spiritualisten … usw. Die Spiritualisten behaupten, alles sei Geist und legen nur dem Geist Bedeutung bei; die Monisten behaupten, man müsse alles aus der Einheit erklären. Diese verschiedenen Menschen streiten sich und raufen sich womöglich. Aber derjenige, welcher sich zu wirklichem Erkennen vorbereiten will, muss Folgendes beachten können: Der Materialismus hat eine gewisse Berechtigung; das Denken in materiellen Gesetzen müssen wir uns aneignen, aber es nur anwenden auf die materielle Welt, nicht auf die geistige. Wir müssen diese Gesetze begreifen, denn sonst kommen wir in dieser Welt nicht zurecht.»

Weiter sagt er: «Indem man sich aber auf die verschiedenen Standpunkte stellt, kann man sich gewöhnen, das Berechtigte überall herauszufinden. Dadurch kann man sich dazu erziehen, die Dinge von den verschiedensten Gesichtspunkten aus zu sehen ... Dieses aus sich Herausgehenkönnen, um objektiv zu schildern mit den Augen eines andern, ist etwas, was man sich notwendig erwerben muss.»[237]

In diesem ganzen Zusammenhang bringt Steiner jede der zwölf Weltanschauungen in Beziehung zu den Kräften der Tierkreissphären, wie sie uns seit Alters her bekannt sind:

Phänomenalismus	–	Jungfrau
Sensualismus	–	Löwe
Materialismus	–	Krebs
Mathematismus	–	Zwillinge
Rationalismus	–	Stier
Idealismus	–	Widder
Psychismus	–	Fische
Pneumatismus	–	Wassermann
Spritualismus	–	Steinbock
Monadismus	–	Schütze
Dynamismus	–	Skorpion
Realismus	–	Waage.

Im Rückblick auf unsere ganze Arbeit könnte man sagen: Goethes Werk ist eine Fortsetzung beziehungsweise eine gewisse Erfüllung der in seinem Gedicht «Die Geheimnisse» nicht ausgeführten Absicht, jene Zwölfheit der «verschiedensten Denk- und Empfindungsweisen» zu schildern. An exemplarischen Stellen konnte nachgewiesen werden, dass Rudolf Steiner an das von Goethe diesbezüglich begonnene Werk anknüpft. Ihn also in eine bestimmte, dicht abgeriegelte Weltanschauungsecke zu versetzen und zu isolieren, wie bisweilen von allzu eifrigen Kritikern geschieht, ist eine auf mangelnder Sachkenntnis fußende, mitunter bewusst induzierte Irreführung. Er ist weder Gnostiker noch Theosoph, weder Synkretist noch Eklektiker. Er hat sich lediglich einen – für alle Menschen offenen – Zugang zu den zwölf Weltanschauungen verschafft und hat versucht, dadurch viele Praxisfelder neu anzuregen. Ihm wurde beschieden, bis zu einem gewissen Grade in die Mysterien von Wahrheit, Freiheit und Liebe eingeweiht zu werden. Sein hinterlassenes Werk – die Anthroposophie – ist in seinen eigenen Worten «ein Erkenntnisweg». Auf diesem Weg aufbauend, haben wir versucht, diese Zwölfheit als Anregung für eine im Werden begriffene multikulturelle Gesellschaft so zu entwickeln, dass immer wieder Bezüge zu Wissenschaft, Kunst und Religion exemplarisch hergestellt werden konnten. Insofern ist dieses Buch als Arbeits- oder auch als Übungsbuch gedacht und verlangt nach Ergänzung von anderen Seiten. Es gibt sicher auch andere Wege, die hier genannten Ziele zu erreichen, zumal es nicht jedermanns Sache ist, sich auf ein solches Studium einzulassen. Die soziale Fruchtbarkeit der hier dargestellten Zusammenhänge konnte ich jedenfalls immer wieder feststellen: in der konkreten Arbeitswelt, in Verhandlungen und in der Lebensberatung, nicht zuletzt als Hilfe auf dem Weg zu einer umfassenden Sinnfindung.

Nun haben wir neben Goethe insbesondere eine andere Persönlichkeit immer wieder erwähnt und verschiedentlich zitiert: Friedrich von Hardenberg, der sich als Dichter «Novalis» – ein Neuland-Rodender[238] – nannte. Als er mit 28 Jahren starb, hinterließ er ein dichterisches und philosophisches Werk, das man nicht anders denn eine Saat für künftige Jahrhunderte nennen kann. Er selber sagte einmal in einem seiner unausschöpflichen Aphorismen: «Alles ist Samenkorn.»[239] Zeitgenosse von Goethe und in Verbindung mit den bedeutenden Künstlern und Gelehrten seiner Zeit, war er ein unausgesetzt Lernender, der seine genialen Einfälle und Früchte seiner Meditationen meisterhaft in eine Fülle von Aphorismen verdichten konnte. Nicht nur ist alles bei ihm selber «Samenkorn», sondern er hatte eine Sicht der Welt und der Zukunft, die in einem von Jugendkräften impulsierten Christentum ihre Wurzeln hatte. Christus selber wurde ihm der Genius einer im Geiste zu erringenden ewigen Jugend, der sich anschickt, wie uns Johannes in der *Apokalypse* mitteilt, alles *neu* zu machen. Wir erkennen in Novalis' Auffassung vom neuen Menschen und einer neuen Erde nicht nur die gleiche Grundlage, auf der auch diese Arbeit gewachsen ist. Wir erkennen in ihm selber *den* Genius dieser von jedem Menschen – ob jung, ob alt – zu erringenden Verjüngungskraft. Was unsere Gegenwart, unser drittes Jahrtausend braucht, ist nicht der dynamistische Kult einer immerwährenden biologischen Jugend in einer ansonsten geistig vergreisenden Zivilisation. Wir brauchen ein jugendliches Herz, das voll Interesse und Liebe auf Natur und Menschheit schaut und bereit ist, dort Hand anzulegen, wo wir gefragt werden – ganz im Sinne von Novalis: «Wir sind auf einer Mission: zur Bildung der Erde sind wir berufen.»[240]

Anders formuliert: Es geht um eine Entwicklung zu Wahrheit, Freiheit und Liebe in allen theoretischen und praktischen Angelegenheiten des Alltagslebens. Ein allzu hohes Ideal? Das kann nur jeder für sich entscheiden.

Epilog

Aus den «Geistlichen Liedern» des Novalis:

Ich sag es jedem, dass er lebt
Und auferstanden ist,
Dass er in unsrer Mitte schwebt
Und ewig bei uns ist.

Ich sag es jedem, jeder sagt
Es seinen Freunden gleich,
Dass bald an allen Orten tagt
Das neue Himmelreich.

Jetzt scheint die Welt dem neuen Sinn
Erst wie ein Vaterland;
Ein neues Leben nimmt man hin
Entzückt aus seiner Hand.

Hinunter in das tiefe Meer
Versank des Todes Graun,
Und jeder kann nun leicht und hehr
In seine Zukunft schaun.

Der dunkle Weg, den er betrat,
Geht in den Himmel aus,
Und wer nur hört auf seinen Rat,
Kommt auch in Vaters Haus.

Nun weint auch keiner mehr allhie,
Wenn eins die Augen schließt,
Vom Wiedersehn, spät oder früh,
Wird dieser Schmerz versüßt.

Es kann zu jeder guten Tat
Ein jeder frischer glühn,
Denn herrlich wird ihm diese Saat
in schönern Fluren blühn.

Er lebt, und wird nun bei uns sein,
Wenn alles uns verlässt!
Und so soll dieser Tag uns sein
Ein Weltverjüngungsfest.

Anmerkungen

1 *Geschichten wie Edelsteine*, hrsg. von Joachim-Ernst Berendt, München 1996, S. 127.
2 Aus Goethes «Epirrhema», einem kleinen Gedicht am Ende seiner in Verse gebrachten «Metamorphose der Pflanzen».
3 J. W. Goethe, *Die Geheimnisse* – Ein Fragment; und der zugehörige Aufsatz Goethes in Cottas «Morgenblatt», 1816. Zitiert wird nach der Hamburger Ausgabe, Band III, S. 271 – 284.
4 Zitiert nach Friedrich Hiebel, *Goethe, die Erhöhung des Menschen*, Frankfurt a.M. 1982, S. 141.
5 Siehe u.a. F. Lienhard, «Montserrat, der Gralsberg», in: *Das Buch vom Gral*, hrsg. von B. Kircher, München 1989, S. 299 – 308.
6 J. P. Eckermann, *Gespräche mit Goethe*, hrsg. von F. Bergmann, Frankfurt a.M. 1994, S. 104.
7 A.a.O., S. 104 f.
8 Rudolf Meyer, *Goethe – der Heide und der Christ*, Stuttgart 3. Aufl. 1999, S. 227.
9 A.a.O., S. 227 f.
10 G. W. F. Hegel, *Vorlesungen über die Philosophie der Geschichte*, Frankfurt a.M. 1973, S. 76.
11 A.a.O., S. 86.
12 Thomas S. Kuhn, *Die Struktur wissenschaftlicher Revolutionen*, Frankfurt a.M. 13. Aufl. 1996 , S. 115 f.
13 Neil Postman, *Keine Götter mehr – Das Ende der Erziehung*, München 1997, S. 132 f.
14 Hartmut Böhme, «Wer sagt, was Leben ist?»; in *Die Zeit* vom 30. 11. 2000, S. 41.
15 Max Scheler, «Der Formalismus in der Ethik und die materiale Wertethik», zitiert nach G. Schischkoff, *Philosophisches Wörterbuch*, Stuttgart 1991, S. 773.
16 Rudolf Steiner, Vortrag am 21. 1. 1914; in *Der menschliche und der*

kosmische Gedanke, GA 151. – Alle Zitate aus dem Werk Rudolf Steiners folgen der im Rudolf Steiner Verlag, Dornach/Schweiz, erscheinenden Gesamtausgabe (= GA).

17 *Brockhaus Enzyklopädie,* 24. Bd., S. 20 der 19. Auflage, Mannheim 1994.

18 Vgl. hier das Buch von Johannes Hemleben, *Diesseits – Vom Lesen im Buche der Natur,* Hamburg 1982.

19 Rudolf Steiner, *Mein Lebensgang,* GA 28, S. 245.

20 A.a.O., S. 319.

21 A.a.O., S. 320.

22 A.a.O., S. 235 f.

23 A.a.O., S. 237.

24 A.a.O., S. 279 f.

25 Rudolf Steiner, *Anthroposophische Leitsätze,* GA 26, S. 14.

26 Siehe Anm. 16.

27 Sigismund von Gleich, *Die Wahrheit als Gesamtumfang aller Weltansichten.* Das 1947 durch Vervielfältigungsdruck verbreitete Manuskript erschien 1957 in Buchform im J. Ch. Mellinger Verlag, Stuttgart. – 2. Aufl. 1989.

28 Zitiert nach S. von Gleich (siehe Anm. 27), S. 23.

29 Zitiert nach S. von Gleich (siehe Anm. 27), S. 43.

30 J. W. Goethe, *Sprüche in Prosa,* kommentiert und herausgegeben von Rudolf Steiner, Nr. 165, Neuausgabe Stuttgart 1999.

31 A.a.O., Nr. 178.

32 A.a.O., Nr. 188.

33 A.a.O., Nr. 811.

34 Novalis, *Werke und Briefe,* München 1962; aus den Fragmenten über «Kosmologie und Religion», Nr. 537.

35 Siehe P. Antes (Hrsg.), *Große Religionsstifter – Zarathustra, Moses, Jesus, Mani, Muhammad, Nanak, Buddha, Konfuzius, Lao Zi,* München 1992. Darin die Darstellung von H. P. Hasenfratz über Zarathustra, S. 11.

36 A.a.O., S. 14.

37 Zitiert nach Hans Baumann, *Die Welt der Pharaonen,* Ravensburg 1967, S. 106.

38 Siehe u.a. V. Poulsen, *Ägyptische Kunst,* Königstein im Taunus 1968, S. 13 des II. Teils.

39 Siehe u.a. Peter Heusser (Hrsg.), *Goethes Beitrag zur Erneuerung der Naturwissenschaften,* Bern 2000. – Darüber hinaus sei hingewiesen auf die goetheanistischen Arbeiten u.a. von Jochen Bockemühl, Thomas Göbel, Ernst-Michael Kranich, Wolfgang Schad und Andreas Suchantke.

40 Referiert von Michael Ende in: *Fantasie, Kultur, Politik,* Stuttgart 1982, S. 33.

41 Siehe z.B. Konrad Lorenz, *Er redete mit dem Vieh, den Vögeln und den Fischen,* München 1964; sowie *So kam der Mensch auf den Hund,* München 1985.

42 Siehe Anm. 41, *Er redete mit dem Vieh, den Vögeln und den Fischen,* S. 12.

43 Rudolf Steiner, *Wie erlangt man Erkenntnisse der höheren Welten?,* GA 10, Aufl. 1972, S. 48 ff.

44 Zitiert nach S. von Gleich (siehe Anm. 27), S. 78 f.

45 In R. F. Schmidt (Hrsg.), *Grundriss der Sinnesphysiologie,* Berlin/Heidelberg/New York/Tokyo, 5. Aufl. 1985, S. 8 f..

46 A.a.O., S. 1.

47 Franz Mechsner, «Das Problem mit der Seele»; in *GEO* vom 25. 5. 1987, Hamburg 1987, S. 146 ff.

48 Alfred Gierers Antwort auf die Frage nach den «Grenzen der Erkenntnis» in *GEO* (siehe Anm. 47), S. 166 f.

49 Siehe u.a. A. Jean Ayres, *Bausteine der kindlichen Entwicklung – Die Bedeutung der Integration der Sinne für die Entwicklung des Kindes,* Berlin / Heidelberg / New York 2. Aufl. 1992.

50 Siehe u.a. W. Aeppli, *Sinnesorganismus, Sinnesverlust, Sinnespflege – Die Sinneslehre Rudolf Steiners in ihrer Bedeutung für die Erziehung,* aktualisierte Neuausgabe, Stuttgart 1996.

51 Rudolf Steiner, *Einleitungen zu Goethes Naturwissenschaftlichen Schriften,* GA 1; aus dem Kapitel «Das Urphänomen».

52 *Der Koran,* 4.14, übertragen von L. Ullmann, München 1959.

53 A.a.O., 47.16.

54 A.a.O., 56.12–25.

55 *Geschichte der Philosophie in Text und Darstellung,* Bd. 4, Stuttgart 1980, S. 29 f.

56 Siehe Anm. 55, S. 52.

57 Rudolf Steiner, *Allgemeine Menschenkunde als Grundlage der Päda-*

gogik, GA 293; insbesondere der 8. Vortrag vom 29. 8. 1919. Ansonsten berücksichtigen diese Vorträge den ganzen Menschen nach Leib, Seele und Geist.

58 Siehe Anm. 45, S. 2 ff.

59 Hugo Kükelhaus, *Organ und Bewusstsein,* Köln 1987, S. 12 f.

60 A.a.O., S. 35.

61 A.a.O., S. 47.

62 J. W. Goethe, *Pandora,* Verse 164 – 193.

63 Barbara C. Sproul, *Schöpfungsmythen der westlichen Welt,* München 1994, S. 178 f..

64 *Die Vorsokratiker,* ausgewählt und übersetzt von E. Bergs, Aschendorff 1971, S. 75.

65 Klaus Strobach, *Vom Urknall zur Erde – Werden und Wandlung unseres Planeten im Kosmos,* Melsungen 1983, S. 194 ff.

66 G. Gamow ist ein Pionier der Urknall-Forschung.

67 Siehe hierzu die hervorragende Arbeit von Alfred Schütze, *Die Kategorien des Aristoteles und der Logos,* Stuttgart 1972. – Die zehn Kategorien sind: Substanz, Zeit, Raum, Quantität, Qualität, Tun, Leiden, Habitus, Lage, Relation.

68 Zitiert nach Werner Heisenberg, *Der Teil und das Ganze – Gespräche im Umkreis der Atomphysik,* München 1975, S. 52.

69 Siehe Emil Bock, *Boten des Geistes – Schwäbische Geistesgeschichte und christliche Zukunft,* Kapitel über Friedrich Christoph Oetinger, Stuttgart 1955. – Zum Ursprung der Materie siehe auch das Werk von Hermann Beckh, *Alchymie – Vom Geheimnis der Stoffeswelt,* Dornach/Schweiz 4. Aufl. 1987.

70 James Jeans, *Der Weltraum und seine Rätsel* (1931), zitiert nach Jean Gebser, *Abendländische Wandlung,* Berlin 1968, S. 57.

71 Walter Schubart, *Geistige Wandlung* (1940), zitiert nach Jean Gebser (siehe Anm. 70), S. 57 f.

72 Zitiert nach S. von Gleich (siehe Anm. 27), S. 37.

73 Zu dieser ganzen Thematik siehe auch Jens Heisterkamp, *Der biotechnische Mensch – Genetische Utopien und ihre Rechtfertigung durch «Bioethik»,* Frankfurt a.M. 1994.

74 Aus der *Süddeutschen Zeitung,* zitiert nach *Info 3,* S. 8, Nr. 10 vom Oktober 2000, Frankfurt a.M.

75 Zitiert nach Johannes Hemleben, *Das haben wir nicht gewollt –*

Sinn und Tragik der Naturwissenschaft, Frankfurt am Main 1981, S. 125 f.

76 Siehe Anm. 27, S. 37.

77 Siehe Emil Bock, *Rudolf Steiner – Studien zu seinem Lebensgang und Lebenswerk,* hrsg. von Erich Gabert und Gundhild Kačer-Bock, 3. bearbeitete und erweiterte Aufl. 1990. Darin das Kapitel «Von der okkulten Bewegung in Deutschland am Ende des 19. Jahrhunderts».

78 Sheila Ostrander / Lynn Schroeder, *PSI – Die wissenschaftliche Erforschung und praktische Nutzung übersinnlicher Kräfte des Geistes und der Seele im Ostblock,* Bern/München/Wien, 15. Aufl. 1980.

79 A.a.O., S. 183 f.

80 Siehe u.a. Rudolf Steiner, *Die Geheimwissenschaft im Umriss,* GA 13, Kapitel «Die Weltentwickelung und der Mensch».

81 Siehe Anm. 75, S. 166.

82 Zitiert nach J. Hemleben (siehe Anm. 75), S. 52.

83 Novalis (siehe Anm. 34), aus den Fragmenten über «Mathematik und Naturwissenschaften», Nr. 354.

84 A.a.O.

85 A.a.O., Nr. 353.

86 A.a.O., Nr. 354.

87 Aristoteles über die Kategorien; siehe Anm. 67, S. 9.

88 Siehe auch Ekkehard Meffert, *Nikolaus von Kues – Sein Lebensgang, seine Lehre vom Geist,* 2. Aufl. Stuttgart 2001.

89 Siehe Anm. 75, S. 26.

90 *Der Anticlaudian,* aus dem Lateinischen übersetzt und eingeleitet von Wilhelm Rath, Stuttgart 2. Aufl. 1983, S. 199 f.

91 Siehe Anm. 52, 2.256.

92 Siehe Anm. 52, 3.20 und 3.200 sowie u.a. 5.5.

93 Hamburger Ausgabe, Band I (1960), S. 367.

94 Zitiert nach Alfred Schütze, *Das Rätsel des Bösen,* Stuttgart 1969, S. 107 f.

95 Die Zitate sind dem Nachrichtenmagazin *Der Spiegel,* Nr. 42, 1988, entnommen.

96 Zitiert nach G. Kropp, *Philosophie – ein Gang durch ihre Geschichte,* München o. J., S. 176.

97 Zitiert nach J. Hemleben (siehe Anm. 75), S. 38 f.

98 In *Das Weltbild,* hrsg. von W. Vontin, Braunschweig/Berlin/Hamburg/München/Kiel/Darmstadt 1952, S. 188 f. und 191.

99 Zitiert nach S. von Gleich, siehe Anm. 27, S. 174 f.

100 J. W. Goethe, «Der Verfasser teilt die Geschichte seiner botanischen Studien mit», Hamburger Ausgabe, Band XIII (1960), S. 163 f.

101 Albert Steffen, *Pilgerfahrt zum Lebensbaum,* Dornach/Schweiz 1982, S. 58 f.

102 Albert Einstein, *Mein Weltbild,* Frankfurt a.M./Berlin/Wien 1984, S. 18.

103 Platon, *Der Staat (Politeia),* aus dem VI. und VII. Buch, Stuttgart 1973.

104 Platon, *Timaios,* 2.2, Frankfurt a.M./Leipzig 1991.

105 Marc Aurel, *Selbstbetrachtungen,* Stuttgart 1933; zitiert jeweils aus II,9; IV,10 u. 51 und VI,1.

106 Epiktet, «Woraus besteht das Gute, und worin hat man sich am meisten zu üben?» (III.3); in: *Geschichte der Philosophie in Text und Darstellung,* Bd. 1, Stuttgart 1978, S. 310.

107 Siehe Anm. 35, Beitrag von H.-J. Klimkeit, S. 155.

108 Die Zitate aus dem *Neuen Testament* folgen der Übertragung durch Emil Bock, Stuttgart 1980.

109 *Die Söhne Gottes – Aus den heiligen Schriften der Menschheit,* hrsg. von G. Mensching, Wiesbaden o.J., S. 50.

110 Niccolò Machiavelli, «Der Fürst», in: *Geschichte der Philosophie in Text und Darstellung,* Bd. 3, Stuttgart 1984, S. 365.

111 Giovanni Pico della Mirandola, *Die Würde des Menschen,* Fribourg/Frankfurt a.M./Wien, o.J., S. 52 f.

112 Wilhelm von Humboldt, *Ideen zu einem Versuch, die Grenzen der Wirksamkeit des Staates zu bestimmen,* Stuttgart 1962, S. 21.

113 G. F. Kennan, Ansprache anlässlich der Verleihung des Friedenspreises des Deutschen Buchhandels, Frankfurt a.M. 1982.

114 Zitiert nach S. von Gleich (siehe Anm. 27), S. 208.

115 E. W. Bödefeld, «Kein Weltethos ohne Religion – Über das Projekt Weltethos», in der Zeitschrift *Novalis* 1/2, 2001, Schaffhausen.

116 *Wahrig – Deutsches Wörterbuch,* Gütersloh/München 2000, S. 670.

117 Rudolf Steiner, «Credo – der Einzelne und das All» in *Wahrspruchworte,* GA 40.

118 Siehe Anm. 30, Sprüche 136, 183, 151, 185.

119 Rudolf Steiner, *Goethes Weltanschauung,* GA 6; aus dem Kapitel «Die platonische Weltanschauung».

120 Rudolf Steiner, *Methodische Grundlagen der Anthroposophie,* GA 30, S. 541.

121 Franz Herwig Schopper, «Die Grenzen unseres Weltbildes» in *Bild der Wissenschaft* Nr. 5, 1991, Stuttgart. – Zu dieser Thematik siehe auch von J. Guitton, G. und I. Bogdanov: *Gott und die Wissenschaft,* München 1993, S. 99 ff.

122 Siehe Anm. 64, S. 65.

123 Aus A. Borbély, *Das Geheimnis des Schlafs – Neue Wege und Erkenntnisse der Forschung,* Zürich 1987, S. 70.

124 Siehe Anm. 105, aus X, 24 und XII, 33.

125 Hildegard von Bingen in: *Worte lebendigen Lichts,* Freiburg/Basel/Wien 1996, S. 39 f.

126 *Geschichte der Philosophie in Text und Darstellung,* Bd. 6, Stuttgart 1978, S. 126.

127 Zitiert nach S. von Gleich (siehe Anm. 27), S. 55.

128 Zitiert nach G. Kropp (siehe Anm. 96), S. 169.

129 Zitiert nach G. Kropp (siehe Anm. 96), S. 171.

130 *Geschichte der Philosophie in Text und Darstellung,* Bd. 7, S. 207 und 225, Stuttgart 1981.

131 Siehe Anm. 30, Nr. 1.

132 A.a.O., Nr. 53.

133 A.a.O., Nr. 793.

134 *Geschichte der Philosophie in Text und Darstellung,* Bd. 8, Stuttgart 1981, S. 175.

135 *Carl Gustav Jung – Erinnerungen, Träume, Gedanken,* aufgezeichnet und herausgegeben von Aniela Jaffé, Zürich/Stuttgart 1967, S. 415.

136 A.a.O.,, S. 416.

137 A.a.O., S. 410.

138 A.a.O., S. 182 f.

139 A.a.O., S. 408.

140 Unter anderem in Büchern wie *Die Philosophie der Freiheit – Seelische Beobachtungsresultate nach naturwissenschaftlicher Methode,* GA 4; *Theosophie – Einführung in übersinnliche Welterkenntnis und Menschenbestimmung,* GA 9. Hier sind auch Übungen zur Erlangung geisteswissenschaftlicher Kompetenz geschildert.

141 Gerhard Wehr, *C. G. Jung und Rudolf Steiner – Konfrontation und Synopse,* Stuttgart 1982, S. 186.

142 Siehe Anm. 135, S. 418.

143 Siehe Anm. 34, aus der Sammlung «Blütenstaub», Nr. 16 und 28.

144 Siehe Anm. 30, Nr. 482.

145 V. I. Khan, *Sufismus – der Weg zum Selbst. – Stufen einer mystischen Meditation,* Bern – München – Wien 1975, S. 68 f.

146 Aus Walter Nigg, *Das mystische Dreigestirn – Meister Eckhart, Heinrich Seuse, Johannes Tauler,* Zürich 1990, S. 73 f.

147 Siehe Anm. 140, insbesondere *Die Philosophie der Freiheit.*

148 Sigismund von Gleich, *Der Seele Aufstieg zu den Sternen – ein Mitgehen im sinnenden Gedenken,* 2. Auflage 1954, ohne Ortsangabe, S. 30.

149 J.W. Goethe, *Naturwissenschaftliche Schriften,* Hamburger Ausgabe, Band XIII (1960), S. 315.

150 Zitiert nach Friedrich Hiebel, *Biografie und Essaystik – Zur Geschichte der Schönen Wissenschaften,* Bern und München 1970, S. 111.

151 Friedrich Hölderlin, «Hyperion oder Der Eremit in Griechenland», Zweiter Band, Zweites Buch; in *Sämtliche Werke,* hrsg. von Friedrich Beißner, München 1961, S. 630 f.

152 J. Pesch, Bonn 2001.

153 Siehe Anm. 109, S. 264 f.

154 A. E. Sadat, *Unterwegs zur Gerechtigkeit – Die Geschichte meines Lebens,* Wien/München/Zürich/Innsbruck 1981, S. 101 ff.

155 Jacques Lusseyran, *Das wiedergefundene Licht,* Stuttgart 1970, S. 15 ff.

156 A.a.O., S. 66.

157 R. Steiner hat in vielen seiner Werke Grundlegendes in Bezug auf die Ätherkräfte ausgeführt. Siehe u.a. auch die darauf basierende Forschungsarbeit von Ernst Marti, *Das Aetherische,* Basel 1989, und *Erscheinungsformen des Ätherischen,* hrsg. von J. Bockemühl, Stuttgart 1985.

158 *Faust* I, Nacht.

159 Maßgebende Aufschlüsse und Übungen gibt Steiner in *Wie erlangt man Erkenntnisse der höheren Welten?,* GA 10, und *Die Schwelle der geistigen Welt,* GA 17. – Siehe auch die Schrift des Verfassers *Das*

Sophia-Mysterium der Gegenwart – die Geburt der Imagination, Dornach/Schweiz 1992.

160 Manfred Kyber, *Genius Astri,* München 1960.

161 *Die Bhagavad Gita,* übersetzt von F. Hartmann, Leipzig 1904. S. 12–14.

162 Siehe u.a. W. Müller, *Dionysios Areopagites,* Basel 1990.

163 Siehe Rudolf Steiner, *Geistige Hierarchien und ihre Widerspiegelung in der physischen Welt,* GA 110; sowie die Schrift des Verfassers *Engel – ihr Wesen und Wirken in der Gegenwart,* Unterlengenhardt, 3. Aufl. 2001.

164 Siehe Anm. 162, S. 18.

165 *Geschichte der Philosophie in Text und Darstellung,* Bd. 2, S. 151–152, Stuttgart 1982.

166 Siehe den Artikel des Verfassers über «Okkulte Fragen der Gegenwart», in dem diese Frage näher beleuchtet wird, in *Der Europäer* 2/3, Dez./Jan. 1997/1998, Basel.

167 Betty J. Eadie, *Licht am Ende des Lebens – Bericht einer außergewöhnlichen Nah-Todeserfahrung,* München 1994, S. 106.

168 George G. Ritchie und Elizabeth Sherrill, *Rückkehr von Morgen,* Marburg 30. Aufl. 1999, S. 55 ff.

169 D. Brinkley und P. Perry, *Zurück ins Leben – Die wahre Geschichte des Mannes, der zweimal starb,* München 1994, S. 40 ff.

170 A.a.O., S. 44 ff.

171 Siehe von Rudolf Steiner die Vorträge über Pädagogik, vor allem *Allgemeine Menschenkunde als Grundlage der Pädagogik,* GA 293.

172 Siehe Anm. 34, aus den Fragmenten über «Kosmologie und Religion», Nr. 534 und 535.

173 A.a.O., aus der Sammlung «Blütenstaub», Nr. 22.

174 A.a.O., aus den Fragmenten «Von der geheimen Welt», Nr. 246.

175 Dante Alighieri, *Die Göttliche Komödie,* Paradies, 28. Gesang in der Übertragung von Karl Vossler, Zürich o.J. – Vossler hat einige Namen der Engelordnungen ins Deutsche übertragen.

176 Siehe Anm. 70, S. 25 ff. Jean Gebser gibt eine knappe, klare Darstellung dieser Zusammenhänge.

177 *Bild der Wissenschaft,* Nr. 1/2001, Stuttgart, S. 21.

178 *Geschichte der Philosophie in Text und Darstellung,* Bd. 5, S. 241, Stuttgart 1979.

179 Siehe Anm. 96, S. 72 f.

180 Zitiert nach S. von Gleich (siehe Anm. 27), S. 186.

181 *Pablo Casals – Licht und Schatten auf einem langen Weg,* Erinnerungen, aufgezeichnet von A. E. Kahn, Frankfurt a.M. 1976, S. 219 f.

182 Siehe die umfassende Arbeit von E. C. Hirsch, *Der berühmte Herr Leibniz – eine Biografie,* München 2000, S. 58 ff.

183 Jean Gebser, siehe Anm. 70, S. 28.

184 Zitiert nach S. von Gleich (siehe Anm. 27), S. 180.

185 Richard Friedenthal, *Goethe – sein Leben und seine Zeit,* München 1996, S. 581 f.

186 Rudolf Steiner, *Mein Lebensgang,* siehe Anm. 19, S. 135 f.

187 Siehe diesbezüglich u.a. U. und M. Betti, B. und W. Kersten, *«Es ist nicht gut, dass der Mensch allein sei …», Frau und Mann im Zeitalter der Individualität,* Stuttgart 1998.

188 Rudolf Steiner, *Die Philosophie der Freiheit,* GA 4, S. 164 ff.

189 Im Zusammenhang mit Wissenschaft, Kunst und Religion siehe auch das bedeutende Werk von S. von Gleich: *Geisteswissenschaft, Kunstoffenbarung und religiöse Lebensanschauung in ihrer Dreieinheit philosophisch-anthroposophisch entwickelt aus dem Menschenwesen und Ideenkosmos,* Stuttgart 1971.

190 Bayerischer Rundfunk, Sendung *Stationen* am 14.2.2001 um 10.30 h. «Wie gefährlich ist die pluralistische Theologie?», Produktionsnummer 439827, Sprecherin B. Himmelstoß.

191 Zitiert nach G. Kropp (siehe Anm. 96), S. 165.

192 Ivo Frenzel, *Friedrich Nietzsche,* Reinbek bei Hamburg 2000, S. 40.

193 A.a.O. S. 50 f.

194 Siehe u.a. Wilhelm Kelber, *Die Logoslehre – von Heraklit bis Origenes,* Frankfurt a. M. 1986. Hier werden sehr klar die verschiedenen Aspekte der Logoslehre in der Antike zur Darstellung gebracht.

195 Da in diesem Buch versucht wird, den *Kern* jeder Weltanschauung herauszuschälen, und zwar anhand ausgesuchter Fälle, würde eine detaillierte Darstellung einiger Formen von Energie, wie beispielsweise Elektrizität, Magnetismus und Kernkraft, den hier gesteckten Rahmen sprengen, zumal diese Kräfte in ihrer Natur anders sind als die sich organisch-ätherisch oder seelisch-geistig betätigenden. Es sei deshalb hingewiesen auf das Buch des Physikers Georg Unger: *Kernenergie und Geisteswissenschaft,* Dornach/Schweiz 1979.

196 Rupert Sheldrake, *Das schöpferische Universum. Die Theorie des morphogenetischen Feldes,* München 1984.

197 A.a.O., S. 111.

198 A.a.O., S. 12.

199 A.a.O., S. 112.

200 Hans-Peter Dürr, «Naturwissenschaftliche Erkenntnis und Wirklichkeitserfahrung», in: *Wenn Gott verloren geht,* Freiburg/Basel/Wien 1998.

201 Zu diesem Thema siehe auch die Schrift des Verfassers über *Das Sophia-Mysterium der Gegenwart – Die Geburt der Imagination,* Dornach/Schweiz 1992.

202 Siehe Anm. 30, Nr. 810.

203 Rudolf Steiner, «Goethe als Vater einer neuen Ästhetik», Vortrag am 9. 11. 1888; in *Kunst und Kunsterkenntnis – Grundlagen einer neuen Ästhetik,* GA 271. In einem anderen Vortrag, gehalten in München am 15. 2. 1918, a.a.O., geht Steiner auf Impressionismus und Expressionismus ein und vertieft die hier angedeuteten Zusammenhänge.

204 Martin Grabmann, *Thomas von Aquin – Persönlichkeit und Gedankenwelt,* München 1949, S. 132 ff.

205 Jos Verhulst, *Der Glanz von Kopenhagen – Geistige Perspektiven der modernen Physik,* Stuttgart 1994, S. 17 ff.

206 J. W. Goethe, *Geschichte der Farbenlehre,* Hamburger Ausgabe, Bd. XIV (1960), S. 53ff.

207 J.W. Goethe, *Naturwissenschaftliche Schriften.* Mit Einleitungen, Fußnoten und Erläuterungen im Text herausgegeben von Rudolf Steiner. Fotomechanischer Nachdruck, GA 1d, 4. Aufl. 1981, S. 28.

208 Siehe Anm. 19, 20 und 21.

209 Rudolf Steiner, «Die Erziehung des Kindes vom Gesichtspunkte der Geisteswissenschaft», enthalten in *Lucifer – Gnosis,* GA 34. Dieser Aufsatz ist auch einzeln erhältlich.

210 Zitiert nach Wilhelm Rath, *Rudolf Steiner und Thomas von Aquino,* Basel 1991, S. 79 ff.

211 Zitiert nach J. Hemleben, *Teilhard de Chardin,* Reinbek bei Hamburg 1966, S. 49.

212 Rudolf Steiner, *Friedrich Nietzsche, ein Kämpfer gegen seine Zeit,* GA 5.

213 Friedrich Nietzsche, *Also sprach Zarathustra.* Aus dem Kapitel «Von der schenkenden Tugend».

214 Siehe Anm. 19, S. 363 f.

215 A.a.O., S. 372.

216 A.a.O., S. 366.

217 A.a.O., S. 334.

218 Rudolf Steiner, Vortrag am 16. 10. 1918; in *Der Tod als Lebenswandlung,* GA 182.

219 *Novalis – Das philosophisch-theoretische Werk,* hrsg. von H.-J. Mähl, Darmstadt 1999; aus den darin enthaltenen Kant-Studien des Novalis, Nr. 17, S. 221.

220 Rudolf Steiner, *Wahrspruchworte,* GA 40, S. 116 der Ausgabe 1961. – Mit diesem Spruch schloss Rudolf Steiner seinen öffentlichen Vortrag am 24. September 1919 in Stuttgart; in: *Idee und Praxis der Waldorfschule,* GA 297.

221 Siehe Anm. 73, S. 21 ff.

222 Dieses und das nächste Zitat a.a.O., S. 92.

223 Andreas Steffens, *Philosophie des 20. Jahrhunderts – oder die Wiederkehr des Menschen,* Leipzig 1999; aus dem Vorspann.

224 A.a.O., S. 27.

225 A.a.O., S. 87.

226 H. Bahr, a.a.O., S. 87 f.

227 A.a.O., S. 121.

228 A.a.O., S. 307 f.

229 Siehe Anm. 34, Fragmente über «Kosmologie und Religion», Nr. 557.

230 Martin Buber, *Ich und Du,* zitiert nach Gerhard Wehr, *Martin Buber,* Reinbek bei Hamburg 1992, S. 82.

231 A.a.O.

232 Siehe Anm. 188.

233 Siehe Anm. 8, S. 226.

234 Siehe Anm. 3.

235 Siehe die in den Anm. 27 und 189 angegebenen Werke Sigismund von Gleichs.

236 Über die mögliche Erweiterung auf zwölf Kategorien siehe Anm. 67, S. 88 ff.

237 Rudolf Steiner: Vortrag am 29. 3. 1910; in *Makrokosmos und Mikrokosmos,* GA 119.

238 Friedrich Hiebel: *Novalis – Deutscher Dichter, Europäischer Denker, Christlicher Seher,* Bern 1972, S. 9.

239 Siehe Anm. 34, aus den Fragmenten «Von der geheimen Welt», Nr. 228.

240 Siehe Anm. 34, aus der Sammlung «Blütenstaub», Nr. 32.

Personenregister

(Bei einigen Persönlichkeiten, vorwiegend Zeitgenossen, waren die Lebensdaten nicht zu ermitteln.)

Ulrike und Mario Betti,
Birgit und Wolfgang Kersten

«Es ist nicht gut, dass der Mensch allein sei ...»

Frau und Mann im Zeitalter der Individualität
239 Seiten, kartoniert

«Es ist nicht gut, dass der Mensch allein sei ...» – dieser biblische Ausspruch gilt sicher auch für uns, denn wir bedürfen dringend der (Erkenntnis-)Hilfe durch ein «Gegenüber». Aber wie Gemeinsamkeit und Partnerschaft sich heute heilsam gestalten lassen, wie der allgemein menschlichen Sehnsucht nach Liebe und Freiheit Rechnung zu tragen ist, daran muss beständig gearbeitet werden, um aus der Krise, aus der Entzweiung heraus zu einer neuen Ganzheit und Harmonie, d.h. zum Frieden, zu finden.

Aus dem Inhalt:
Auf der Suche nach einem partnerschaftsverträglichen Frau- und Mann-Sein / Die Beziehung zwischen Frau und Mann im Wandel der Zeiten / Ehe und Partnerschaft in unserer Gegenwart / Die Anthroposophie und die Frauenfrage / «Das Erwachen Ariadnes». Antworten Frauen auf die Herausforderung des Bewusstseins? / Das «Ewig-Weibliche» und heutiges Frau-Sein / Stufen der Liebe und der Angst im Lebenslauf / Liebe: Zufall oder Vorbestimmung? / Die kosmische Dimension der Liebe im heiligen Gral.

Martin Basfeld

Erkenntnis des Geistes an der Materie

Der Entwicklungsursprung der Physik.
Beiträge zur Bewusstseinsgeschichte
364 Seiten, kartoniert

Welches sind die Triebkräfte in der Entwicklung der Physik? Wodurch ist die Physik zur Grundlage aller Naturwissenschaften geworden? Inwiefern kann die Entwicklung der Physik als Ausdruck der menschlichen Geistesentwicklung verstanden werden?
Diesen Fragen geht Martin Basfeld anhand einer Behandlung der Geschichte der Physik nach. Vor dem Hintergrund einer geistesgeschichtlichen Entwicklungslinie von der griechischen Philosophie über die mittelalterliche Scholastik bis zur Neuzeit kann die Materie-Erkenntnis der Physik als ein wesentlicher Schritt hin zu einer neuen Geisterkenntnis aufgefasst werden.
In der naturwissenschaftlichen Methode Goethes und in der Anthroposophie Rudolf Steiners finden sich Ansätze zu einer Weiterentwicklung der Physik, die eine Synthese von Geist- und Materieerkenntnis ermöglichen. Dies beinhaltet zugleich einen für die Gegenwart gangbaren Weg, der die existenzielle Kluft zwischen Ethik und Wissenschaft überwindet.

Verlag Freies Geistesleben

ALBERT SOESMAN

Die zwölf Sinne – Tore der Seele

Eine Einführung in die Anthroposophie
Aus dem Niederländischen von Marianne Holberg
290 Seiten, gebunden mit Schutzumschlag

Die Einführung in die anthroposophische Sinneslehre von Albert Soesman macht deutlich, wie wenig wir von der uns am nächsten liegenden Welt unserer Sinne eigentlich wissen. In einfacher, bildhafter Sprache geht Soesman den Kreis der zwölf Sinne durch, immer auf die eigenen Erfahrungen des Lebens hinweisend, so dass sich am Ende ein faszinierendes Panorama der sinnlichen Wahrnehmungsmöglichkeiten des Menschen ergibt.

«Selten begegnet man so lebendig und originell formulierten Gedanken, die schwierigste Tatbestände auf einfachste Weise unmittelbar einleuchten lassen. Dazu tragen auch die vielfältigen konkreten Beispiele aus der medizinischen Praxis bei. Wie auf einer inneren Entdeckungsreise sieht man die Welt der Sinne mit neuen Augen.» *Die Drei*

Verlag Freies Geistesleben

JOHANN WOLFGANG GOETHE

Sprüche in Prosa

Herausgegeben und kommentiert
von Rudolf Steiner
278 Seiten, gebunden mit Schutzumschlag

Goethes *Sprüche in Prosa* – die heute meist unter dem Titel *Maximen und Reflexionen* bekannt sind – gehören unbestritten zu den bedeutendsten Aphorismensammlungen der Weltliteratur. Sie stellen die Summe von Goethes Erfahrungen, Erlebnissen, Einsichten dar – eine konzentrierte Fassung seiner Gedanken in einzelnen Sentenzen, Gleichnissen, Sprichworten und Kernsätzen. In ihnen spiegelt sich Goethes intensive Beschäftigung mit Fragen der Natur, der Kunst, der Wissenschaften, der Ethik und Literatur und den Bedingungen menschlichen Erkennens wider. Im Zuge seiner Herausgabe von Goethes naturwissenschaftlichen Schriften hat Rudolf Steiner diese Sprüche, die zum Teil noch ungeordnet waren, nach Sachgebieten geordnet und ausführlich kommentiert. Leitend war dabei das Bemühen, durch den Zusammenhang der Sprüche zugleich Goethes Weltanschauung deutlich werden zu lassen, seiner Anschauungs- und Empfindungsweise Rechnung zu tragen.